결국 앞서가는 아이의 비밀,
미디어 지능

일러두기

외래어 표기의 경우 국립국어원의 외래어 표기법을 원칙으로 삼았으나 관용적으로 쓰이는 일부 표현은 관례를 따랐습니다.

결국 앞서가는 아이의 비밀,
미디어 지능
MEDIA INTELLIGENCE

AI 시대 전 세계 교육계가 새롭게 제시하는 미래 교육 대안

김소연 지음

whale books

프롤로그

AI를 넘어서는 아이는
미디어 지능에서 시작됩니다

아이를 키우는 동안 우리는 매일 같은 질문 앞에 멈춰 서게 됩니다. "지금 이 아이에게 정말 필요한 건 무엇일까?" 한 아이의 엄마이자 미국 초등학교에서 10년 넘게 아이들을 가르쳐 온 교사로서 저 또한 긴 시간 동안 이 질문에서 자유로웠던 적이 없었습니다.

이 질문에 대한 고민 끝에 도달한 답은 바로 감정 조절과 공감, 자기 인식 같은 마음의 힘이었습니다. 비인지적 능력이야말로 아이의 학교 생활은 물론, 인생 전체의 행복을 결정짓는 밑바탕이 되어주기 때문입니다. 그래서 저는 이를 바탕으로 첫 책 《결국 해내는 아이는 정서 지능이 다릅니다》에서 사회정서학습 social emotional learning, SEL 이라는 개념을 처음으로 양육자들에게 소개하기도 했는데요. 하지만 요즘 들어 '마음의 힘'을 키워주는 일이 점점 더 어려워지고 있음을 실감합니다. 그 중심에는 다름 아닌 대다수 사람이 사용하고 있는 스마트폰과 수없이 쏟아지는 디지털 콘텐츠들이 있습니다.

어린 시절 비교적 스크린에서 자유로운 환경에서 자란 부모 세대에게도 AI 기술과 반복적인 미디어 자극은 너무나 매혹적입니다. 저 또한 업무 효율을 위해 생성형 AI를 익히지 않으면 도태될 것 같은 불안감을 느낀 적이 있고, 무의식적으로 SNS를 확인하는 습관에 지쳐 '디지털 디톡스'를 결심하기도 했습니다. 그렇다면 태어날 때부터 빠르고 짧은 화면이 주는 자극에 익숙해진 우리 아이들에게 미디어는 얼마나 더 강한 영향력을 행사할까요?

손으로 만지고 느끼며 상상력을 펼치던 시간들이 화면 속 자극에 밀려나면서, 온오프라인 세상에서 살아가는 아이들은 이제 무언가를 함께 경험하고 협력하기보다는 혼자 빠르게 재미를 얻는 데 점점 더 익숙해지고 있습니다. 그러다 보니 배려와 존중, 공감처럼 타인과 관계 맺을 때 필요한 사회적 기술을 익힐 기회는 갈수록 줄어들고 있고요. 몰래 온라인 결제를 하거나 시험 기간에도 스마트폰을 손에서 놓지 못하는 아이를 보며 잔소리를 건네는 부모와 아이의 갈등은 더 커져, 서로에게 상처를 주고받는 일도 많아졌습니다.

그렇다고 미디어를 무조건 금지하는 것이 과연 해답일까요? 요즘처럼 초등학생 100명 중 96명이 개인 스마트폰을 쓰는 현실에서 기술을 차단하는 방식은 너무나 비현실적일뿐더러, 아이의 동참을 이끌어내기도 어렵습니다. 이제는 기술을 멀리하는 것이 아니라, 아이 안에 조절력과 내면의 기준을 세워주는 데 초점을 맞추어야 할 때입니다. 우리 아이들에게는 같은 미디어를 사용하더라도 어떻게 써야 실보다 득이 될지, 미디어 사용을 어떻게 스스로 조절할지를 체계적으로 이해시키는 진짜 미디어 교육이 필요합니다.

요즘의 미디어 교육은 전 세계적으로 '미디어 리터러시'와 '디지털 시민성'을 결합하는 방향으로 빠르게 진화하고 있습니다. 신문, 방송, 광고, 영화 같은 콘텐츠를 비판적으로 해석하는 능력(미디어 리터러시)뿐만 아니라, 온라인 환경에서 책임감 있게 행동하고, 정보를 윤리적으로 활용하는 태도(디지털 시민성) 또한 교육의 핵심 축으로 자리 잡고 있는데요. 이는 단순한 우연이 아니라 시대의 요구에 따라 생겨난 필연적인 변화입니다.

정서 지능 없이 기술만 앞서 가르치는 것은 아이를 지키는 일이 아니라 되려 위험을 키우는 일이 되기가 쉽습니다. 아는 것과 모르는 것을 스스로 성찰하지 못한 채, 챗GPT를 활용해 빠르게 답만 찾아내는 아이는 사고력과 판단력을 잃을 위험에 놓입니다. 자극적인 환경을 판별하는 기준이 없는 아이는 불특정 다수에게 무방비하게 노출되기 쉽고, 감정 조절력이 부족한 채 소셜 미디어를 사용하는 아이는 현실과 온라인의 균형감을 놓칠 가능성이 큽니다. 반대로 공감 능력은 뛰어나지만 기술과 건강한 관계를 맺지 못하는 아이들도 있습니다. "난 원래 이런 거 잘 못해", "이미 AI를 잘 다루는 친구들도 많은데 난 이미 늦었어"와 같은 생각에 빠져 자신의 가능성을 스스로 닫아버리는 경우, 변화의 흐름 속에서 도태될 위험에 놓입니다.

한국은 기술적인 측면에서 세계 어느 나라보다 빠르게 디지털 시대를 준비해 왔습니다. 교실에는 첨단 기기들이 자리하고 있고, 선생님들은 코딩과 AI 같은 신기술을 익혀 이를 수업에 자연스레 녹여내고자 노력하고 있습니다. 부모들 역시 아이의 미래를 위해 AI 튜터, 패드 학습, 코딩 캠프 등에 열정적으로 투자하고 있고요. 그에 비해 온라인 세상에서의 책임감과 배려, 윤리 같은 디지털 시민성에 대한 감각은 아직 낯설고 막연하게 느끼는 경우가 더 많습니다. 그간 우리 사회의 교육은 기술 역량 강화에 집중해 온 반면, 정서적 감각을 바탕으로 한 미디어 교육의 중요성은 상대적으로 덜 조명해 왔기 때문입니다.

그러나 이제 미디어는 아이가 직접 기술을 사용하는 시간을 넘어, 일상 속 감정과 행동, 관계, 사고 전반에 영향을 미치는 환경이 되었습니다. 따라서 이를 잘 다루기 위한 교육 역시, '몇 살 전에는 절대 스마트폰을 사주 면 안 된다'거나, '이건 좋고, 저건 나쁘다'와 같은 이분법적인 규칙을 넘어서는 방향으로 확장되어야 합니다.

그래서 이 책을 통해 저는 미디어 리터러시 교육과 디지털 시민성 교육이라는 두 가지 교육적 가치를 '미디어 교육'이라는 이름 아래 통합해 제안하고자 했습니다. 진정한 미디어 지능은 정서 지능이라는 토대 위에 낯선 기술이 넘치는 세상을 살아가는 방법을 더해가며 쌓아가는 것이기 때문입니다. 부모인 나조차도 처음 써보는 신기술이 매일같이 쏟아지는 요즘, 이 책이 아이에게 무엇을 가르치고 어떤 기준을 세워줘야 할지 수많은 물음표를 안고 있는 양육자들에게 좋은 동반자이자 길잡이가 되기를 바라봅니다.

이 책의 제목인 "앞서가는 아이"는 더 빨리 기술을 익혀 경쟁에서 이기는 아이를 뜻하지 않습니다. 진짜로 앞서 나가는 아이란 미디어를 사용하면서 자신의 감정과 생각을 인식하고, 그것을 바탕으로 기술을 책임감 있게 활용할 줄 아는 아이입니다. 정서 지능과 미디어 지능, 두 가지 힘이 함께 자라날 때 아이는 결국 해내는 아이로, 그리고 앞서가는 아이로 성장한다는 것을 꼭 기억해 주세요.

마지막으로 새로운 세상을 두려워하지 않도록 키워주신 부모님, 배우고 고민하고 쓰고자 하는 이유가 되어주는 D 와 A, 그리고 내가 흔들릴 때도 나의 가치를 잊지 않게 해주는 서윤에게 온 마음을 다해 고마움을 전합니다.

차
례

프롤로그
AI를 넘어서는 아이는 미디어 지능에서 시작됩니다 • 4

PART 1
미디어 지능, 부모부터 먼저 알아야 합니다

미디어 교육도 공부가 필요하다 • 17
이제는 무감각의 시대를 벗어나 눈을 떠야 할 때 | "어른들은 이해 못해"를 외치는 아이들 | 미디어 교육, 그 뿌리와 현재 | '못 쓰게'가 아니라 '잘못 쓰지 않게' 그리고 '잘 쓰게'

어떻게든 잘 키워야 한다는 두려움을 극복하려면 • 35
시작은 부모의 미디어 초감정 살피기부터 | 기술에 지배당할 것이라는 두려움 뛰어넘기 | 기술에 도태될 것이라는 두려움 뛰어넘기 | 기술에 대한 오해로 생긴 두려움 뛰어넘기

미디어 가이드, 제대로 이해하고 현명하게 활용하자 • 57

미디어 사용 시간이 기준이 된 진짜 이유 | 연령별 주목해야 하는 가이드라인 | 양질의 콘텐츠를 알아보는 안목 키우기 | 국내 미디어 추천 기관 | '무엇을 보느냐'보다 더 중요한 '어떻게 보느냐' | '미디어 가이드라인 잘 지키기'보다 더 중요한 것

PART 2
우리 집만의 미디어 철학을 만들자

가짜 조절 말고 진짜 조절을 가르치자 • 81

엄마가 알면 혼나니까 절대로 들키면 안 돼요! | 진짜 자기 조절력이 싹트는 4가지 조건 | 미디어 사용 조절을 돕는 오프라인 교육 3가지 포인트 | 당신의 미디어 조절력은 안녕하신가요?

우리 집 맞춤형 미디어 수칙 만들기 3단계 • 99

미디어 교육도 예외 없이 철학에서 출발해야 한다 | 1단계: 나의 미디어 양육 유형 파악하기 | 2단계: 나의 가치관 살펴보기 | 3단계: 온오프라인의 균형을 만드는 디지털 플래닝 시작하기 | 4단계: 아이가 직접 만든 규칙을 잘 못 지킬 경우

디지털 동네, 안전하게 거닐려면 • 124

적신호를 알아보는 미디어 메타인지력 | 온라인 환경 울타리 세우기 | 지워지지 않는 온라인 발자국 | '셰어런팅' 대신 자기 옹호력 키워주기 | 소셜 미디어와 자아: SNS 과몰입과 자존감

PART 3
AI로 공부할 때 아이가 키워야 할 것들

미디어와 학습이 만났다 •149
AI 교과서도 나오는 세상이라는데 | 디지털 학습 앱, 득일까 독일까 | 학습에서의 미디어 활용, 결과보다 과정과 의도가 중요하다

미디어 판단력을 키워라 •168
'카더라 통신'의 파도에 휩쓸리지 않는 아이로 키우려면 | 프레임 속에서 자기중심을 잡을 줄 아는 아이로 키우려면 | 알고리즘을 넘어서 주체적으로 활용하는 아이로 키우려면

PART 4
온라인에서 건강하게 관계를 쌓기 위한 필수 3가지

의미 있는 연결을 만드는 온라인 에티켓 •185
악성 댓글의 일반화를 벗어나길 바라 | 마녀사냥과 캔슬 컬처에 휩쓸리지 않기를 바라 | 진정한 선한 영향력을 이해하길 바라

단단한 관계를 만드는 온라인 소속감 •197
튼튼한 우정은 건강한 경계로 만들어진다 | 커뮤니티 활동의 득과 실을 중간 점검하자 | 사이버 불링, 처벌만이 능사가 아니다

올바른 성 의식을 쌓아주는 온라인 성교육 • **209**

'성' 토크, 불편해도 꼭 필요한 이야기 | 성 콘텐츠의 소비자가 된 아이, 어떻게 교육할까? | 성 콘텐츠의 참여자가 된 아이, 어떻게 교육할까?

PART 5
우리 아이가 미디어 생산자가 된다면?

모두가 미디어 생산자가 되는 시대, 진짜 필요한 능력 • **225**

소비와 숙련을 넘어 창작으로 | 디지털 창작자를 위한 회색 지대 가이드 | 기술로 만드는 글로벌 공감과 협력

부록 1 파트별 핵심 포인트 • **241**
부록 2 우리 아이 맞춤형 미디어 교육 웹사이트 • **270**
부록 3 TV 및 영상물 등급 분류표 • **273**

참고 자료 • **274**

PART 1
미디어 지능, 부모부터 먼저 알아야 합니다

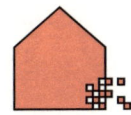

미디어 교육도
공부가 필요하다

이제는 무감각의 시대를 벗어나 눈을 떠야 할 때

오늘도 윤지는 식당에서 밥을 먹는 엄마의 옷자락을 잡아당기며 스마트폰의 잠금 화면을 풀어달라고 보채기 시작했습니다. 윤지 엄마의 머릿속에는 이렇게 습관적으로 스마트폰을 사용하는 것이 아이에게 좋은 영향을 끼칠 리 없다는 생각이 스쳤습니다. 그렇지만 간만에 외식을 하러 나온 시간을 즐기고 싶은 마음에 잔소리를 꿀꺽 집어삼켰습니다.
"밥 다 먹을 때까지만 보는 거야."
스마트폰 덕에 조금은 여유롭게 식사를 마치고 나서야 윤지 엄마는 문득 한 가지 사실을 알아차렸습니다. 아이와 함께 온 가족 손님들의 테이블 위에는 일제히 디지털 기기가 하나씩 자리 잡고 있다는 점이었습니다.

'그래, 저기 저 조그만 아이도 다 보는데, 뭐. 요즘 세상에는 어쩔 수 없지. 애가 기다리다 지쳐 식당에서 난동을 부리게 둘 순 없잖아.' 윤지 엄마는 스스로에게 위안을 건네듯 애써 그럴듯한 명분을 떠올렸습니다. 하지만 왠지 말썽을 피운 뒤 장황한 변명을 늘어놓는 꼬마 아이가 된 듯한 기분을 지울 수가 없었습니다.

요즘 아이를 키우는 부모들 중 미디어 사용에 대한 고민을 해보지 않는 부모를 찾기는 어렵습니다. 매년 새로운 기능이 업데이트되어 등장하는 스마트폰과 태블릿의 유혹은 '건강한 소비 습관'을 길러주려는 부모들의 큰 숙제이자 가족 간 갈등을 일으키는 대표적인 원인으로 손꼽힙니다. 하지만 정작 이에 대한 명확한 원칙을 세우고 교육을 실행하는 부모는 많지 않습니다. 어느덧 우리는 남녀노소를 불문하고 스마트폰과 함께하는 일상을 당연하게 생각하는 '무감각의 시대'에 살게 되었기 때문입니다.

연인, 친구, 가족, 심지어 업무 관계인 사람과 함께 식사하는 자리에서도 식탁 위에 휴대폰이 없는 경우는 매우 드뭅니다. 식사 중간에 문자를 확인하거나, (음식 기록용) '항공 숏'을 위해 의자 위에 우뚝 올라서는 건 애교고, '짠' 하는 찰나의 순간을 제대로 담기 위해 여러 번 잔을 부딪치는 행동을 반복 재현하기도 합니다. 이를 실시간으로 소셜 미디어에 공유하거나 '근처 핫 플레이스 추천' 탭을 통해 2차 장소를 물색하다 보니 함께 하는 시간 동안 서로의 눈보다 각자의 휴대폰을 바라보는 시간이 더 많아질 수밖에 없습니다. 이런 행동은 비난받아야 마땅한 일부 사례가 아니라, 현시대를 살아가는 우리 모두의 모습입니다. 정도의 차이가 있을 뿐, 스마트폰에 대한 인류의 의존도가 날이 갈수록 높아지는 추세는 부정할 수 없는 현실입니다.

하지만 무심코 흘려보내던 일상 속에서 경각심을 깨우는 사건을 접하면 우리는 문득 갑작스러운 공포심에 휩싸이며 세상을 전혀 다른 시선으로 바라보게 됩니다. 누군가 스마트폰 화면을 보며 걷다가 교통사고를 당했다는 이야기, 중학교 때까지 전교 1등을 놓치지 않던 옆집 아이가 게임에 빠져 공부에 완전히 손을 놓아버렸다는 소식을 들으면, 방금 전까지 온라인 핫딜을 뒤지던 자신의 모습은 망각한 채 '휴대폰이 문제야'라는 결론을 내리기가 쉽습니다. 특히 평소 빠르게 변화하는 기술에 대한 불안감을 안고 있던 부모들은 '우리 아이가 이런 유혹에 빠지지 않게 하려면 미디어를 그만 쓰게 해야겠다'라는 극단적인 결심을 하기도 합니다. 이런 생각은 부모에게 '나는 아이를 보호하고 있다'는 착각을 주는 동시에, 스스로 '나는 나쁜 부모가 아니다'는 위안을 주기 때문인데요. 디지털 세상에서 어떻게 해야 현명하게 양육할 수 있는지 뾰족한 해법이 보이지 않는 상황에서는 이렇게 스마트폰을 악의 근원으로 규정하고 차단하는 것이 가장 쉽고 즉각적인 해결책처럼 여기기 마련입니다.

그런데 이렇게 부모가 내리는 휴대폰 금지령이 과연 오랫동안 지켜질 수 있을까요? 더 나아가 디지털 기기의 사용을 제한하고 온라인 세상과 단절을 꾀하는 것이 진정 이 시대를 살아가는 아이들에게 필요한 교육일까요? 양육의 최종 목적은 아이의 건강한 독립이라는 관점에서 바라보았을 때, 이는 본질적인 해결책이기 어렵습니다.

설령 부모가 아이를 기술로부터 보호한다고 하더라도, 아이들이 온라인 세상과 접촉할 방법은 여전히 많습니다. 학교 쉬는 시간이나 학원 버스 안에서 휴대폰을 쓰고 있는 친구들이 여럿 있는 데다 아이가 정말 원한다면 피시방을 찾아가는 일도 그리 어렵지 않습니다. 오히려 인터넷 사용에 대한 관심과 욕구를 표현할 때마다 부모의 부정적인 반응만 경험한 아이는 점점 이를 숨길 가능성이 큽니다. 이는 부모와 아이 사이의 신뢰를 깨뜨리는 계기가 되기도 하고요. 게다가 세상을 탐색하기 전에 적절한 안내와 교육을 받을 수 있는 소중한 기회를 놓쳐 버리게 하므로 득보다 실이 더 많습니다. '우리 아이만큼은 이 위험에서 지켜내야 한다'라는 생각이 결국 아이와 멀어지는 원인이 되는 셈이지요. 따라서 오늘날 자녀를 양육하는 부모라면, 아이가 온라인 세상에 나가지 못하도록 인위적인 장벽을 세우는 것은 근본적인 해결책이 될 수 없다는 사실부터 직면해야 합니다. 부모가 오프라인 환경의 모든 유혹과 위험을 제거해 줄 수 없듯이, 온라인 환경의 유혹과 장애물 또한 마찬가지입니다. 결국 아이가 스스로 경험하고 조절하도록 돕는 것이 디지털 양육자가 풀어나가야 할 숙제입니다.

2차 산업혁명 시대에는 우수한 노동력을 제공하고 관리할 수 있는 인재, 즉 지능$^{intelligence\ quotient,\ IQ}$이 높은 사람이 필요했습니다. 3차 산업혁명을 거치며 산업이 자동화되거나 무인화되자 기술을 넘어선 정서 지능$^{emotional\ quotient,\ EQ}$이 더욱 중요해졌고요. 그렇다면 AI, 로봇공학, 생명공학 등의 분야로 대표되는 4차 산업혁명 시대에 우리는 무엇에 주목해야 할까요? 바로 미디어 지능$^{media\ intelligence}$입니다.

미디어 지능은 단순히 디지털 기기를 잘 다루는 기술적 역량을 넘어, 미디어가 전하는 자극 속에서 자신의 감정과 생각을 지켜내는 힘입니다. 따라서 미디어 지능을 갖춘 아이는 기술적 이해와 윤리적 가치관을 바탕으로, 미디어를 주체적으로 활용하고 더 나은 사회를 만드는 데 기여할 수 있는 능력을 갖습니다. 감정에 휘둘리지 않고 비판적으로 사고하며, 공감과 책임을 담아 미디어를 다루는 태도, 그것이 진정한 미디어 지능의 바탕입니다.

대부분의 요즘 부모는 태어난 순간부터 성장 과정이 스마트폰에 기록되는 우리 자녀 세대에게 미디어 지능이 필수적이라는 점에 동의합니다. 하지만 부모 세대가 자랄 때는 미디어 지능이라는 개념조차 존재하지 않았습니다. 그렇다 보니 이를 어떻게, 어디에서부터 교육할지에 대해서 명확한 방향을 찾는 것을 어렵게 느낍니다. 그 결과, 미디어 지능 함양은 꼭 필요한 교육임에도 불구하고 '언젠가 시간과 에너지가 생기면 잘 알아보고 해결해야 할 숙제'로 미루기 십상입니다. 그러나 그저 피한다고 해서 문제가 저절로 해결되지는 않습니다. 디지털 환경은 이미 우리 일상에 깊이 스며들었고, 우리 아이들은 온라인과 오프라인 두 개의 세상을 동시에 살아가는 첫 세대가 되었습니다. 그렇다면 빠르게 진화하는 디지털 미디어 세상에서 위험은 최소화하고 긍정적인 영향을 극대화해 주는 미디어 지능을 어떻게 키워줘야 할까요?

미디어 지능은 '정서 지능'에서 출발합니다. 일반적으로 정서는 인간을 인간답게 만드는 요소, 즉 사람과 기계를 구분 짓는 재료라고 여겨집니다. 이런 이유로 많은 사람이 두 개념 사이에 연관이 있다고 하면 의아하게 생각합니다. 하지만 미디어 지능은 단순히 기술을 잘 다루는 능력이 아니라, 정서적 안정과 자기 인식을 기반으로 온라인 세상을 잘 살아가는 능력입니다. 따라서 아이의 정서 지능을 챙기지 않으면서 미디어 지능을 키워주기란 불가능합니다.

실제로 오프라인 세상에서 스스로를 객관적으로 바라보고 감정을 조절하는 법을 연습해 온 아이는 온라인 세상에서도 자신에게 부끄럽지 않은 선택을 할 가능성이 큽니다. 또한 비판적인 시선을 장착하고 충동을 잘 이겨낼 줄 아는 아이는 디지털 미디어의 유혹에도 쉽게 흔들리지 않고요. 결국 정서 지능을 바탕으로 한 교육은 기존에 없던 완전히 새로운 개념을 가르치는 것이 아닙니다. 오프라인 세상에서 중요한 비인지적 역량(메타인지력, 회복탄력성, 자기 조절력, 공감 능력 등)을 더욱 강화하면서, 이를 디지털 미디어 환경에 맞게 확장하는 것입니다.

"어른들은 이해 못해"를 외치는 아이들

세대 간 갈등은 언제나 존재해 왔지만, 디지털 기기의 등장은 이를 더욱 극대화하는 역할을 했습니다. 밥을 먹는 동안에도 유명 크리에이터의 먹방에서 눈을 떼지 못하는 자녀를 보며, 부모들은 '요즘 아이들은 참 유별나다'며 의아해합니다. 반대로 자신이 좋아하는 가수의 가상현실 설정을 이해하지 못하는 부모를 보며 아이들은 '어른들은 아무리 설명해도 내 마음을 절대 이해하지 못할 거야'라며 단념합니다.

"어차피 말해봤자 소용없어."

이러한 생각이 위험한 이유는 소통의 목적 자체가 사라진다는 데 있습니다. 세대 간 차이를 극복할 수 없는 간극으로 여기는 순간, 서로를 이해하려는 노력이 더 이상 의미를 가질 수 없기 때문입니다. 그렇다면 달라도 너무 다른 시대 배경을 지닌 부모와 자녀 세대가 서로를 이해하려는 의지를 잃지 않기 위해서는 어떤 점에 주목해야 할까요?

2001년 교육자이자 미래학자인 마크 프렌스키 Marc Prensky는 "디지털 이민자 digital immigrant와 디지털 원주민 digital native"이라는 표현을 통해 요즘 세대 부모와 자녀의 갈등을 설명했습니다. 그는 태어나면서부터 미디어 환경에 노출된 아이들, 즉 디지털 기술이 녹아 있는 세상을 기본값으로 인식하는 '디지털 원주민' 아이와 점차적으로 기술을 받아들인 아날로그 출신의 '디지털 이민자' 부모 사이에는 본질적인 차이가 존재할 수밖에 없다고 주장했습니다. 실제로 컴퓨터와 휴대폰의 보급화를 직접 경험한 부모 세대의 유년기와 오늘날 아이들의 유년기 사이에는 수많은 변화가 있었습니다. 그간 유튜브의 영향력은 지상파 방송을 넘어섰고 소셜 미디어를 통한 바이럴 마케팅은 신문 지면 광고를 대체했습니다. 그러나 세대 간 인식 차이를 심화하게 만든 가장 강력한 요인은 기술 변화 자체가 아닙니다. 그보다는 부모 세대만이 지닌 디지털 매체가 부재하던 시절의 '기억'입니다.

제가 처음 유학길에 올랐던 2000년대 초반만 해도 미국에서 한국에 계신 부모님에게 전화를 걸기 위해서는 국제전화 카드를 구입해야만 했습니다. 그나마도 먼 거리에 있는 한인 마트에서만 살 수 있었던 터라, 잔액이 얼마 남지 않은 때는 혹시라도 해야 할 말을 다 전하기도 전에 전화가 끊길까 봐 서둘러 통화를 이어갔던 기억이 납니다. 이제는 시간이 많이 흘러 전 세계 어디에서든 모바일 메신저로 무료 영상통화를 나누는 것이 가능해졌습니다. 그렇다고 해도 그 시절의 경험은 여전히 제게 새로운 기술이 등장할 때마다 세상의 발전을 실감하게 만드는 '기준점'으로 작용합니다. 아마도 저와 같은 세대를 살아온 이들이라면 이런 경험과 감정이 익숙하리라고 짐작합니다. 반면에 카카오톡이 출시된 이후 태어난 아이들에게 이는 너무나 먼 과거의 이야기일 뿐, 제가 느낀 정서를 이해하기 어려울 것입니다. 우리 자녀들에게 무료 영상통화는 이제 일상적으로 누리는 것이 너무나 당연하다 못해, 그것이 없던 시대를 상상하기조차 어려운 '전기' 같은 기술이 되었습니다.

그럼에도 여전히 많은 부모가 자신의 어린 시절 기억만을 토대로 아이들에게 미디어 사용에 대한 조언을 건네는 실수를 범합니다. "엄마(아빠)는 어렸을 때 책도 많이 읽고 밖에서 친구들과 뛰어놀았는데, 넌 왜 항상 스마트폰만 보려고 하니?" 그러나 조부모님에게 들었던 보릿고개 이야기가 우리의 식습관을 바꾸지 못했듯이, 이처럼 부모 세대의 경험을 바탕으로 한 미디어 사용 조언 역시 자녀에게 깊은 공감을 얻기는 어렵습니다. 이미 홈 디바이스의 이름을 친구처럼 부르며 생활하는 아이들에게 인터넷 검색 대신 종이 사전을 쓰는 것이 더 바람직하다는 주장은 그저 시대에 동떨어진 잔소리로 들릴 뿐이니까요.

경험의 차이는 디지털 이민자인 부모들이 알지 못하는 것에 대한 불안감을 품는 주된 원인이기도 합니다. 우리는 오랜 시간 동안 오프라인 세상에서 아이들을 보호하는 방법을 고민해 왔습니다. 예를 들어, 과거에는 두상을 예쁘게 만들기 위해서 갓난아기를 엎어서 재우는 것이 일반적이었지만, 이후 이것이 영유아 돌연사의 위험을 높인다는 사실이 널리 알려지면서 부모들이 점차 더 안전한 수면 방식에 대한 지식을 쌓아왔던 것처럼요.

그러나 온라인 환경에 대한 우리의 경험과 이해는 아직도 많이 부족합니다. 날이 갈수록 다양한 관점의 연구들이 진행되고 있지만, 끊임없이 변화해 온 디지털 기술이 아이들에게 미치는 장기적인 영향을 결론지을 만큼 충분하지는 않습니다. 무엇보다 스마트폰이 등장한 지 겨우 15년밖에 되지 않았기 때문에, 그보다 더 긴 시간동안 이처럼 강한 몰입력과 높은 접근성을 가진 기기를 사용했을 때 발생할 수 있는 일에 대한 데이터가 존재하지 않습니다. 심지어 디지털 미디어는 디지털 지갑, 홍채 인식, AI 검색과 같은 신기술이 출시될 때마다 그에 맞춰 진화해 왔다 보니 최신 미디어의 장기적인 영향을 제대로 도출하는 것은 불가능에 가깝습니다.

 디지털 세상의 교육은 기존 양육 경험을 지닌 세대들에게 조언을 구할 수 있는 영역도 아니어서 부모들의 막막함은 좀처럼 쉽게 해소되지 않습니다. 배앓이를 하는 아이에게는 어떤 마사지가 도움이 되는지, 이유식은 몇 개월부터 먹이기 시작해야 하는지, 통목욕은 배꼽이 떨어지고 나서 며칠 뒤부터 할 수 있는지 등과 같은 궁금증과 달리 '메타버스에서 옷을 디자인해 친구들에게 게임 머니를 판다는 아이, 그대로 둬도 괜찮은가'와 같은 고민은 우리 이전의 어떤 부모 세대도 겪어본 적이 없는 새로운 딜레마입니다.

 이처럼 이해받고 싶어 하는 아이들을 양육하면서도 조언을 구할 곳이 없는 현실은 부모들에게 두려움을 불러일으킵니다. 그러한 두려움이 더 클수록 부모는 자신에게 익숙한 것들 안에 아이를 가둬두기 위해 통제를 해결책으로 선택하기 쉽습니다. 하지만 우리는 아이가 걸어갈 길이 불투명할수록 아이에게 강압적인 대응보다 성숙한 어른의 보살핌과 조언이 필요하다는 사실을 기억해야 합니다. 자, 이제 누구나 할 수 있는, 그러나 공부가 필요한 이 값진 교육을 시작할 준비가 되었다면 아이의 손을 잡고 이렇게 말해주세요.

"아무도 미래를 정확히 예측할 수는 없지만, 우리 함께 우리가 할 수 있는 최선의 준비를 해나가자. 여기 엄마와 아빠가 너와 함께 걷고 있어."

미디어 교육, 그 뿌리와 현재

지난 30년간 한국의 교육 현장에서 미디어 교육은 다양한 형태와 명칭으로 진화해 왔습니다. 한국뿐만 아니라 미국을 포함한 여러 나라에서도 미디어 교육이 무엇인지에 대해 교통정리가 되기까지는 꽤 많은 시간이 걸렸습니다. 그 뿌리에는 디지털 시민성 교육과 미디어 리터러시 교육이 자리하고 있습니다.

디지털 시민성은 아이들이 온라인 세상에서 삶을 꾸려갈 때 꼭 지켜야 하는 민주적 역량을 가리킵니다. 대한민국 국민이라면 꼭 견지해야 할 태도나 인식이 있듯, 온라인 세상의 구성원들에게도 그곳의 특성에 맞춰 꼭 갖춰야 할 태도와 마음가짐이 있다는 것이지요. 따라서 그 내용을 살펴보면 온라인 사기, 사이버 불링, 악플 등과 같이 온라인 특유의 주제를 다루지만, 현실 세계의 문제점과도 맞닿은 지점을 찾아보기가 쉽습니다. 따지고 보면 온라인 사기는 오프라인 사기와 비슷한 교육이 필요하고, 사이버 불링은 집단 따돌림의 일부 형태이며, 악플을 다는 행위는 타인과 소통하는 방법의 미숙함이 드러나는 대목입니다. 그런 의미에서 디지털 시민성을 중심에 둔 미디어 교육은 온라인 세상에서 일어나는 문제 행동을 정서적인 역량과 연결을 지어 예방하고 훈육하는 내용이 주를 이룹니다.

　반면에 초기의 미디어 리터러시 교육은 그와는 조금 다른 취지에서 출발했는데, 그 중심에는 '비판적 사고력'이 자리하고 있습니다. 비판이라는 단어는 비난과 자주 혼동되어 마치 누군가를 헐뜯거나 폄하한다는 부정적인 어감으로 다가오지만, 사실 이는 어떤 것에 대한 진위나 장단점을 판정해 평가를 내린다는 뜻입니다. 누구나 능동적으로 정보를 생산하고 전달하는 요즘 시대에는 이전에 볼 수 없던 창의적인 콘텐츠가 폭발적으로 늘어났습니다. 이와 동시에 검증되지 않은 내용, 혹은 클릭 수만을 위해 만들어진 자극적인 생산물 또한 많아졌습니다. 하지만 기술적인 조치로 웹상 모든 정보의 진위를 판단하는 것은 불가능하기에 콘텐츠 양이 비대해질수록, 유익한 콘텐츠를 소비하기 위한 개인의 비판적 안목이 더욱 중요합니다.

　현시점의 미디어 교육은 디지털 시민성과 초기의 미디어 리터러시,

이 두 가지 이론이 합쳐진, 보다 폭넓은 교육 방침을 지향합니다. 미디어는 소통 도구이고, 리터러시는 이를 활용하는 능력이란 관점에서 봤을 때 디지털 미디어 세상의 리터러시, 즉 미디어 문해력은 미디어를 통해 전달되는 내용을 이해하고 분석하며, 비판적으로 수용하고 활용하는 모든 능력을 뜻합니다. 여기서 꼭 짚고 넘어가야 할 한 가지 흥미로운 사실은 바로 문해력이 지닌 의미 또한 시대 흐름에 따라 변화한다는 점입니다. 인쇄술이 처음 생겨나 글을 읽고 쓰는 능력이 이제 막 중요시되기 시작하던 시절, 문해력은 단순히 '문자를 소리 내어 읽고 그 뜻을 이해하는 능력'의 의미만 가졌습니다. 하지만 시간이 흐르며 문해력의 척도는 문맹인지 여부를 가리는 것 그 이상으로 전환됩니다. 문자를 해독하는 능력뿐만 아니라 글이 담고 있는 암묵적인 지식을 이해하고 또 그 내용을 자신의 것으로 만들어 활용하는 능력까지 문해력 영역으로 확장되었기 때문입니다.

이와 마찬가지로 미디어 문해력 또한 지난 30여 년간 진화하는 과정에서 그 의미를 조금씩 넓혀나갔습니다. 예를 들어, 제가 초등학생이던 1990년대 후반의 '미디어 교육'은 플로피디스크에 문서를 저장하는 방법을 주로 다루었습니다. 중고등학생이던 2000년대에는 파워포인트나 엑셀과 같은 컴퓨터 프로그램을 다루는 수업이 주였습니다. 대학생 때는 검색엔진을 사용할 때 최적화된 키워드를 추리는 방법을 배우기도 했습니다. 하지만 전문가들은 지금의 미디어 리터러시 교육은 기술적인 측면의 교육에만 머물러서는 안 된다고 말합니다. 즉, 문해력의 의미가 시대에 따라 변화했듯이 미디어 문해력 또한 디지털 기기를 잘 다루는지 여부를 가리는 것 그 이상의 과제에 초점을 맞춰야 할 때라는 지적이지요.

'못 쓰게'가 아니라 '잘못 쓰지 않게' 그리고 '잘 쓰게'

현재 디지털 미디어 교육의 핵심은 미디어에 대한 접근, 미디어의 안전한 소비, 그리고 미디어의 생산이라는 세 개의 가지로 정리할 수 있습니다. 무작정 접근을 차단해 기기를 사용하지 못 하게 할 것이 아니라, 이를 잘못 쓰지 않도록 안전을 강조하는 교육을 실시해야 하며, 더 나아가 이를 더 잘 활용해 의미 있는 가치를 창출하는 데 주력해야 한다는 것입니다.

교육 포인트 1 미디어 접근: '못 쓰게' 하지 않는다

해외의 미디어 리터러시 교육이 공략하는 세 개의 축 중, 첫 번째 축은 접근성입니다. 일상생활 속 미디어 활용이 선택이 아닌 필수가 된 만큼, 모든 아이가 이를 배우고 숙련해 나갈 기회를 부여받아야 마땅하다는 인식이 바로 그 핵심입니다. 이러한 믿음을 토대로 세계 각국은 아이들의 미디어 접근성을 높이기 위해 각자 상황에 맞는 정책을 펼쳐 나가는 중입니다. 예를 들어, 국가 경제력이 낮은 나라의 경우에는 가정에서 생긴 미디어 격차를 보완하기 위해 학교에서의 미디어 사용률을 높이는 선택을 합니다.

반면에 국가의 경제 수준이 높은 경우에는 아이들이 학교보다 가정에서 디지털 기기를 사용하는 시간이 더 많게 집계됩니다. 한국은 경제적인 이유로 미디어를 사용하지 못하는 아이들이 매우 적은 편입니다. 심지어 한 통계에 따르면 우리나라 초등학교 고학년의 스마트폰 보유율은 무려 96.5퍼센트로, 어린 나이부터 개인 스마트폰이나 태블릿 PC를 소유하는 것이 일반적이라는 결과가 나타났습니다. 따라서 한국 아이들을 교육하는 관점에서 '미디어 접근성'은 디지털 기기를 사용할 수 있는 기회라기보다 부모의 결정으로 디지털 기기 사용이 금지된 사례들로 해석하는 것이 더욱 적합합니다.

실제로 우리나라의 양육자들은 미디어 교육이라 하면, 사용 시간부터 통제하려는 경향이 두드러지는데요. 미국의 디지털 미디어 교육을 담당하는 대표 비영리단체 코먼센스미디어Common Sense Media는 요즘 세상의 콘텐츠는 '목적'에 따라 세부 분류되어야 하며, 단순히 시청 시간에만 의존하기보다는 '내용'에 집중하는 것의 중요성을 강조합니다. 예를 들어, 친구와 대화를 위해 사용하는 미디어는 소통을 위한 활동으로, 재미를 위해 시청하는 영상물은 엔터테인먼트로, 그리고 공부를 하기 위해 인터넷 강의를 시청하는 것은 교육적 사용으로 나누어 생각해야 한다는 것입니다.

　수동적으로 영상물을 시청하는 것과 능동적으로 음악과 비디오를 생산하는 화면 시간screen time을 차별화하는 것 또한 중요합니다. 이 모든 활동을 동일한 미디어 사용으로 간주하며, 시간만을 따지면 오히려 양질의 미디어 콘텐츠에 접근할 기회를 막는 일이 될 수 있기 때문입니다. 따라서 아이가 건강한 수면 생활을 하고, 신체적 발달 기회를 유지하며 오프라인 세상에서 타인과 관계를 만들고 유지해 나가는 데 특별한 문제를 겪지 않는다면, 섣불리 '시간'만을 미디어 접근의 척도로 여기는 것은 좋지 않습니다. 그보다는 아이들이 양질의 콘텐츠에 다가가도록 판단 기준을 가르치고 좋은 프로그램의 사용을 권장하는 데 초점을 맞춰야 합니다. 이 책의 파트 1은 좋은 콘텐츠를 선정하는 안목을 키우기 위해 부모들이 꼭 알아야 할 기준점을 제시합니다.

교육 포인트 2 미디어 안전: '잘못 쓰지 않게' 교육한다

아이가 디지털 세상에서 행복한 시민으로 살아가길 원한다면, 단순히 양질의 미디어에 닿을 수 있게 허용해 줄 뿐만 아니라, 이를 책임감 있고 안전하게 활용하는 능력 또한 꼭 길러줘야 합니다. 실제로 온라인 세상에는 특유의 익명성과 파급력 때문에 오프라인보다 더 큰 위험이 도사리고 있는 경우가 많은데요. 파트 2에서 본격적으로 언급할 미디어 리터러시의 두 번째 축인 미디어 안전 교육은 바로 이 '안전한 소비'를 하기 위해 요구되는 정서적 역량을 다룹니다. 예를 들어, 아이가 온라인에서 현명하게 대처하려면 문제 해결력이 전제되어야 하고, 미디어 조절력을 위해서는 자기 통제력을 쌓는 것이 선행되어야 합니다. 따라서 아이들이 미디어를 사용할 때 표면적으로 드러나는 문제 행동뿐만 아니라, 그 안에 숨겨진 본질적인 부분에 대한 교육, 특히 부모가 시행해야 할 점진적이고 체계적인 접근을 다루는 데 주력했습니다.

디지털 환경에서 아이들의 안전은 개인 행위뿐만 아니라, 온라인에서 맺는 관계와도 직결됩니다. 특히 온라인 상호작용에서 나타나는 문제들은 종종 오프라인에서의 사회적 기술 부족과 연결된 경우가 많습니다. 예를 들어, 악성 댓글 남기기를 일삼는 아이에게는 계정을 금지하거나, 소셜 미디어 사용을 제한하는 접근을 넘어 비인지적 역량을 키워주는 교육이 필요합니다. 파트 4에서는 이러한 능력을 키워주는 구체적인 방법을 이야기합니다. 타인의 입장을 수용하고 자신과 반대되는 의견도 존중할 줄 알게 해주는 공감 능력, 자신의 감정과 욕구를 파악하는 인지 능력, 또 이를 건강하게 표현하는 방법까지 환경을 막론하고 아이가 긍정적인 상호작용을 쌓아가는 데 필요한 역량을 두루 포함했습니다.

교육 포인트 3 미디어 생산: '잘 쓰게' 교육한다

대부분의 부모는 자녀가 하루에 얼마만큼 미디어를 소비하는지(미디어 접근), 그리고 이를 안전하게 사용하는지(미디어 안전)에 대한 관리에는 비교적 적극적인 모습을 보입니다. 아이가 너무 많은 시간을 무의미한 화면 앞에서 보내다 보면, 삶의 목적을 잃고 은둔형 외톨이가 되어버릴 것 같은 두려움을 느끼기 때문입니다. 하지만 그에 비해 세 번째 축 미디어 생산에 대한 관심은 아직 그리 많지는 않습니다. 아무래도 지난 몇십 년간 세계 디지털 교육의 흐름이 보호주의적인 입장을 고수한 탓이 클 텐데요. 갈수록 직업의 미래가 불확실해져만 가는 요즘에는 미디어를 소비하는 것을 넘어 기술이 만들어내는 문제를 해결하고, 자신의 필요에 맞게 미디어를 적용하며 관리하는 능력이 필요합니다.

파트 3에는 바로 이런 점에 착안해서 아이들이 미디어를 활용해 깊이 있는 학습을 하기 위해 꼭 따져봐야 하는 내용을 담았습니다. 예를 들어, 수많은 학습 도구 사이에서 아이가 자신에게 필요한 기술이 무엇인지 판단하는 능력을 어떻게 키워줄지, 같은 기술도 '적절하게' 활용하는 방법에는 무엇이 있는지 등을 이야기합니다.

마지막으로 파트 5는 온라인에서 글로벌 연대감을 형성하고, 사회 이슈 해결에 참여하는 태도, 또 미디어를 활용해 새로운 가치를 창출해 나가는 아이들의 사례를 보여줍니다. 몇 개의 키워드 입력만으로 전문가 수준의 그래픽이 생성되는 세상에서 "이것만 익히면 성공할 수 있다"라는 공식은 더 이상 존재하지 않습니다. 이제는 미디어를 잘 쓰는 교육 또한 자신의 필요에 맞게 미디어를 정말 '잘 쓰는' 데 초점을 맞춰야 합니다.

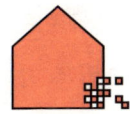

어떻게든 잘 키워야 한다는
두려움을 극복하려면

유준이네 엄마는 매일 아이와 함께 책을 읽고 바깥놀이를 즐기는 시간을 갖고자 애써왔습니다. 유준이가 초등학교에 입학한 뒤부터는 태블릿 PC 사용을 제약하는 것이 조금 느슨해졌지만, 나름대로 총 사용 시간을 신경 쓰며 아이의 미디어 관리에 소홀하지 않고 있다고 자부해 왔습니다. 하지만 문과보다는 이과, 특히 테크 분야에 종사하며 높은 연봉을 받는 주변 사람들 이야기를 듣고 나면 이따금 흔들리는 자신을 발견합니다.

'학군지 아이들은 초등학교 입학 전부터 코딩과 AI 창의력 수업을 받는다는데….' 엄마의 뒤처진 교육관 때문에 아이가 미래 교육을 시작할 시기를 놓치는 건 아닌지, 혹여 나중에는 따라잡을 수도 없을 만큼 격차가 벌어져 아이가 사회에 나갈 때 불리한 출발선에 서는 건 아닐지 유준이 엄마의 불안감은 하루가 다르게 커져만 갑니다.

양육자들은 유준이네 가정처럼 미디어 사용에 대해 양가감정을 가지고 있습니다. 심지어 이런 고민은 미디어, 디지털, 온라인과 같은 키워드를 검색할 때 함께 등장하는 단어들에서도 적나라하게 드러납니다. 디지털 폭력, 소셜 미디어의 폐해, 온라인 사기와 같이 보기만 해도 눈살이 찌푸려지는 기사들과 더불어 AI 신기술, 온라인 창업, 글로벌 소통과 같은 희망적인 용어들이 줄줄이 쏟아져 나옵니다. 인간 같은 AI의 등장이 반가우면서도 한편으로는 그 존재가 섬뜩하게 느껴지는 지금, 인류에게 기술은 두려움과 희망을 동시에 상징하게 되었습니다. 이러한 혼란 속에서 자신의 선택을 자문하고 조정하는 갈림길에 선 양육자들은 아이에게 '무엇을 가르칠 것인가'를 생각하기 이전에, 스스로에게 '과연 좋은 교육이란 무엇인가'라는 근본적인 질문을 던질 필요가 있습니다.

시작은 부모의
미디어 초감정 살피기부터

어떤 교육이든 효과적인 지도를 위해서는 무엇보다도 일관된 방향성과 지속적인 실천이 가장 중요합니다. 그렇다면 미디어 지능 교육을 해나갈 때, 부모가 기술의 변화나 주변의 다양한 의견에 휘둘리지 않기 위해서는 어떻게 해야 할까요? 우리가 가장 먼저 해야 할 일은 바로 단단한 코어 근육의 역할을 하는 '우리 가정만의 가치'를 정립하는 것입니다. 명확한 원칙을 세우면 감정에 휩쓸려 충동적인 훈육을 하는 것을 방지하고 보다 합리적인 방식으로 미디어 환경을 조성해 나가는 데 큰 도움이 되기 때문인데요. 이러한 과정이 선행되면, 미디어가 불러오는 긍정적인 영향과 우리 가정의 핵심 가치를 위협하는 요소들을 이성적인 시각에서 바라볼 여유도 생겨납니다.

우리 가정의 중요한 가치를 찾아가는 과정은 부모가 자신의 초감정을 들여다보는 것에서 시작합니다. 초감정$^{meta\text{-}emotion}$이란 감정에 대한 감정을 의미하는데요. 이는 유년기에 우리를 둘러싼 환경과 상호작용 속에서 생겨나 무의식에 자리를 잡기 때문에, 의식적으로 이를 이해하려는 노력을 들이지 않으면 무심히 지나치기가 쉽습니다. 그러나 눈에 잘 띄지 않는 조용한 존재감에 비해 초감정이 우리 삶에 끼치는 영향력은 매우 강력합니다.

어린 시절 울음을 터트리면 꾸짖음을 듣거나 울보라는 별명에 수치심을 느끼며 성장한 사람, 즉 슬픈 자신의 감정이 수용되지 않는 환경에서 자란 아이는 부모가 되어서 자녀가 그와 비슷한 모습을 보일 때 자녀의 마음을 헤아리는 데 미숙합니다. 이런 사람의 무의식에는 '우는 것은 혼나 마땅한 일이야' 또는 '놀림당하기 전에 울음을 빨리 그쳐야 해'라는 초감정이 자리하고 있기 때문에 자기도 모르게 과거 부모의 행동을 반복하며 자녀에게 감정적인 상처를 대물림하기도 쉽습니다. 반면에 어떤 사람은 우는 아이를 보면 귀여움, 애틋함, 안쓰러움과 같이 전혀 다른 감정을 느낍니다. 개인이 지닌 초감정에 따라, 사람들은 같은 일을 겪더라도 서로 다른 마음을 가지기 때문입니다.

자신의 감정 뿌리를 들여다보지 못하는 부모는 아이가 울면 과도하게 화가 나고 예민하게 반응하는 스스로를 보고, 그저 '나는 다른 사람보다 짜증이 많은가 보다' 하고 대수롭지 않게 생각하기가 쉽습니다. 그 원인이 과거에서 해결되지 않은 채 남아 있던 초감정의 찌꺼기인지 인지하지 못한 채, 다정한 다른 부모와 자신을 비교하며 자책을 일삼게 되기도 하고요. 이와 반대로 자신의 감정 뿌리를 살펴보는 부모는 자문할 기회를 얻게 됩니다. '나의 행동이 객관적이고 공정한가?' 자신의 초감정을 이해하고 스스로를 다독이는 방법을 터득하면, 자기 탓을 멈출 수 있을 뿐만 아니라 점점 아이의 마음에 공감하기가 수월해집니다.

To Do: 부모인 나의 미디어 초감정 점검해 보기

그렇다면 내 마음을 더 잘 이해하고 감정의 주인이 되기 위해서는 어떻게 해야 할까요?

STEP 1

전문가들은 어린 시절의 기억과 함께 떠오르는 감정을 적어보는 것이 초감정에 접근하는 데 도움이 된다 조언합니다. 슬픔 외에도 다양한 감정 키워드를 적용해 보며 내 마음에 소용돌이를 몰고 왔던 순간들을 떠올려보면,

미처 인지하지 못하고 숨어 있던 초감정을 파악할 수 있습니다.

- 어릴 적 이해받지 못한다는 기분을 느낀 적은 언제였나?
- 부모님에게 특히나 심하게 야단맞은 기억은 무엇이었나?
- 화를 내는 부모님은 어떤 모습이었나?
- 내가 화를 냈을 때 부모님의 반응은 어떠했나?

STEP 2
과거의 기억 속에서 강한 감정을 느꼈던 사례들을 꺼내 보기 시작했다면, 다음으로는 그 안에서 반복되는 패턴을 찾아보는 것을 추천합니다. 주로 어떤 상황에서 내 마음이 요동치는지 빈칸을 채우며 목록을 만들어보세요.

"나는 ＿＿＿＿＿＿ 때마다, ＿＿＿＿＿＿ 을(를) 느낀다."

STEP 3
초감정 읽기 전략을 활용하면 부모인 나의 미디어 초감정을 점검하는 것도 가능해집니다. 디지털 기기의 사용에 대해 나는 어떤 무의식을 지니고 있는지 생각해 보세요. 먼저 미디어 사용과 관련해 부모와 자녀 사이에 자주 언급되는 대표적인 갈등 상황을 떠올리며 이에 대한 자신의 솔직한 마음을 적어보는 것으로 시작합니다.

"나는 아이가 스마트폰을 할 때, ＿＿＿＿＿＿ 마음이 든다."

"나는 아이가 게임을 할 때, ＿＿＿＿＿＿ 마음이 든다."

"나는 아이가 ＿ 시간 이상 컴퓨터를 사용할 때, ＿＿＿＿＿＿ 마음이 든다."

"나는 아이가 혼자만 휴대폰이 없다고 투덜거릴 때, ＿＿＿＿＿＿ 마음이 든다."

그다음 각 감정에 대해 깊은 질문을 던지며 어째서 나는 이런 마음이 드는지, 혹시 과거에 내가 겪었던 상황들로 인해 무의식에 자라난 초감정이 아이와의 소통에 미숙하고 부적절한 행동을 불러일으키지는 않는지 따져보는 과정이 필요합니다.

- **과거 나의 경험**: 어렸을 때, 스마트폰(혹은 휴대폰)을 사용하는 것에 대한 부모님의 반응은 어떠했나?
- **초감정과 현재 반응의 상관관계**: 지금 부모로서 내가 취하는 반응과 닮아 있는가, 다른가?

- **과거 나의 경험**: 과거 나는 휴대폰/컴퓨터 사용이 자유로운 편이었나? '정해진 요일이나 시간에만 사용하기'와 같은 기준/규칙이 있었나? 부모님은 이를 어떻게 관리했나?
- **초감정과 현재 반응의 상관관계**: ＿＿＿ 시간이 휴대폰/컴퓨터 사용의 적정 시간이라는 인식은 어디에서 생겨났는가? 이는 과학적 근거에 기반

한 기준인가? 아니면 과거 내가 일정 시간 이상 디지털 기기를 사용하는 것에 대해 제재를 받은 기억에 따른 기준인가?

- **과거 나의 경험:** 혼자만 휴대폰이 없어 소외감을 느낀다는 아이의 마음을 나는 느껴본 적이 있는가? (만약 많은 아이가 개인 휴대폰을 갖고 있지 않던 시절에 유년기를 보냈다면, 당시 친구들을 보며 부러워했던 다른 물건을 대입해서 생각해 보세요.)
- **초감정과 현재 반응의 상관관계:** 아이가 휴대폰을 갖고 싶다고 조를 때 어떤 감정이 드는가? 원하는 것을 모두 사줄 수 없다는 무력감, 나쁜 소비 습관이 생길 것이라는 우려감, 휴대폰에 과도하게 의존할지도 모른다는 걱정스러움 중에서 어떤 마음과 닮아 있는가?

기술에 지배당할 것이라는 두려움 뛰어넘기

2000년대 초반 한 커뮤니티에서 장시간 컴퓨터를 사용하는 아이에게 잔소리를 건네는 엄마가 등장하는 짧은 만화를 보았습니다. 작품 속에서 아이는 컴퓨터 앞에 앉아 엄마에게 어깨가 아프다고 투정을 부리고 있었는데요. 다음 날 아이가 입안이 헐었다고 이야기할 때도, 그리고 그다음 날 기침 감기에 걸렸다고 투덜댈 때도, 엄마는 한결같이 "맨날 컴퓨터만 하니까 그렇지!"라고 외치며 아이가 겪는 모든 문제를 컴퓨터 탓으로 돌립니다. 이 만화는 아이가 마이크로소프트사의 창업자인 빌 게이츠의 안부를 궁금해하는 장면으로 끝나는데요. 정말 부모들이 생각하는 것처럼 컴퓨터가 만병의 근원이라면 당대 최고의 개발자들이 안녕할 리가 없다는 풍자적 의미가 인상 깊었습니다.

물론 아이가 과도하게 미디어에 의존한다면 부모가 나서서 적절한 가이드를 제시하는 것이 필요합니다. 하지만 만약 아이가 게임을 그리 많이 하는 편이 아닌데도 그 모습만 보면 울화가 치밀어 오르거나 이유 없이 마음이 답답해진다면, 혹시 그것이 미디어에 대한 부모 자신의 부정적인 선입견 때문은 아닌지 점검해 볼 필요가 있습니다. 우리에게 스며든 사회적 인식이 '미디어 초감정'이 되어 행동과 양육관에 영향을 미치고 있을지도 모르니까요.

사회에 널리 퍼져 있는 미디어에 대한 인식은 크게 세 가지 줄기로 나누어볼 수 있습니다. 첫 번째는 언젠가는 인류가 기술에 지배당하리라는 생각에서 비롯한 두려움입니다. TV의 달콤함을 이제 막 알기 시작하는 유년기부터 우리는 "TV를 많이 보면 머리가 나빠진다"라는 이야기를 들으며 자랐습니다. 평소 게임을 많이 하던 한 학생의 안타까운 선택을 보도하면서 미디어와 우울증의 연관성을 강조하는 뉴스는 게임에 대한 부정적인 인식을 갖게 만듭니다. 게임에 정신이 팔려 여자 친구의 문자에 답하지 않는 남자 친구를 신랄하게 비판하는 연애 프로그램도 이러한 인식을 강화하는 데 일조합니다. 이와 같은 사회 분위기가 쌓이면, 대중의 마음에는 '건강한 성인이라면 미디어를 소비하고 싶은 욕구는 통제해야 마땅하고, 그렇지 못하는 사람은 바람직하지 못하다'라는 무의식이 싹트게 됩니다. 문제는 이런 사회적 메시지는 워낙 장기간에 걸쳐 은밀하게 전달되다 보니, 대부분의 사람이 부정적인 감정만을 기억할 뿐 자신이 어쩌다 이런 마음을 갖게 되었는지 그 원인을 찾기란 쉽지 않다는 점입니다.

게임이라고는 테트리스와 벽돌깨기를 해본 경험이 전부인 저 역시 제가 지녔는지 몰랐던 미디어 초감정을 느끼게 된 적이 있습니다. 신혼 초에 남편은 퇴근 후 매일 한 시간씩 게임을 즐겼고, 저는 '왜 남편은 나와 함께 하는 시간을 소중하게 생각하지 않지?' 하며 서운함을 품었습니다. 심지어 "일주일에 이틀만 게임을 해달라"고 요구하기도 했는데요. 그러다 문득 회사와 가정에서 자신이 맡은 바를 성실히 수행하는 남편이 하루 한 시간 자신만의 취미 생활을 하는 것을 두고 왜 이렇게 화가 나는지를 돌아봤습니다. 그리고 '만약 남편이 게임 대신 같은 시간 동안 독서나 음악 감상을 한다면 어떨까?' 하고 스스로에게 질문을 던졌습니다. 신기하게도 남편이 게임 대신 다른 취미 활동을 한다면 서운함이 그리 크지 않을 것 같다는 마음이 머릿속에 떠올랐습니다. 이 질문을 통해 갈등의 본질적인 원인은 남편의 취미 생활이 아니라, 미디어에 대한 나의 부정적인 무의식이라는 사실을 처음으로 자각했습니다. 당시에는 그저 함께 하는 시간을 갈구하는 것이라고 생각했지만, 사실은 남편이 내가 쓸모없다고 여겼던 활동, 즉 게임을 선택했다는 데서 감정이 폭발했던 것입니다.

이처럼 미디어에 대해 자신이 갖고 있는 인식을 직면하는 것은 미디어를 대하는 자신의 태도뿐만 아니라 배우자, 자녀, 그리고 내 주위 사람들과의 관계에도 큰 변화를 가져올 수 있습니다. 만약 게임하는 아이가 마냥 한심하게 느껴지고 동영상 사이트를 둘러보는 것이 시간 낭비로만 여겨진다면, 제일 먼저 어째서 그런 감정이 드는지, 또 내 믿음에 대해 명확한 근거를 댈 수 있는지 생각해 보세요. 그 이유를 콕 집어 설명하기 어렵다면 어릴 적 미디어를 사용할 때 어른들에게서 들었던 잔소리, 혹은 미디어를 대하는 주변의 부정적인 인식이 부모가 된 나의 태도를 지배하고 있지는 않은지, 용기를 내어 마주할 필요가 있습니다.

기술에 도태될 것이라는
두려움 뛰어넘기

"예전에 제가 학교 다닐 때만 해도 포토샵이나 동영상 편집 프로그램을 다루는 건 그쪽 분야에서 일하는 친구들이나 하는 일이었어요. 그런데 시대가 변해도 너무 변했죠. 요즘에는 이런 프로그램만 잘 다뤄도 유튜브나 인스타그램으로 자기 브랜드를 만들어갈 수 있잖아요. 그게 수익화로 이어지기도 하고요. 아무래도 어릴 때부터 그런 걸 배워온 아이들은 미래에 더 준비된 상태로 적응해 나갈 수 있을 테니 중요하게 생각할 수밖에 없죠."

미디어에 대한 두 번째 인식은 이를 잘 활용하지 못해 뒤처질지도 모른다는 걱정입니다. 부모 세대에게 코딩은 IT와 같이 특정 분야에 종사하는 사람들의 전유물로 여겨졌습니다. 하지만 영국과 미국, 그리고 우리나라를 포함한 많은 국가가 디지털 기술, 특히 코딩을 공교육에 포함하는 정책을 활성화하는 중입니다. 로봇공학, AI, 메타버스, 가상 화폐와 같이 최근 몇 년간 화제였던 키워드만 봐도 디지털 기술은 요즘 산업의 중심입니다. 《월스트리트 저널》의 최근 보도에 따르면 빅테크 다섯 개 기업 애플, 아마존, 마이크로소프트, 메타, 알파벳이 보유한 투자 금액은 5700억 달러에 달했습니다. 이는 그다음으로 자금이 많은 다섯 개 기업의 투자 금액을 합친 것보다도 두 배 이상 많은 액수입니다. 그렇다 보니 온라인 세상에 쌓여 있는 금화 더미에 가까이 접근하기 위해서라도, 디지털 역량은 무시할 수 없다는 입장이 생겨납니다.

신기술을 익히지 못하면 도태되리라는 두려움은 사회 곳곳에서도 쉽게 찾아볼 수 있습니다. 아이들의 방과 후 활동은 자바^{JAVA}와 파이썬^{Python} 같은 코딩 언어 수업부터 마인크래프트^{Minecraft}나 로블록스^{Roblox}처럼 아이들이 좋아하는 온라인 게임과 협동 과제를 접목한 수업, 3D 프린팅

도안을 만드는 활동까지 점차 다양화되는 추세입니다. 트렌디하고 미래 지향적인 이미지를 가진 신기술 사업에 대한 강연과 투자 권유 또한 불안감을 증폭시킵니다. 내가 망설이는 동안 블록체인에 용감하게 투자한 사람들은 떼돈을 버는 것 같고, 전문성이 없더라도 초기에 잘 진입하면 이커머스 e-commerce를 통해 인생 역전도 가능하다는 메시지가 머릿속에 아른거리기 때문입니다. 특히 '남들보다 발 빠르게', '겁먹지 말고 과감하게'를 강조하는 우리 시대의 투자 키워드들은 조급함을 불러일으키는 데 매우 효과적입니다.

 그러나 "급할수록 돌아가라"는 말처럼, 조바심이 드는 때일수록 더 주의해야 할 점이 있습니다. 바로 초조한 마음에 휩쓸려 트렌드를 쫓듯, 새로운 기술을 가르치는 데만 집중하는 실수를 범하지 않는 것입니다. 이미 전문가들은 아이들이 성인이 된 세상에서 코딩은 지금 부모들이 컴퓨터를 사용해 문서 작업을 하거나 이메일을 보내는 것처럼, 누구나 어느 정도 활용하는 도구가 되리라는 예측을 내놓습니다. 결국 무엇을 배우느냐 만큼이나 중요한 점은 자녀에게 무엇이든 배우려는 자세를 심어주는 것입니다. 더불어 온라인 세상의 흐름에 대한 호기심을 유지시켜 주는 것이고요.

 방법보다 본질에 집중하는 것은 미디어를 대하는 부모의 마음을 다스리는 데도 긍정적인 영향을 끼칩니다. 가치관 설정보다 '핫한' 교육 프로그램을 시도하는 것에 의미를 두게 되면, 부모는 미디어를 수용하면서도 과연 우리가 잘 하고 있는 것인지 걱정거리를 가득 안게 됩니다. 그렇다 보니 항상 조급한 마음이 들 수밖에 없습니다.

기술에 대한 오해로 생긴 두려움 뛰어넘기

많은 사람이 미디어에 대해 두렵다는 인식을 쌓게 된 세 번째 이유는 기술에 대한 이해 부족에서 비롯한 오해 때문입니다. 예를 들어, '전자레인지에 음식물을 데우면 방사능이 남는다'라는 막연한 생각처럼 명확한 근거 없이 떠도는 이야기들이 실체 없는 두려움을 만들어내는 경우가 있습니다.

그러나 확인되지 않은 정보에 의존해 내 아이의 미래를 좌우하는 중요한 결정을 내리는 것은 매우 위험합니다. 불확실성이 높은 시대일수록 부모는 떠도는 이야기를 무조건 신뢰하기보다 미디어 정보의 출처를 점검하는 습관을 길러야 합니다. 정말 고민해야 할 문제는 어떤 것인지, 지금 드는 생각이 단순한 조바심에서 비롯한 것인지를 구별할 수 있어야 진정으로 중요한 가치를 지키며 현명한 결정을 내릴 수 있기 때문입니다.

오해 1: 미디어는 뇌 발달을 방해하는 '유일무이' 문제 요소다

미디어를 통제하는 부모가 꼽은 걱정거리 1순위는 '미디어가 아이의 발달에 부정적인 영향을 끼칠 가능성'이었습니다. 심지어 자녀에게 독서 앱 사용을 허용하는 양육자조차 교육용 앱이 완전히 무해한지 확신할 수 없다고 말합니다. 사실 부모들의 이런 고민은 단순한 기우가 아닙니다. 실제로 대한소아청소년과학회는 많은 아이가 사용하는 휴대폰과 게임 기기가 주로 시각과 청각 자극에 의존하는 콘텐츠를 제공한다는 점을 문제로 지적합니다. 미디어를 사용하는 동안에는 소근육 활동이나 다른 감각 기관들의 활성화가 부족하기 때문에 장기간 노출될 경우 발달에 부정적인 영향을 미칠 수 있다는 것입니다.

여기서 우리가 주목해야 할 점은 이러한 문제들이 디지털 미디어에만 국한되는 것은 아니라는 사실입니다. 대한소아청소년과학회는 약 10년 전만 해도 순조로운 뇌 발달을 방해하는 주된 요인이 조기교육이었다고 설명합니다. 즉, 스크린 타임뿐만 아니라 공부와 독서처럼 긍정적인 취미로 여겨지는 활동조차 과하게 할 경우 균형 잡힌 발달을 저해할 수 있다는 것입니다. 따라서 부모는 자녀의 미디어 사용만 점검할 것이 아니라, 그 외 생활 가운데 자녀가 다양한 경험과 균형 잡힌 발달 기회를 얻고 있는지 살펴야 합니다.

오해 2: 미디어가 아이의 사회성을 헤친다

"아무리 방학이라도 방구석에서 게임을 하고 있는 아이를 보면 마음이 갑갑해요. 차라리 밖에 나가서 친구들이랑 놀기라도 하지, 방에만 틀어박혀 있으니 사회성도 걱정이에요. 주위 엄마들 이야기를 들어보면 '우리 아이만의 일이 아니라는데, 그 점이 더욱 우려스러워요. 예전에 제가 어렸을 때는 서로 약속하지 않아도 자연스레 동네 아이들이 모두 놀이터에 모여 친구가 되곤 했는데, 요즘 놀이터는 텅 비어 있어요."

일부 부모들은 아이들이 더 이상 바깥에서 흙을 만지며 뛰어놀지 않는 이유를 디지털 미디어의 영향으로 단정을 짓습니다. 스마트폰이 보급된 뒤로 아이들이 친구들과 어울리지 않기 시작했고, 이로 인해 사회성을 키울 기회가 사라졌다는 이야기도 종종 들려옵니다. 심지어 미디어가 아이들의 동심을 빼앗아 갔다는 표현까지 심심치 않게 찾아볼 수 있습니다. 하지만 정말 이 모든 변화가 디지털 기기의 등장 때문만일까요?

사실 우리가 살아가는 세상은 디지털 기술의 발전 외에도 수많은 변화를 겪어왔습니다. 아파트가 늘어나면서 도시에서는 흙을 접하는 것 자체가 어려워졌고, 아이들이 부모 없이 바깥에서 자유롭게 뛰어노는 것에 대한 사회적 시선도 달라졌습니다. 학교 수업, 방과 후 활동, 학원 수업으로 매우 바쁜 요즘 아이들의 일과 또한 놀이 시간이 줄어든 주요 원인 중 하나이고요.

　따라서 우리는 과거의 놀이 문화를 마냥 미화된 시선으로 바라보며 그리워하기보다 시대 흐름에 맞는 '좋은 놀이'란 무엇인지 새로운 고민을 시작할 필요가 있습니다. 캐나다 미디어 이론가이자 문화비평가인 마셜 매클루언Marshall Mcluhan은 시대에 따라 우리가 즐기는 게임의 유형이 진화해 왔다고 설명하며 "문화가 변하면 게임도 변한다"라고 말합니다. 말로 소통하던 구어 시대에는 돌멩이나 나뭇조각을 깎아서 할 수 있는 놀이가 유행했고, 인쇄가 가능해진 산업사회에서는 트럼프와 화투 같은 카드 게임이 인기를 얻었던 것처럼 자연스레 변화가 일어났다는 것입니다. 그렇기에 전자 기기가 등장하며 비디오게임이 아이들의 '최애' 놀잇감으로 자리매김한 것은 동심의 상실이라기보다 문화가 진화하는 수순을 밟은 것이라고 보는 편이 타당합니다.

　이러한 흐름에 맞춰 부모도 이제 게임을 무작정 반대하기보다 아이 연령에 맞는 콘텐츠를 선별하고 이를 건강한 놀이 수단으로 잘 활용하는 법을 지도하는 데 주력해야 합니다. 실제로 좋은 게임 경험은 아이들에게 조직적으로 협력하는 즐거움을 선물하고 스트레스를 해소해 주는 역할을 합니다. 미국 코넬대학교에서 이루어진 연구 결과에 따르면, 우울증을 앓는 환자들에게 매일 30분 정도 게임을 하게 하고 이를 4주간 지속하니 표준 항우울제로 알려진 약물을 12주간 사용한 것과 비슷한 치료 효과가 있었습니다. 놀이 치료의 관점에서도 게임은 정해진 규칙을 따라야 하는 구조상, 아이들에게 자기 통제력과 지시 따르기와 같은 사회적 역량을 습득할 기회를 만들어준다고 알려져 있습니다. 게임의 경쟁 요소가 아이들의 자아 효능감을 자극하기도 하고요.

2016년 여름에 출시된 후, 전 세계적으로 인기를 끈 나이안틱^{Niantic, Inc.}의 '포켓몬 GO'처럼 오프라인과 온라인상의 소통을 접목한 미디어 또한 새로운 놀이 문화에 대한 기대를 품게 합니다. 이 게임은 증강 현실 기술을 활용해 현실 공간에 포켓몬을 등장시켜서 이용자들이 직접 거리로 나가 함께 걸으며 게임을 즐기도록 유도하는데요. 그 과정에서 팀을 만들어 공동 미션을 해결하거나, 각자 수집한 포켓몬을 교환하는 등 다양한 교류가 촉진되어 가상과 현실이 결합된 새로운 형태의 상호작용을 이끌어냈다는 평가를 받습니다.

따라서 요즘 세상에 아이를 키우는 부모라면 자녀가 게임을 하는 것이 무조건 세상과 단절됨을 뜻하지 않는다는 사실을 꼭 이해해야 합니다. 오늘날 아이들은 게임 속 구성원들과 음성 혹은 문자로 메시지를 주고받으며 전략을 논의하고, 아쉬운 상황에서 서로를 격려하는 등 디지털 원주민의 삶에 특화된 '새로운 교류 방식'으로 자신들의 놀이 문화를 발전시키고 있을 가능성이 큽니다. 소통을 오프라인 대면 방식으로만 국한하지 않고 확장된 상호작용을 인정할 때, 비로소 부모는 선입견 없이 게임을 바라봄으로써 아이와 눈높이를 맞추고 함께 설 수 있다는 점을 기억해 주세요.

오해 3: 미디어가 ADHD 아동을 만든다

미디어 소비에 대한 또 다른 오해는 미디어의 사용이 ADHD(주의력결핍 과다행동장애)를 유발한다는 선입견입니다. 물론 실제로 ADHD를 겪는 아동·청소년과 소셜 미디어 의존도 사이의 연관성을 보여주는 연구가 다수 존재하는 것은 사실입니다. 또 ADHD 진단을 받지 않은 아이들도 과도한 미디어 사용으로 인해 관련 증상을 보였다는 연구 결과가 발표된 바 있습니다. 그러나 이런 연구 결과들을 단순히 '미디어를 많이 하면 ADHD에 걸린다'는 식으로 해석하면 위험한 오류를 초래할 수 있습니다. 현재까지의 연구는 ADHD와 소셜 미디어 사용 간의 '관련성'을 입증했을 뿐, 인과관계를 명확히 규명하지는 못했습니다. 즉, ADHD를 가진 아동이 미디어에 더 쉽게 의존하는 경향이 있기 때문에 나타난 결과일 가능성도 배제할 수는 없습니다.

또한 미디어 사용으로 인해 ADHD 증상이 나타났다는 연구 결과를 해석할 때는 진단과 증상의 차이를 명확히 구분해야 합니다. ADHD 증상을 보인다는 것은 단순히 특정 행동 패턴이 관찰되었다는 의미이며, 그것이 모두 ADHD 진단으로 이어지는 것은 아니기 때문입니다. ADHD의 대표 증상으로 여겨지는, 집중력을 잃거나 산만한 모습은 아이가 환경 변화로 인해 불안을 경험할 때도 일시적으로 나타납니다. 마찬가지로 미취학 아동이 처음 집단생활을 시작할 때 충동 조절을 어려워하는 모습을 보이는 것도 ADHD의 증상과 유사하지만, 이는 발달 과정에서 자연스럽게 나타나는 현상일 수 있습니다. 이런 일시적인 증상만으로 ADHD라고 진단하지는 않듯이, 미디어를 ADHD를 유발하는 원인으로 단정하는 것은 무리가 있습니다. 특히 미디어의 장기적 영향에 대해 충분한 연구가 이루어지지 않은 현시점에서 섣부른 결론을 내리는 것은 더욱 신중해야 합니다. 스마트폰을 자주 사용하면 아이 뇌가 줄줄 녹아내리기라도 한다는 듯 여기는 과장된 공포심이 부모가 미디어 교육에서 중요한 본질을 마주하고 교육할 용기조차 빼앗을 수 있기 때문입니다.

오해 4: 우리 아이는 온라인 중독이다

> "어렸을 때는 책 읽기도 좋아하고 그림도 곧잘 그렸는데, 스마트폰을 갖게 된 이후부터는 제가 불러도 대답도 안 해요. 혹시 우리 아이가 스마트폰 중독인 걸까요?"

디지털 기기에 코를 박고 푹 빠진 아이를 보면 혹 심한 중독에 걸린 것은 아닌가 하고 걱정되기도 합니다. 물론 아이가 오프라인에서 해야 하는 중요한 경험을 장기간 놓치고 있다면 부모의 개입이 필요합니다. 그러나 아이의 미디어 소비를 무조건 중독이라 단정 짓기 전에, 혹시 너무 성급한 판단을 내리고 있지는 않은지, 과연 중독이라는 표현이 적절한지 고민해 봐야 합니다.

2019년 세계보건기구World Health Organization, WHO는 게임 중독을 질병으

로 분류한 제11차 국제질병표준분류기준안ICD-11을 만장일치로 통과시켰습니다. 하지만 기존의 대표적인 중독성 질병인 알코올 및 약물 중독과 게임 중독 사이에는 분명한 차이가 있습니다. 가장 중요한 차이점은 내성의 유무입니다. 알코올중독은 화학물질에 대한 의존이 본질이므로 시간이 지날수록 더 많은 양의 술을 필요로 하고, 자신이 취한 상태를 인지하지 못하는 내성이 발생합니다. 반면에 게임은 특정 화학물질에 중독되는 것이 아니기 때문에 내성이 형성되지 않습니다. 물론 게임을 오래 하다 보면 마치 약물중독 증상처럼 집착하는 모습이 보일 수 있지만, 이는 특정 패턴이나 습관에서 비롯한 것이지 약물처럼 신경계를 변화시켜 내성을 키우는 생물학적 중독과는 다른 현상입니다.

따라서 게임을 단순히 중독성 물질과 동일한 기준을 적용해 질병화하는 것은 타당하지 않습니다. 아이에게 걱정을 표현할 때도 "넌 맨날 게임만 하지, 아주 게임 중독이야!"라고 호통을 치며 부정적인 인식을 강조하기보다 "요즘 게임에 의존하는 시간이 많아진 것 같은데, 네 생각은 어때?", "요즘 게임과 오프라인 활동 사이의 균형이 깨진 것 같은데 어떻게 다시 균형감을 찾을 수 있을까?"와 같은 접근이 더 건강한 대화를 이끌어낼 수 있습니다. 중독이라는 단어를 가볍게 사용하기보다 '과의존'처럼 의학적으로 적절한 표현을 사용하는 태도도 필요하고요.

무엇보다 아이의 게임 몰입이 지나친 수준이라고 느껴진다면, 부모는 먼저 아이가 이를 통해 어떤 심리적 만족을 얻고자 하는지 주목해야 합니다. 스마트폰과 게임은 단순한 오락을 넘어, 현실에서 부족한 부분을 채워주는 역할을 하기 때문인데요. 예를 들어, 빡빡한 학업 일정으로 놀 시간과 공간이 부족한 요즘 아이들에게 스마트폰은 시간과 공간, 경제적 제약 없이 자유롭게 즐길 수 있는 놀이터 역할을 합니다. 외모에 자신이 없거나 또래 집단 내에서 소외감을 느끼는 아이들도 온라인상에서는 얼마든지 원하는 모습으로 자신의 아바타를 꾸미고 다른 친구들과 유대감을 쌓을 수 있습니다. 현실에서 노력한 만큼 성과를 내지 못하던 아이도 게임에서는 명확한 보상 체계에 따라 '만렙'을 찍거나, '랭킹'을 올려나갑니다.

현실의 결핍이 과의존을 일으키는 현상은 캐나다 심리학자 브루스 알렉산더Bruce Alexander의 유명한 '쥐 공원rat park' 실험을 통해서도 설명됩니다. 이는 한 그룹의 쥐들에게는 쾌적하고 넓은 환경을 제공하고, 다른 그룹의 쥐들에게는 좁고 고립된 공간을 준 뒤 마약 성분이 포함된 물을 제공해 그 반응을 관찰한 실험인데요. 알렉산더는 풍족한 환경에 놓인 쥐들은 일반 물을 선택한 반면에, 열악한 환경에 놓인 쥐들은 마약성 물을 더 많이 섭취했다는 것을 근거로 들며 중독은 단순히 개인의 문제라기보다 사회적·환경적 요인과 밀접한 관련이 있다고 주장했습니다. 그렇다면 이 연구를 미디어 과의존에 대입하면 어떤 결론이 나올까요? 바로 스마트폰 과의존 문제를 해결하려면 아이가 현실 세계에서 누리고 싶었으나 미처 누리지 못한 것들, 즉 충족되지 못한 욕구까지 함께 살피고 채워주어야 한다는 이야기가 됩니다.

실제로 스마트쉼센터가 2023년 발표한 스마트폰 과의존 상담 우수 사례를 살펴보면, 내담자의 심리적 특성 외에도 주변 인물이나 부모와의 관계를 살피며 다각적인 상담과 치료가 이루어졌을 때, 그 효과가 증폭된다는 결과가 나타났습니다. 이는 자녀에게 "이제 제발 컴퓨터 전원 좀 꺼!"라고 외치기 전에 혹시 우리 아이가 현실 세계를 '도망가고 싶은 환경'으로 여기는 상황은 아닌지 먼저 살펴볼 필요가 있음을 시사합니다.

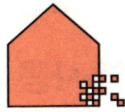

미디어 가이드,
제대로 이해하고 현명하게 활용하자

우리나라 부모들 대부분은 아이에게 현명한 미디어 소비를 가르치기 위해서는 일종의 규칙이 필요하다고 믿는 것으로 나타났습니다. 한국언론진흥재단이 초등학생과 학부모 1100여 명을 대상으로 한 설문에 따르면, "이미 가정 내 미디어 이용 수칙을 가지고 있다"라고 답한 비율이 무려 80.2퍼센트로 집계되었는데요. 이 조사를 조금 더 세부적으로 살펴보면, 아동에게 좋지 않다는 콘텐츠 이용을 금지하거나 미디어를 활용하는 시간을 제한하는 규칙을 적용 중인 가정이 가장 많았습니다. 과연 이런 미디어 중재는 효과적인 접근일까요?

미디어 사용 시간이
기준이 된 진짜 이유

미국소아과협회가 처음으로 미디어 소비에 대한 가이드라인을 공식적으로 발표한 것은 1999년도였습니다. 소아과 전문의들이 양육자에게 자녀의 미디어 소비에 대해 일관된 조언을 주도록 하기 위해 이른바 '2×2 규칙'을 제시한 것이 그 시작이었는데요. 이 초기 공식 가이드라인은 두 살 미만의 어린아이에게는 어떤 미디어도 보여주지 않기를 권장했고, 두 살 이상의 아이들은 하루 두 시간 미만으로 미디어 사용을 제한하라고 권고했습니다.

하지만 지난 25년 사이에 언제 어디서나 우리와 함께 동행하는 스마트폰이 생겨났고, 시대 흐름에 따라 미디어 소비 패턴도 크게 변화했습니다. TV 시청과 같이 소비자 역할이 수동적으로 머물렀던 과거와 달리, 소통이 주 목적이 된 새로운 형태의 미디어가 등장했기 때문입니다. 이로 인해 새로운 기준에 대한 필요성이 높아지자 2×2 규칙은 2016년 공식 폐지되기에 이르렀습니다.

그렇다면 현시점에서 우리가 중요하게 살펴봐야 하는 가이드라인은 무엇일까요? 전문가들은 스크린 타임에 대한 고찰이 미디어 사용권을 줄지, 혹은 일주일에 몇 시간을 사용하는 것이 적당한지를 논하는 단계를 넘어서야 한다는 의견을 제시합니다. 가족의 건강한 미디어 수칙을 만들기 위해서는 미디어 시청을 몇 시간까지 허용해야 안전한지 궁금해하기 십상입니다. 하지만 이는 오히려 정해진 양만 지키면 된다는 '가짜 안심'을 불러일으킬 뿐, 과학적 근거는 없습니다. 즉, 시간을 기준으로 삼는 것은 화면 바깥의 세상을 만날 기회를 보장하기 위한 하나의 방패일 뿐, 그것만으로는 균형 잡힌 환경을 조성해 준다고 보기 어렵습니다.

건강을 위해 커피는 하루에 딱 한 잔만 먹으라는 조언을 열심히 따르더라도, 그 한 잔이 아주 진한 농도이거나 나머지 생활 습관이 엉망이면 아무 소용이 없듯이 미디어 지도 또한 포괄적인 관리가 필요합니다. 태블릿 PC를 똑같은 시간 동안 사용하더라도 그것이 언제, 어디서, 어떻게, 왜, 그리고 누구와 연결되는 방식으로 쓰이는지 목적과 맥락에 따라 그 시간이 아이 발달에 미치는 영향은 다릅니다. 미디어를 사용하지 않는 오프 스크린 타임off-screen time을 얼마나 갖느냐 만큼 그 시간 동안 풍성한 경험과 발달에 필요한 자극이 제공되는지도 살펴봐야 하고요.

연령별 주목해야 하는 가이드라인

현재 우리나라 가정의 많은 양육자가 이미 미디어를 활용한 육아를 하고 있습니다. 2019년 육아정책연구소가 12개월 이상, 만 6세 이하 자녀를 둔 부모들을 대상으로 시행한 조사 결과에 따르면, 우리나라 영유아가 스마트 미디어를 처음 접하는 시기는 만 1세가 45.1퍼센트로 가장 많았고, 만 2세가 20.2퍼센트, 만 3세가 15.1퍼센트로 그 뒤를 따랐습니다. 12개월 미만 시기에 처음 미디어를 접한 아이들도 무려 7.8퍼센트여서 만 4세 이전에 미디어를 만나는 아동의 비중은 88퍼센트에 육박합니다.

0~18개월 영유아 가이드라인

온라인에는 아주 어린아이들을 타깃으로 하는 유아용 콘텐츠도 참 많은데요. 긴 시간 동안 사랑을 받아온 어린이 동요부터 언어 발달에 도움을 주고 말 잘하는 아이로 만들어준다는 교육 영상까지 대부분의 유아용 콘텐츠는 무해해 보입니다. 이 때문에 부모들은 아이가 이를 시청하는 데 큰 문제의식을 갖지 않는 경향이 있습니다. 무엇보다 의사소통이 원활하지 않아 칭얼거림이 잦을 수밖에 없는 영유아 자녀가 미디어를 시청하는 동안은 마법같이 울음을 멈추니 그 유혹에서 빠져나오기가 쉽지도 않고요. 하지만 18개월 미만의 영유아 시기는 원활한 인지·언어·사회정서적 발달을 위해 양육자와 질 좋은 상호작용이 가장 중시되는 시기이므로 이때만큼은 미디어 노출을 미루는 것을 권장합니다.

"저는 원래 말주변이 없는 부모인데, 저보다는 언어 발달 전문가가 재미나게 말을 걸어주는 영상물을 틀어주는 게 더 유익하지 않을까요?"

"어릴 때부터 원어민 영상을 틀어주면 좋은 발음을 익히는 데 도움이 된다고 들었어요."

간혹 좋은 영유아 콘텐츠를 선정해서 틀어주면 교육적으로 좋은 효과를 볼 수 있지 않은가 하고 궁금증을 품는 부모들도 있는데요. 아직 주의력과 기억력, 시각화 정보를 받아들이는 능력이 미숙한 영유아에게 스크린을 보는 것은 직접 경험하는 것만큼 도움이 되지는 않습니다. 눈을 마주치고 고개를 끄덕이고 함께 책장을 넘기며 숨결과 온기를 나누는 순간들이 영상 속 양질의 내용만큼이나, 아니 어쩌면 그보다 아이에게는 더 깊은 인상을 남긴다는 사실을 믿어보세요.

18-24개월 영유아 가이드라인

18개월에서 24개월 사이에는 권장되는 미디어 범위가 조금 확장됩니다. 약 15개월 무렵을 기점으로 아이들이 디지털 기기를 활용해 새로운 단어를 습득하는 것이 가능하다는 연구 결과도 나와 있습니다. 하지만 이 시기의 아이들은 새로운 단어의 뜻을 익힐 수는 있더라도 이를 실생활에 적용하는 능력은 아직 부족합니다. 그렇기 때문에 이 시기부터 미디어를 활용한다면, 옆에서 부모가 아이의 이해를 돕기 위한 추가적인 설명과 지도를 병행해야 합니다.

만 2~5세 이하 아동 가이드라인

가이드라인에 따르면, 만 2세에서 5세 이하의 아동에게는 하루 한 시간 미만으로 보다 자유로운 미디어 사용을 허용하되, 양질의 콘텐츠를 잘 선별해 주어야 합니다. 이 시기부터는 〈세서미 스트리트Sesame Street〉나 미국의 교육 공영방송인 PBS처럼 교육 전문가들이 체계적으로 만든 프로그램을 잘 활용했을 때, 문해력과 인지 능력, 사회성 발달에 득이 된다는 근거가 존재합니다. 다만 과도한 미디어 사용은 만 2~5세 아동의 성장에 매우 핵심적인 신체 발달과 수면 습관 형성에 해를 입힐 수 있으므로 활용 시간 또한 여전히 주의해야 합니다. 특히 5세 이하 어린 아이가 주로 사용하는 스크린 타임에는 한자리에서 몸을 움직이지 않는 형태(정착성 소비)가 주를 이루기 때문에, 미디어를 사용하지 않는 시간 동안 대근육과 소근육 발달에 필요한 운동 기회를 꼭 마련해 주는 것이 좋습니다.

여기에 추가로 고려해 봐야 하는 것은 교육 앱의 신뢰도입니다. 아직 전문가의 검토 없이 출시되는 온라인 교육 프로그램도 많기 때문에 아이가 미디어를 통해 무언가를 배운 것 같더라도 이것이 정말 지식을 쌓은 것인지, 아니면 암기 기술을 배운 것인지 주의 깊게 살펴봐야 합니다.

6세 이상 아동 가이드라인

6세 이상 아동의 미디어 사용에 대해서는 천편일률적인 규칙을 제시하는 접근보다는 부모의 '미디어 코칭'이 중시됩니다. 이 시기부터는 협회 가이드라인도 "우리 가정의 핵심 가치에 맞춰 특화된 미디어 규칙을 세우고 양질의 콘텐츠를 선택하라. 그리고 이를 일관성 있게 지켜나가는 노력을 기울여라" 하는 정도로 매우 느슨해지는데요. 이는 아이의 준비도에 맞춰 개별적인 선택을 내릴 수 있다는 장점이 있습니다.

하지만 좋은 콘텐츠는 어떻게 선정해야 하는지, 어떤 규칙을 어떤 식으로 정해야 하는지와 같은 실질적인 미디어 교육이 부족한 상황에서는 부모에게 막막함이라는 부담을 안겨줘 양날의 검이 되기도 합니다. 다음 내용에서는 온전히 부모 몫으로 남겨진 미디어 선별에 대한 부담감을 덜기 위해 좋은 콘텐츠를 고르는 안목에 대해 자세히 알아보도록 하겠습니다.

양질의 콘텐츠를 알아보는
안목 키우기

2020년 방영된 SBS 다큐멘터리 〈당신의 아이는 무엇을 보고 듣고 있나요?〉는 양질의 미디어 선택이 얼마나 중요한지를 잘 보여주는 흥미로운 사례를 소개했습니다. 연구진은 AI 기술로 만들어낸 가상의 아이들에게 각기 다른 유형의 콘텐츠를 보여준 뒤, 반응을 관찰하는 방식으로 실험을 설계했는데요. 첫 번째 AI 아이에게는 신중하게 선정된 양질의 영상을, 두 번째 AI 아이에게는 무작위로 추천된 영상을 동일한 시간 동안 노출시켰습니다. 그 결과, 같은 시간 동안 미디어를 사용했음에도 불구하고 두 아이의 반응에는 극명한 차이가 나타났습니다. 양질의 콘텐츠를 본 아이는 엄마의 애정 표현에 긍정적으로 반응하며 자연스럽게 소통을 이어갔습니다. 반면에, 무분별하게 제공된 콘텐츠에 노출된 아이는 "저한테 사랑을 강요하지 마세요. 짜증 나니까!"라며 퉁명스러운 태도를 보였습니다.

이 실험은 미디어 사용 시간보다 콘텐츠 질이 아이들의 언행과 정서 발달에 더 큰 영향을 미친다는 점을 시사합니다. 그렇다면 아이의 건강한 성장을 돕는 '좋은 콘텐츠'와 오히려 부정적인 영향을 미치는 '나쁜 콘텐츠'는 도대체 어떻게 구별할 수 있을까요?

첫 번째 거름망: 관람 등급 참고하기

미디어 콘텐츠의 적합성을 가장 쉽고 빠르게 살피는 방법은 관람 등급을 살펴보는 것입니다. 한국의 TV 프로그램 등급 제도는 방송통신심의위원회에서 주제, 폭력성, 선정성, 언어 사용, 모방 위험 등을 기준으로 심사하며, 영화나 기타 영상물도 이와 유사한 심의 기준을 거쳐 관람 등급이 결정됩니다. 물론 국가별로 그 기준의 엄격한 정도에는 문화적 인식에 따른 차이가 존재합니다. 그렇지만 해외 콘텐츠들 역시 비슷한 절차를 통해 심의를 받으므로 글로벌 등급 체계를 이해하면 넷플릭스와 같은 스트리밍 플랫폼에서 콘텐츠를 선택할 때 유용하게 활용할 수 있습니다. (등급표는 부록 3에 실었습니다.)

두 번째 거름망: 세부 항목 인지하기

영상물과 TV 콘텐츠의 관람 등급만으로 양질의 콘텐츠인지 여부를 판단하는 데는 한계가 있습니다. 각 등급이 포함하는 연령대 범위가 상당히 넓은 데다 해당 등급이 부여된 심사 기준이 명확하게 공개되지는 않기 때문입니다. 그 결과, 같은 등급을 받은 콘텐츠라 하더라도 유해성의 정도가 크게 다르게 느껴지는 경우도 종종 발생합니다. 또한 부모의 가치관과 아이의 성향에 따라 비슷한 연령대 아이들에게 주어지는 미디어에 대한 수용도가 크게 달라질 수 있다는 점도 고려해야 합니다. 예를 들어, 한 가정에서는 부모가 아이와 함께 포켓몬스터 게임을 즐길 수 있지만, 다른 가정에서는 동물 인권 보호에 대한 인식을 반영해 이를 부적절한 콘텐츠로 판단할 수 있기 때문입니다. 딱히 비속어나 욕설이 포함되지 않은 콘텐츠라도 유행어나 외계어가 자주 등장하는 경우 부모의 교육 철학에 따라 호불호가 갈릴 수 있고요. 따라서 우리 가정에 적절한 미디어를 판별하기 위해서는 부모가 관람 등급보다 세부적인 기준을 활용해 콘텐츠를 직접 평가하는 능력을 갖춰야 합니다.

앞에서도 짧게 언급한 아동과 청소년이 올바르게 디지털 미디어를 활용하도록 돕는 비영리단체 코먼센스미디어는 다양한 콘텐츠를 여러 기준에 따라 분류해 주는 서비스를 운영하고 있습니다. 이 플랫폼에서는 연령 필터를 활용해 자녀의 나이에 적합한 콘텐츠를 추천받을 수 있을 뿐만 아니라 '이사', '이혼', '명절' 등 아이가 실제로 경험할 수 있는 상황을 키워드로 검색하면 이와 관련된 도서와 영상을 쉽게 찾을 수 있어 매우 유용합니다. 이보다 더욱 가치 있는 도구는 바로 코먼센스미디어가 '콘텐츠를 평가하는 10가지 미디어 기준' 리스트입니다.

아쉽게도 코먼센스미디어는 현재 미국, 영국, 호주의 콘텐츠에 대한 분석만을 제공하고 있기 때문에, 우리나라 콘텐츠에 대한 정보를 찾아볼 수는 없습니다. 하지만 그들이 콘텐츠를 평가할 때 활용하는 10가지 세부 항목을 숙지한다면, 별점 같은 외부 평가에 의존하지 않고도 부모가 스스로 가정에 적합한 콘텐츠를 판단하는 것이 가능해집니다. 무엇보다 아이와 함께 미디어를 분석하는 과정은 그 자체로 이미 미디어 시청을 더욱 의식적인 행위로 바라보게 만드는 중요한 계기로 작용하기도 하고요. 그렇다면 우리의 미디어 안목을 길러줄 코먼센스미디어의 10가지 미디어 평가 기준을 조금 더 자세히 살펴볼까요?

코먼센스 미디어의 10가지 미디어 평가 기준

평가 기준	세부 내용
작품 메시지	작품이 아이들에게 긍정적인 교훈이나 가치를 전달하는지 따져보세요. 편협한 사고나 편견이 담겨 있지는 않은지 고려하는 것도 양질의 콘텐츠를 선별하는 중요한 기준입니다.
긍정적인 롤 모델	작품 속 캐릭터들이 현실적이고 공감할 수 있는 모습으로 그려지는지 살펴보세요. 입체적인 성격을 갖추고 있는지, 혹시 단순하고 일차원적으로만 묘사되고 있지는 않은지도 고려해야 합니다. 무엇보다 아이들이 실생활에서 긍정적으로 본받을 만한 행동이 자주 등장하는지도 확인이 필요합니다.
다양성	캐릭터가 성별, 인종, 문화, 종교, 장애, 사회적 약자 등의 기준에서 살펴봤을 때 기존 미디어에서 충분히 조명되지 않았던 다양한 집단을 균형 있게 대표하고 있는지 살펴보세요. 또한 이런 캐릭터들이 어떤 방식으로 묘사되는지도 중요합니다. 전통적인 '남성성'과 '여성성'에 대한 고정관념이 반영되어 있지는 않은지, 캐릭터가 특정한 역할에만 국한되어 행동하도록 그려지지는 않았는지 면밀히 살펴보는 것이 필요합니다.
폭력성과 유해성	작품 속에 잔혹한 장면이 포함되어 있는지 평가하는 것도 중요한 기준입니다. 어린이 매체에서는 문제가 발생하고 해결되는 이야기의 흐름상, 폭력적인 요소가 등장하기도 합니다. 그럴 경우에 그 폭력이 얼마나 현실적인지, 폭력 사용에 대한 대처나 처벌이 함께 다뤄지는지도 따져볼 필요가 있습니다. 또한 폭력적인 장면이 없더라도 아이들이 쉽게 공감하는 대상(예: 반려동물, 부모, 어린아이 등)이 극심한 위험에 처하거나 분리되는 상황이 반복적으로 등장한다면 주의해야 합니다. 이와 더불어 작품 속 캐릭터들이 서로를 대하는 태도가 존중과 배려를 반영하는지도 함께 고려해야 합니다.
성적 요소	성적인 언행이 포함되었는지 신중하게 살펴봐야 합니다. 캐릭터들의 애정 표현이 과하게 선정적으로 묘사되지 않는지, 특정 성별이 상품화되거나 대상화되는 장면이 없는지 확인하는 것이 중요합니다. 만약 이러한 요소가 있다면, 폭력적인 장면과 마찬가지로 그에 대한 결과가 어떻게 다뤄지는지, 책임 소재가 명확하게 표현되는지도 함께 고려해야 합니다. 건강한 관계와 상호 존중을 기반으로 한 콘텐츠를 선택하는 것이 아이들의 바람직한 가치관 형성에 도움이 되기 때문입니다.

언어와 비속어	작품 속에서 아이들에게 권장하고 싶지 않은 어휘가 사용되지는 않나요? 욕설이 얼마나 자주, 어떤 맥락에서 사용되는지, 혐오나 비방의 표현이 포함되어 있지는 않은지 따져보세요. 이러한 언어 사용이 반복될 경우 아이들의 언어 습관 형성에 부정적인 영향을 미칠 수 있으므로 주의가 필요합니다.
광고 유무	작품 속에 직간접적인 광고가 포함되었는지도 중요한 평가 기준입니다. 특히 마케팅과 판매 전략이 아이들에게 어떤 영향을 미치는지를 고려해야 합니다. 광고가 작품과 관련성이 높은지, 아니면 단순히 소비를 유도할 목적으로 삽입된 것인지 살펴보면서, 과장된 표현이 아이들의 판단력을 흐리게 만들지 않는지도 신중하게 평가해야 합니다. 특히 스폰서십을 기반으로 제작된 콘텐츠는 특정 브랜드의 이미지나 제품을 부각하기 위한 요소가 포함될 가능성이 크므로 이를 시청하는 아이들에게도 분별력이 요구됩니다.
음주, 약물 및 흡연	등장인물들이 술을 마시거나 담배를 피우지는 않나요? 이러한 행동이 미화되거나 찬사를 받는 방식으로 묘사되지는 않는지 신중히 살펴보는 것이 중요합니다. 어린 시청자들이 무의식적으로 이러한 행동을 멋있는 것으로 인식할 가능성이 있는지도 고려해야 하고요. 이러한 요소가 등장할 경우 그에 따른 책임과 결과가 명확하게 표현되는지도 확인해야 합니다.
교육적 가치	작품이 아이들에게 교육적 가치를 제공하는지 평가해 보세요. 단순한 오락을 넘어 아이들이 구체적으로 어떤 내용을 배우게 되는지, 교육적 커리큘럼이나 근거를 기반으로 한 콘텐츠인지 확인하는 것도 필요합니다.
접근성	아이들이 쉽게 이해할 수 있는 형식으로 콘텐츠가 구성되었는지 살펴보세요. 언어 표현이 연령대에 적절한지, 스토리 전개가 아이들의 사고 수준에 맞게 직관적으로 전달되는지 평가해 볼 필요가 있습니다. 특히 참여형 미디어(예: 교육용 게임)의 경우 아이들이 능동적으로 활용하고 학습할 수 있도록 얼마나 접근성 높게 만들어졌는지도 고려해야 합니다.

세 번째 거름망: 자극의 강도 확인하기

관람 등급과 미디어 평가를 위한 세부 항목 외에도 좋은 콘텐츠를 결정짓는 또 다른 요소는 바로 시청각 자극의 강도입니다. 미국 버지니아 대학교 심리학 교수인 앤절린 릴러드Angeline Lillard는 미디어의 화면 전환 속도가 유아에게 미치는 영향을 연구하기 위해 4세 아이들을 대상으로 실험을 진행했습니다. 그녀는 아이들을 세 집단으로 나누어 약 9분 동안 서로 다른 활동에 참여하도록 했는데요. 그중 첫 번째 그룹은 종이와 크레용을 사용해 색칠 놀이를 했고, 두 번째 그룹은 화면이 평균 11초마다 바뀌는 〈스폰지밥〉 영상물을 시청했습니다. 마지막으로 세 번째 그룹은 화면이 평균 34초에 한 번꼴로 전환되는 〈카이유〉라는 프로그램을 시청했습니다. 연구에 사용된 콘텐츠인 〈카이유〉와 〈스폰지밥〉 두 작품은 주제나 유해성 측면에서는 비슷한 평가를 받았지만, 화면 전환율과 색감, 현실성 등의 요소에서는 확연한 차이를 보였는데요. 릴러드 교수의 연구 결과에 따르면, 빠른 화면 전환율을 가진 영상에 노출된 아이들이 다른 두 그룹의 아이들보다 집중력, 자기 조절력, 그리고 집행 기능에서 낮은 수행 능력을 보였습니다.

반대로 정적인 미디어를 시청한 아이들의 수행 능력은 색칠 놀이를 한 아이들과 유사한 수준으로 나타났는데요. 연구진은 빠른 화면 전환과 강렬한 색감이 아이들에게 과도한 시각적 자극으로 다가와 주의력을 즉각적으로 전환하는 능력을 저하시킨다는 점을 이 차이의 원인으로 꼽았습니다. 이는 곧 양질의 미디어를 선정하기 위해서는 콘텐츠 내용뿐만 아니라, 구성과 형식 또한 신중하게 검토해야 한다는 사실을 시사합니다.

국내 미디어
추천 기관

최근 국내에도 미국의 코먼센스미디어처럼 좋은 콘텐츠 선정의 이정표 역할을 해주는 고마운 회사들이 생겨나고 있습니다. 어린이 그림책 큐레이션 서비스로 시작해 2024년부터는 디지털 미디어 큐레이션까지 서비스 범위를 확장한 우따따 플랫폼(www.wooddadda.com)의 유지은 대표는 "건강한 미디어의 사용이 아이들에게 더 넓은 세상으로 나아갈 수 있는 힘이 될 것이라 믿는다"라고 말합니다. 특히 우따따의 경우 미디어의 선정 기준에 어린아이가 스스로 생각하고 성찰하며 결정하는 주체성이나 동물과 자연에 친화적인 태도 등을 추가하는 등 단순히 유해성을 발견하는 데 도움을 주는 것을 넘어, 미래 교육적 가치를 지닌 콘텐츠를 적극적으로 선별해 줍니다. 전문가의 추천 서비스와 더불어 콘텐츠 줄거리, 그리고 이를 활용해 부모와 자녀가 함께 나누면 좋을 대화 소재를 제시하는 가이드까지 전달하는 포괄적인 형식 또한 앞으로 우따따의 행보가 더욱 기대되는 이유입니다.

이화여자대학교 어린이 미디어 연구소에서 개발한 어린이 미디어 품질지표children media quality index, CMQI도 주목할 만합니다. CMQI 지수는 인지적 요소, 정서, 그리고 사회화 총 세 가지 항목을 통해 어린이 대상 영상 콘텐츠를 분석하고 평가하는데요. 첫째, 인지적 요소에서는 영상

전개 속도와 언어 표현의 수준, 기초적인 수리 개념의 포함 여부 등을 평가합니다. 둘째, 정서적 요소는 폭력적인 장면이나 선정적인 내용, 공포 자극의 유무와 더불어 등장인물이 감정을 어떻게 표현하고 조절하는지, 타인의 감정을 이해하는지를 살펴봅니다. 마지막으로, 사회화 관련 요소는 인종과 문화의 다양성 표현, 성 역할 고정관념의 유무, 상업적 요소의 노출 정도 등을 고루 따지고 있습니다. 현재 분석된 콘텐츠 수가 그리 많지는 않지만, 만 4~7세 자녀를 둔 부모의 응답을 바탕으로 아이들이 자주 시청하는 인기 콘텐츠를 중심으로 구성되었다는 점에서 실용성이 높습니다. 또 앞으로 더 많은 콘텐츠가 분석 대상으로 추가됨에 따라 더욱 유익한 가이드가 될 것이라 생각합니다.

'무엇을 보느냐'보다 더 중요한 '어떻게 보느냐'

아이들이 주로 사용하는 미디어가 TV였던 1980년대에는 부모가 아이 곁에서 동반 시청을 하는 것만으로도 유해한 콘텐츠로부터 자녀를 보호할 수 있다는 믿음이 강했습니다. 이후 진행된 연구들은 단순히 미디어를 함께 보는 행위 자체보다 그 시간 동안 어떤 상호작용을 나누는지가 자녀의 건강한 미디어 습관 형성에 더 큰 영향을 미친다는 사실을 밝혀냈습니다. 책을 읽으며 주인공의 행동이나 이야기 전개에 대해 대화를 나누는 것처럼, 미디어를 시청할 때도 내용 흐름을 함께 이야기하고 직접 경험한 일들과 연결 지어보는 등 건강한 소통이 이루어져야 상호작용 부재로 인해 발생하는 미디어의 부작용을 줄일 수 있다는 것입니다.

문제는 기술이 발전할수록 우리가 주로 사용하는 미디어 형태 또한 점점 더 사적인 형태로 진화해 부모와 자녀가 자연스럽게 미디어에 대한 대화를 나눌 기회가 사라지고 있다는 점입니다. 실제로 한 조사에 따르면, 자녀가 스마트 미디어를 사용할 때 부모가 함께 이용하며 대화를 나눈다고 답한 비율은 전체 응답자의 16.8퍼센트에 불과했는데요. 이처럼 각자의 방에서 개인 디바이스를 사용하는 것이 당연해진 환경에서 자녀와 부모가 함께 미디어를 활용하고 이에 대한 생각을 나누는 경험을 늘리기 위해서는 어떤 접근이 필요할까요?

STEP 1: 존중과 호기심으로 소통의 문 열기

많은 아이가 부모와 미디어에 대해 대화를 나누는 것을 어려워하는 가장 큰 이유는 '어차피 이야기해 봤자 뻔한 잔소리를 들을 것 같다'라는 생각 때문입니다. 특히 자신이 소중하게 여기는 것에 대해 부모가 한심하다는 듯한 반응을 보인다면 신나는 마음을 계속해서 표현할 아이는 없습니다. 아이의 미디어 경험이 궁금하다면, 부모는 먼저 존중과 호기심을 바탕으로 아이의 세상에 초대받고 싶다는 의사를 표현하는 것이 중요합니다.

"재밌어 보인다. 뭐 하고 있는지 같이 봐도 될까?"
"방금 번쩍이는 광선은 뭐였어? 네가 필살기 쓴 거 맞지?"

이처럼 부담스럽지 않은 질문으로 대화를 시작하거나 아이가 좋아하는 게임이나 미디어 콘텐츠를 검색해 관련 정보를 찾아보는 노력을 기울여 보세요. 부모가 자녀의 미디어 세계를 이해하려는 모습을 보이면, 어느 순간 신이 나서 자신의 이야기를 풀어놓는 아이를 만나게 될 것입니다. 또한 아이의 표정과 몸짓언어(보디랭귀지), 언어 표현 등을 감정 신호로 인식하는 것도 좋은 접근 방법입니다. 게임 속 캐릭터가 죽었을 때는 아쉬워하는 아이의 탄식에 공감하며 맞장구를 쳐주고, 생각대로 판이 잘 풀렸을 때는 함께 환호하며 기뻐하는 것처럼 아이와 감정을 나누는 태도는 대화의 문을 여는 열쇠가 됩니다.

이때 가장 중요한 점은 함께 미디어를 활용하는 시간만큼은 '가르쳐야 한다'는 생각을 잠시 내려놓고, 아이와 즐거운 경험을 공유하는 데 집중해야 한다는 것입니다. 물론 사이버 불링이나 위험성이 높은 콘텐츠를 접하는 등 긴급한 상황에서는 즉각적인 개입이 필요합니다. 하지만 게임 시간 조절과 같이 차분한 대화가 필요한 주제라면, 정해진 게임 시간이 끝난 뒤에 감정이 차분하게 가라앉은 상태에서 대화를 시도하는 것이 더욱 효과적입니다.

STEP 2: 온라인과 오프라인 연결 고리 단단히 하기

건강한 미디어 습관은 온라인과 오프라인 세계를 유기적으로 연결하고 균형을 맞추는 과정에서 형성됩니다. 우리의 궁극적인 목표는 아이가 오프라인에서는 현실에서 얻을 수 있는 경험을 충분히 누리고, 온라인에서는 디지털의 장점을 효과적으로 활용하도록 돕는 것이기 때문이지요. 이를 위해서는 아이가 상황에 따라 온라인과 오프라인 두 세상 중에서 어디에 더 집중해야 하는지를 스스로 판단하는 능력을 길러주는 교육이 필요합니다. 두 세계의 공통점과 차이점을 탐색하고, 한쪽에서 배운 것을 다른 쪽에 적용해 보는 경험을 쌓는 것도 중요하고요. 예를 들어, 유튜브와 틱톡에서 댄스 챌린지 참여하기, 팟캐스트를 들으며 산책하기, 온라인에서 배운 요리를 실제로 만들어보기와 같은 활동은 아이들이 미디어를 능동적으로 활용하며 실생활에 적용하는 경험이 됩니다.

반대로 오프라인에서 먼저 경험한 것을 온라인에서 확장해 보는 방식도 가능합니다. 동물원에서 본 동물에 대해 검색엔진을 활용해 추가로 찾아보거나, 직접 쓴 글을 블로그나 온라인 게시판에 공유하는 것처럼 말이지요. 이렇게 '온라인 vs. 오프라인' 구도를 설정하고 이 중 하나를 선택하도록 강요하는 이분법적인 접근보다 두 세계를 자연스럽게 연결하는 활동에 부모가 함께 참여할 때, 아이도 부모와 나누는 미디어에 대한 대화를 단속이 아닌 소통의 일부로 바라보게 됩니다.

STEP 3: 정서적 상호작용 놓치지 않기

몇 년 전 부모들의 어린 시절을 풍미했던 포켓몬스터 빵이 다시 유행하며 품절 대란이 일어난 적이 있었습니다. 덩달아서 포켓몬스터 만화와 카드 게임까지 선풍적인 인기를 끌었고요. 2023년 개봉한 영화〈슈퍼 마리오 브라더스〉또한 역대 애니메이션 흥행 2위를 기록하며 전 세계 극장가를 강타했습니다. 일부 미디어 분석가들은 이처럼 클래식 미디어 콘텐츠가 주기적으로 유행하는 현상의 주요 원인으로 '부모 세대의 향수'를 꼽습니다. 어린 시절 자신이 경험한 즐거움을 자녀와 공유하고 싶은 마음에 부모들이 소비를 아끼지 않는다는 것인데요. 실제로 함께 게임 속에서 문제를 해결하거나 서로의 도전을 응원하는 과정은 동료애를 불러일으키고, 공통된 경험은 자연스레 대화와 놀이의 소재를 확장해 줍니다.

미디어를 활용하는 동안에는 부모와 자녀 사이의 신체적 거리도 가까워지기에 아이의 등을 가볍게 쓰다듬어주거나 하이 파이브를 하는 등 비언어적인 애정 표현도 더 많아지고요. 그래서인지 자녀와 함께 게임하거나 영상을 시청하는 부모들은 '경험의 공유'가 서로의 세계를 연결해 주는 효과를 느꼈다고 이야기합니다. 미디어 사용은 부모와 자녀 간의 대표적인 갈등 요소로 꼽힙니다. 하지만 이처럼 부모의 접근 방식을 조금만 바꾸면 오히려 훌륭한 소통 매개체가 될 수 있다는 사실이 참 반갑지 않은가요?

'미디어 가이드라인 잘 지키기'보다
더 중요한 것

일부 부모들은 "아이와 함께 미디어를 활용하고 중재하라"는 조언이 너무 현실과는 거리가 멀게 느껴진다고 말합니다. 미디어를 함께 시청하고, 콘텐츠에 대해 대화하며 지속적으로 모니터링하는 것이 중요하다는 점은 충분히 이해하지만, 바쁜 일상 속에서 이를 꾸준히 실천하기란 결코 쉬운 일이 아니라는 것이지요. 이것이 어려운 가장 큰 이유는 많은 부모가 개인 시간을 확보하기 위해 미디어를 활용하고 있기 때문일 것입니다.

실제로 한 설문에서 영유아 자녀에게 스마트 미디어 사용을 허락한 이유를 조사한 결과, 가장 높은 응답률(31.1퍼센트)을 보인 답변은 "아이에게 방해받지 않고 다른 일을 하기 위해"였으며, 그다음(27.2퍼센트)은 "아이를 달래기 위해"라는 답변이 차지했습니다. 사실 아이를 키우다 보면 미디어에 기대고 싶은 순간들이 자연스럽게 찾아옵니다. 가사와 육아, 업무를 동시에 해내야 하는 날, 조용히 외식을 즐기고 싶은 순간, 잠시라도 숨을 돌리고 싶을 때 디지털 기기의 도움을 받고 싶은 마음이 드는 것은 지극히 당연한 일이지요. 그렇지만 어려울 때마다 습관적으로 미디어에 의존하다 보면 아이들이 일관된 규칙을 따르는 훈련 기회를 잃게 할 수 있기에 조심할 필요가 있습니다.

동시에 이런 기준들을 완벽히 지키지 못했다고 해서 지나치게 자책하지 않으면 좋겠습니다. 전문가의 조언을 신중히 고려하는 것은 중요하지만, 부모의 정신 건강과 웰빙을 챙기는 것 또한 그만큼 중요하기 때문입니다. 예상했던 계획이 틀어지고 당장이라도 눈물이 날 것 같은 날, 아이에게 평소보다 조금 더 미디어 사용 시간을 허용한다고 해서 즉각적인 부작용이 생기지는 않습니다. 오히려 20분 더 미디어 사용 시간을 허용하고 부모가 마음을 가다듬는 시간을 가진 덕분에 나머지 시간 동안 아이에게 집중할 수 있다면, 그것이 더 나은 선택이 아닐까요.

미디어 심리학자인 제리 호그Jerri Lynn Hogg 박사는 "아이의 미디어 사용을 매 순간 함께 할 수 없다면, 시청 전후로 짧게라도 콘텐츠에 대한 대화를 나누며 중재 효과를 노려보라"고 조언합니다. 즉, 1년 365일 내내 전문가들의 가이드라인을 철저히 따르기보다 균형 잡힌 책임감을 유지하며 아이들에게 풍부한 경험을 주려는 노력이 더 중요하다는 것입니다.

이 책을 통해 때로는 표준에서 벗어나는 것도 우리 가정의 미디어 철학을 다져가는 여정의 일부임을 이해하고 위안받을 수 있기를 바랍니다. 동시에 의식적인 미디어 소비를 향해 꾸준히 나아가고자 하는 데 동기부여가 되었기를 소망합니다.

PART 2
우리 집만의 미디어 철학을 만들자

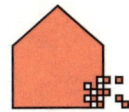

가짜 조절 말고
진짜 조절을 가르치자

**엄마가 알면 혼나니까
절대로 들키면 안 돼요!**

은호네 부모는 미디어 유혹이 많은 시대에서도 나름대로 아이를 잘 양육하고 있다고 생각했습니다. 아이가 중학교에 입학하기 전까지는 아무리 졸라도 개인 휴대폰을 사주지 않았고, 중학교 2학년이 된 지금도 평일에는 모바일 게임이 실행되지 않도록 기기 설정을 걸어두었습니다. 물론 모든 과정이 수월했던 것은 아니었습니다. 하지만 아이가 불만을 품고 이것저것을 요구할 때도 강경한 모습을 보이자, 결국 은호도 군말 없이 규칙을 따르는 듯 보였습니다. 그렇게 평화로운 시간이 흐르던 어느 날, 은호 엄마는 은호의 친한 친구 엄마로부터 청천벽력 같은 이야기를 듣게 됩니다.

"은호가 게임을 그렇게 잘한다며? 게임 랭킹도 엄청 높다던데. 우리 애가 맨날 은호 부럽다고 난리야."

놀란 마음에 아이의 휴대폰을 들여다보니 게임 누적 사용 시간이 하루 평균 4시간을 넘었습니다.

요즘 출시되는 대부분의 디지털 기기에는 양육자가 자녀의 디바이스 사용을 제한할 수 있는 기능이 탑재되어 있습니다. 하지만 이러한 설정만으로 완벽한 통제 효과를 기대하기는 어렵습니다. 심지어 펌웨어를 통해 게임과 인터넷 접속을 차단하더라도 이를 우회하는 방법을 다루는 영상을 참고하면 그 효과는 금세 무력화됩니다. 은호처럼 기계를 잘 다루는 아이들이 감시를 피해 교묘한 눈속임을 시도하는 사례가 늘어나자, 부모들 또한 새로운 대응책을 모색하는 현상도 일어났습니다. 콕스 모바일 통신의 조사에 따르면, 가짜 계정을 만들어 자녀의 소셜 미디어를 몰래 들여다보는 부모가 무려 일곱 명 중 한 명꼴이라는 통계가 집계되기도 했는데요. 이처럼 미디어 사용을 둘러싼 창과 방패의 싸움이 지속될수록 부모와 자녀 사이의 신뢰는 치명적인 타격을 입게 되므로 이를 장기적인 해결책이라고 보기는 어렵습니다.

오랫동안 우리나라의 미디어 정책은 아이들이 '진짜 조절'을 키우도록 돕기보다는 심야 시간대 청소년의 인터넷 게임 이용을 제한하는 것과 같이 외부적인 규제와 감시가 주를 이루었습니다. 그러나 이렇게 조절의 주체가 아이가 아닌 부모일 경우, 아이들은 가짜 조절력을 습득하게 됩니다. 부모의 눈만 잘 피하면 문제가 해결되는 환경에서는 스스로 왜 조절이 필요한지 고민할 필요도, 자신의 성취를 돌아볼 이유도 사라지기 때문입니다. 따라서 우리는 타협 없이 강압적이고 일방적인 규칙만 강조하는 방법은 숙련된 거짓말쟁이를 만들 뿐 효과적인 중재 방법이 아니라는 사실을 인정하고 새로운 접근을 해야 합니다. 아이에게 "스마트폰을 많이 쓰면 왜 안 될까?"라고 물었을 때, 적어도 "엄마한테 혼나니까요"라는 대답이 유일한 이유가 되지 않도록 '진짜 미디어 조절력' 키우기에 집중할 때인 것이지요.

진짜 자기 조절력이 싹트는 4가지 조건

"사실 스스로 미디어 사용을 조절할 줄 아는 아이는 전설 속에나 존재하는 것 아닌가요? 어딘가에 그런 아이가 있다는 이야기를 들으면 '우리 아이도 그렇게 될 수 있을까?'라는 희망보다는 오히려 '우리 아이는 왜 이 모양일까' 하며 부족함이 더 크게 다가와요. 아무리 이야기해도 말을 안 듣는 게 타고난 조절력이 부족해서 그런 것 같거든요."

정말 자기 조절력은 태어날 때부터 타고나는 걸까요? 물론 기질적으로 또래 아이보다 조절력을 발휘하는 것이 더 수월한 아이도 존재합니다. 하지만 체질적으로 근육량이 적은 체형이라도 꾸준히 운동하면 충분히 근력을 키울 수 있듯, 자기 조절력 또한 훈련을 통해 강화할 수 있는 능력입니다. 다만 갑자기 너무 무거운 무게를 들면 근력이 붙기보다 통증이 생겨 운동을 포기하고 싶어지는 것처럼, 자기 조절력을 길러주는 과정에서도 아이의 준비도에 맞는 적절한 자극점을 찾는 것이 중요합니다. 운동 초보자가 감당할 수 있는 무게를 설정하고 올바른 자세를 지도하는 트레이너처럼, 아이의 성장을 돕고 조절력을 키워주는 과정에서 부모는 '안내자' 역할을 해야 합니다. 그럼 이제 진짜 자기 조절력을 싹트게 해주는 조건들을 살펴볼까요?

조건 1: 계단식 접근이 이루어질 때

수영할 줄 모르는 아이를 물에 던져놓고 "알아서 헤엄쳐서 나와!"라고 말하는 부모는 없습니다. 그런데 어째서인지 조절력에 대해서는 이와 같은 태도를 취하는 양육자들을 종종 만납니다. 아이가 초등학교에 입학할 시기가 되면 마법같이 자연스레 조절력을 갖출 것이라고 기대하는 경우인데요. 발달심리학 연구에 따르면, 자기 조절력은 대략 만 4~7세 사이에 급격한 성장을 보이긴 하지만, 30대까지 지속적으로 발달을 거듭합니다. 특히 계획 세우기나 시간 관리, 충동 조절 및 메타인지를 담당하는 전두엽은 성인이 될 때까지 완성형 단계의 성장을 이루었다고 보기 어렵습니다. 따라서 아주 특별한 경우를 제외하고 어린아이가 자립적으로 미디어 생활을 관리하고 건강한 소비 습관을 만들어 나갈 만큼의 자제력을 발휘하지 못하는 것은 너무나 당연합니다.

진짜 자기 조절력을 키워주기 위해서는 아이의 연령과 경험에 맞는 미디어 조절 전략을 바꿔나가는 것이 중요합니다. 아이의 연령이 어릴수록, 그리고 자주적으로 미디어 소비를 관리해 본 경험이 적을수록 처음에는 부모의 명확한 지침과 구조가 필요합니다. 이때는 한꺼번에 너무 많이 '하지 않아야 할 규칙'을 제시하기보다 '해야 하는 것'에 집중하는 편이 효과적입니다. 미디어 사용 시간을 설정할 때도 단순히 "30분만 봐"라고 제한하기보다 "30분 동안 보고 난 후에는 네가 본 내용을 이야기해 줄 수 있을까?"처럼 자연스럽게 대화를 유도하는 편이 좋습니다. 이런 방식은 아이가 단순히 제한에 순응하는 것이 아니라 미디어 사용에 대한 자기 인식을 높이도록 돕는 역할을 합니다.

하지만 아이가 스스로 미디어 사용을 조절하는 능력이 성장함에 따라, 부모의 통제 방식도 이에 맞게 변화해야 합니다. 예를 들어, 처음에는 '20분간 TV 시청 후 스스로 전원 끄기'를 목표로 삼고, 이 단계를 아이가 일관성 있게 수행하게 되면, 하루 중 언제 TV를 볼지 스스로 정하도록 하거나 두세 가지 추천 콘텐츠 중에서 선택하는 방식으로 점진적인 자율성을 부여하는 것이 좋습니다. 수영을 못하는 아이를 물속에 그냥 내버려두는 것만큼이나, 수영을 잘하는 아이에게 튜브를 끼워주고 수심 1미터 이내에서만 머무르게 제한하는 것 또한 적절한 조치가 아니기 때문입니다.

조건 2: 잘못된 목적의 유혹에서 벗어날 때

간혹 "밥 잘 먹으면 아이패드 하게 해줄게"와 같은 식으로 디지털 기기의 사용을 보상으로 내거는 가정들이 있습니다. 이러한 조건부 보상은 아이에게 잘못된 인식을 심어줄 위험이 있어 각별한 주의가 필요합니다. 이런 방식이 반복되면, 아이는 식사처럼 의미 있고 중요한 활동조차 '게임을 하기 위해 어쩔 수 없이 해야 하는 것'으로 받아들이게 됩니다. 급기야 나중에는 주객이 전도되어 "밥 먹을 테니 게임하게 해줘!"라며 조건을 내거는 상황이 생길 수 있습니다. 처음에는 단순했던 보상이 점점 더 무리한 요구로 이어질 가능성도 크고요.

특히 "한 달 동안 게임 안 하면 새 휴대폰 사줄게" 같은 달콤한 제안은 아이가 건강한 미디어 습관을 만들어야 하는 본질적인 이유를 고민할 기회를 빼앗을 수 있습니다. 이렇게 외적인 혜택에 의존하는 습관이 형성되면, 미디어 사용 조절은 내면에서 우러나오는 책임감으로 행해지지 않고 '보상을 얻기 위한 도구'라는 생각으로 수행하게 됩니다. 이 같은 조건부 보상은 단기적인 효과를 가져올지는 몰라도 장기적으로 보면 아이의 내적 동기를 악화시킵니다. 따라서 미디어 사용에 대한 긍정적인 태도를 길러주기 위해서는 아이 스스로 선택하고 책임지도록 돕는 접근 방식이 더 효과적입니다.

조건 3: 자기 효능감이 쌀 때

동기를 일으키는 핵심 요소인 자기 효능감은 자신이 어떤 목표를 일정 수준까지 성취할 수 있다고 믿는 마음을 의미합니다. 미디어 소비 측면에서 보면, 이는 스스로가 정한 미디어 수칙을 성공적으로 지켜낼 수 있다는 믿음인데요. 자신에 대한 신뢰는 성취가 쌓일수록 강화됩니다. 따라서 아이의 미디어 자기 효능감을 강화해 주기 위해서는 부모가 반드시 필요한 경계는 설정하되, 아이가 자율적으로 선택할 수 있는 여지를 남겨두는 것이 중요합니다. 스스로 미디어 사용에 대한 결정을 내리고 이를 이루어내는 경험이 곧 자기 자신에 대한 믿음으로 쌓이기 때문입니다.

일주일에 두 번 미디어를 사용한다는 규칙을 부모가 정했다면 어떤 요일에 사용할지는 아이가 결정하게 하고, 그 외의 시간에 사용하지 않는 미디어 기기를 어디에 보관할지도 아이가 선택하도록 하는 방법을 추천합니다. 약속한 사용 시간이 다 되어갈 무렵에는 "이제 2분 남았네. 다음번에 아쉽지 않으려면 슬슬 오늘 한 내용을 저장해야겠다", "이제 곧 끝날 시간이네. 어느 구간에서 멈추면 좋을지 슬슬 생각해 두면 좋을 것 같아" 정도의 코멘트로 아이가 스스로 미디어 사용을 종료하도록 유도하는 것도 좋습니다. 이런 식으로 갑자기 전원을 꺼야 하는 상황을 미리 예방하면, 미디어 사용 종료 시 '중단의 주체'가 아이가 되기 때문에 스스로 규칙을 잘 지켰다는 성취감을 느낍니다. 부모의 역할이 시키는 사람에서 도와주는 사람으로 변화할 때, 아이 마음속에도 '미디어 사용의 유혹을 뿌리치는 것은 어렵지만, 난 결국 해냈고 앞으로도 그럴 수 있다'라는 자기 효능감이 생겨난다는 것을 꼭 기억해 주세요.

조건 4: 만족 지연감을 맛볼 수 있을 때

미국 하버드대학교의 대니얼 골먼$^{Daniel\ Goleman}$ 박사는 저서 《EQ감성 지능》에서 만족 지연감을 자기 조절력의 핵심 요소로 꼽았습니다. 그는 원하는 것을 즉각적으로 얻는 데 익숙한 아이일수록 작은 좌절에도 쉽게 짜증을 내는 반면, 참고 기다리는 경험을 통해 만족을 얻은 아이들은 충동을 조절하고 인내심을 기르는 힘을 갖게 된다고 설명합니다. 그렇다면 우리 아이들은 충분히 '기다리는 경험'을 하고 있을까요?

미디어 사용과 관련해 아이에게 기다리는 경험을 제공하기 위해서 특히 주의해야 할 점은 즉흥적으로 미디어 사용을 허용하는 것입니다. 부모 입장에서는 잠깐 여유 시간이 생겨서 혹은 급한 일을 처리해야 해서 등 이런저런 이유로 스마트폰이나 태블릿 PC를 꺼내기가 쉽습니다. 하지만 이렇게 생겨난 갑작스러운 스크린 타임은 아이에게 예측할 수 없는 보상으로 작용해 '기다릴 수 없는 즐거움'이 됩니다. 아이가 얌전하게 있기를 바랄 때마다 별다른 시도 없이 즉각 미디어 기기를 쥐어주는 습관도 아이에게 '심심하면 스마트폰 써야지'라는 인식을 심어줄 수 있어 각별한 주의가 필요하고요.

하지만 같은 콘텐츠라도 미디어 기기 사용을 계획적으로 운영하면,

아이가 기다림을 배우는 기회가 될 수 있습니다. 예를 들어, 매주 수요일 방과 후 일정이 유독 바빠서 자꾸만 아이에게 휴대폰으로 영상을 틀어준다면, 차라리 그날을 미디어 사용의 날로 정하는 것을 추천합니다. "수요일에는 엄마가 많이 바빠서 함께 놀아주기가 어려울 것 같아. 너도 기다리기 힘들지? 그럼 우리 매주 수요일을 미디어 사용의 날로 정해서 네가 좋아하는 종이접기 영상도 보고 거기 나오는 작품도 만들어보면 어떨까?" 지금 당장은 조금 더 번거롭더라도 규칙적인 미디어 시청 시간을 정해두는 작은 변화가 아이의 자기 조절력을 길러주고 건강한 미디어 습관을 만드는 데 좋은 씨앗이 됩니다.

미디어 사용 조절을 돕는 오프라인 교육 3가지 포인트

아이의 미디어 사용 습관은 단순히 기기를 사용할 때만 만들어지는 것이 아닙니다. 자신의 욕구를 조절하는 모든 과정이 결국 미디어 사용 조절력과도 연결됩니다. 아이들은 저마다 자신이 좋아하는 활동을 멈추기 어려운 순간을 경험합니다. 한 페이지만 더 읽고 싶은 책, 조금만 더 가지고 놀고 싶은 장난감, 친구들과 더 오래 있고 싶은 마음까지 오프라인에서도 자기 조절력이 필요한 상황은 무수히 많습니다. 미디어 사용도 결국 같은 원리입니다. 아이가 지속하고 싶어 하는 '행위' 혹은 '도구'가 미디어일 뿐, 좋아하는 일을 하다가도 상황에 맞게 멈출 줄 아는 능력은 삶의 모든 영역에서 필요한 기술입니다. 따라서 일상 속에서 욕구를 관리하고 표현하는 경험을 쌓게 해주면, 아이들이 디지털 환경에서도 자연스럽게 자기 조절력을 발휘할 가능성이 커집니다. 미디어 사용을 조절하는 힘은 화면을 끄는 순간에만 키워지는 것이 아니라, 미디어를 사용하지 않는 일상 속에서도 길러지는 것이지요.

포인트 1: 기본 욕구를 먼저 챙겨주세요

오늘따라 유독 짜증이 심하고 예민한 아이. 도대체 무슨 일인가 싶었는데, 생각해 보니 잠이 부족하거나 배가 고픈 것이 원인이었던 경험, 다들 있으시지요? 조금 당연한 이야기처럼 들리지만, 충분한 수면과 올바른 영양 섭취는 아이의 기분뿐만 아니라 자기 조절력에도 매우 중요한 영향을 미칩니다. 양질의 수면은 자기 조절과 관련된 인지 기능을 유지하는 데 필수 요소이기 때문에 충분한 휴식을 취하지 못할 경우 충동적인 반응은 증가하고 주의력은 감소할 가능성이 증가합니다. 아이가 부모의 조언에 집중하기도, 또 더 하고 싶은 게임을 스스로 끄기도 더욱 어려운 상태가 되는 것이지요.

　수면과 더불어 균형 잡힌 식사 또한 뇌 발달과 기능 유지에 핵심적인 역할을 합니다. 특히 오메가 3 지방산과 단백질이 풍부한 아침 식사는 인지 능력 향상과 과잉 행동 감소에 도움을 준다는 연구 결과가 있어, ADHD처럼 자기 조절력이 필요한 아이들에게 자주 권장되는 식단이기도 한데요. 영양소뿐만 아니라 잘 형성된 식사 습관도 자기 조절력과 연관이 깊습니다. 매일 규칙적인 시간에 식사하고, 다양한 식재료와 조리법을 경험하고, 아이가 직접 먹을 반찬과 양을 선택하도록 존중하는 것은 단순한 식사를 넘어 자율성과 통제력을 키우는 경험으로 작용하기 때문입니다.

포인트 2: 감정 인지와 표현, 조절을 연습해요

엄마 이제 많이 했잖아. 휴대폰 게임 꺼야지.

아이 알았어. 이번 판 끝나면 끌게.

엄마 시간 다 됐으면 꺼야지. 또 무슨 이번 판이야.

아이 (한숨) 아, 알았다니까. 하던 건 끝내야 저장을 하지.

엄마 정한 시간이 있는데 그럼 미리미리 저장을 해놨어야지!

아이 아! 진짜 짜증 나게 왜 그래. 엄마 때문에 집중 못 해서 죽었잖아! (분노)

미디어 사용을 계속하고 싶지만 멈춰야 하는 상황에서, 아이들은 단순히 기기의 전원을 끄기 싫은 충동과 싸우는 것만은 아닙니다. 이 순간, 아이들에게는 다양한 감정도 함께 밀려옵니다. '조금만 더 하면 이번 판을 깰 수 있을 텐데' 하는 아쉬움, '다른 친구들은 나보다 더 자유롭게 게임하는 것 같은데' 하는 억울함, '이제 미뤄뒀던 수학 숙제를 해야 하는데' 하는 부담감 등을 느끼는 것이지요. 이처럼 여러 감정이 뒤섞인 상태에서 아이가 이성적으로 해야 할 일의 우선순위를 세우고 행동하기 위해서는 자기 조절력뿐만 아니라 자신의 감정을 인지하고 관리하는 능력이 필수적입니다. 하지만 이때 많은 부모가 두 가지 실수를 저지릅니다.

첫 번째 실수는 아이가 내쉬는 한숨을 오해하는 것입니다. 한숨은 아이가 복잡한 감정을 소화하는 과정에서 나오는 자연스러운 신호일 수 있습니다. 그런데 부모가 이를 약속을 지키기 싫어서 짜증을 내는 것 혹은 부모 말을 무시하는 반항적인 태도라고 해석하면 덩달아 감정적인 대응을 하기가 쉽습니다. '버릇을 고쳐야겠다'라는 생각이 들기도 하고요. 그러나 "규칙은 규칙이니까 그만 얼굴 찡그리고 이제 휴대폰 꺼"라고 말한다고 해서 아이가 갑자기 기분 좋게 방긋 웃어 보이며 "네, 알겠어요" 하고 정리를 시작할 거라는 기대는 매우 비현실적입니다. 오히려 관점을 바꿔 바라보면, 한숨은 아이가 규칙을 지키기 위해 자신의 감정을 다스리며 충동 욕구를 처리하고 있다는 대견한 신호입니다.

두 번째 실수는 아이가 느끼는 '부정적인 감정' 자체를 부정하는 것입니다. 예를 들어, 아이가 속상해하거나 불편한 마음을 표현할 때 많은 부모는 "아쉽긴 뭐가 아쉬워" 혹은 "약속한 대로 한 건데 속상할 일이 뭐가 있어?"라며 아이의 기분을 빨리 달래는 데만 초점을 맞추곤 하는데요. 하지만 아이 마음의 주인은 아이이기 때문에, 부모가 보기에 불편하다고 해서 그 감정을 없애주거나 새로운 감정을 받아들일 준비를 대신해 줄 수는 없습니다. 아이가 불편한 감정을 드러냈을 때, 이를 가볍게 넘기거나 핀잔을 주는 태도는 오히려 그 감정을 깊이 숨기게 만들 뿐, 해결에는 아무런 도움이 되지 않고요.

따라서 아이의 감정 조절 능력을 키워주기 위해서는 부정적인 감정을 덮어두고 밀어내기보다 그 마음을 어떻게 다룰 수 있는지를 함께 고민해 주는 태도가 중요합니다. 예를 들어, 마음에 감정의 파도가 일렁이면 눈앞에 바람개비가 있다고 상상하며 심호흡을 하거나, 마음속으로 숫자 세기, 감정을 그림으로 나타내기 등의 적절한 조절 방안을 권유하는 것이 좋습니다. 평소 아이가 마음 표현을 어려워한다면 부모가 직접 감정 어휘의 사용을 모델링해 주는 것도 감정 인지 향상에 큰 도움이 됩니다.

자신의 마음을 객관적으로 이해하고 또 표현하는 방법에 익숙해지면, "싫어. 안 끌 거야!"만 외치던 아이도 점점 세심하게 자기 감정을 살피게 됩니다. '진짜 간발의 차이로 너무 아깝게 죽어서 속상해. 이 기세로 딱 한 판만 더 하면 이길 것 같은데…. 아쉬워서 오늘은 특히 게임을 끝내는 게 너무 힘들어'라고 여길 수 있는 것이지요. 자신의 감정에 대한 이해도가 높아지면, 아이는 스스로 아쉬운 마음을 달래기 위해 미리 신나는 일을 계획해 두거나, 다음번 게임 시간을 줄이고 오늘 딱 한 판만 더 하는 방법에 대해 부모와 상의하는 등 문제를 해결하고 충동을 조절하는 전략을 고안하는 능력이 생기게 됩니다.

    이때 한 가지 더 당부하고 싶은 점이 있습니다. 바로 규칙을 전달할 때, 부모가 사용하는 말투와 태도에 주의를 기울이는 것입니다. 일부 부모들은 단호함을 강조하기 위해 다소 엄격한 목소리를 사용하곤 하는데요. 미디어 사용과 관련된 대화가 늘 무겁고 경직된 분위기에서만 이루어진다면, 아이에게는 '미디어 사용=혼나는 일'이라는 인식이 생기게 됩니다. 또한 이런 접근이 지속될 경우에 부정적인 초감정까지 생겨날 수 있습니다. 감정을 다루는 과정은 꾸짖음의 시간이 아니라 감정을 인지하고 조절하는 법을 함께 익혀나가는 교육의 순간이 되어야 합니다. 따라서 이때 부모의 말투는 지나치게 공격적이지 않도록 주의하며 차분하고 안정된 분위기 속에서 대화가 이루어지도록 이끌어주는 것이 좋습니다. 아이가 자신의 감정을 솔직하게 표현할 수 있는 안전한 공간이 마련될 때, 감정을 조절하는 연습이 이루어진다는 점을 꼭 기억해 주세요.

포인트 3: 멈춰서 생각하는 놀이를 활용해요

미디어 사용과 직접적인 연관이 없어 보이더라도, 일상 속에서 자기 절제력을 키우는 놀이에 자주 참여하는 경험 또한 아이의 미디어 사용 조절력을 향상시키는 데 큰 도움이 됩니다. 예를 들어, '무궁화 꽃이 피었습니다', '가라사대', '얼음 땡'처럼 우리에게 익숙한 전통놀이는 정해진 타이밍에 멈추었다가 다시 시작하는 훈련을 유도하는 활동입니다.

이처럼 몸과 마음을 조절하며 순간의 충동을 억제하는 경험은 미디어를 사용할 때도 '이제 그만해야겠다'라는 판단을 내리고 실행할 수 있는 기반이 됩니다.

비슷한 이유로 보드게임 하기나 차례를 지키며 대화 나누기, 함께 요리하기처럼 순서를 기다리고 상황에 맞춰 자신의 행동을 조율해야 하는 놀이도 자기 조절력을 기르는 데 매우 효과적입니다. 단계별 지침을 따라야 하는 종이접기나 미술 프로젝트도 좋은 활동이고요. 이런 활동들은 단순한 놀이를 넘어 기다릴 줄 아는 태도, 계획을 세우는 능력을 길러주고 규칙 안에서 무엇을 선택할지 연습하는 기회를 제공합니다.

당신의 미디어 조절력은 안녕하신가요?

"엄마 아빠는 하루 종일 휴대폰 보잖아. 근데 왜 나는 안 돼?"

아이의 한마디에 민지네 부모는 당황스러움을 숨길 수가 없었습니다. 민지의 미디어 사용을 걱정한 적은 있었어도 정작 부모인 자신들을 돌아본 적은 없었기 때문입니다.

"엄마 아빠가 너랑 같아? 너는 아직 학생이잖아."

무심한듯 아이의 질문에 답을 하고 난 그날 저녁, 딸의 질문이 불편하게 들렸던 이유는 어쩌면 스스로도 미디어 사용에 조절이 필요하다고 느꼈기 때문일지도 모른다는 생각이 들었습니다.

출근 준비를 하며 스마트폰으로 뉴스를 확인하고, 출퇴근길에는 음악 스트리밍 서비스나 유튜브를 이용합니다. 점심시간에는 SNS를 확인하고, 업무 중에도 이메일과 메신저로 끊임없이 소통합니다. 집에 돌아와서는 넷플릭스를 보며 하루를 마무리하는 것이 자연스러운 일상이 되었고요. 기술의 발전은 아이뿐만 아니라 부모의 생활 방식에도 큰 변화를 가져왔습니다. 과거 대가족 사회에서는 조부모가 육아의 경험을 전수해 주는 경우가 많았지만, 요즘에는 맘카페나 소셜 미디어에서 정보를 얻고 경험을 공유하는 일이 보편화되면서 아이를 키울 때도 미디어에 의존하는 부모들이 늘어나고 있습니다.

실제로 2021년 디지털 마케팅 및 미디어 소비 트렌드 조사 기관인 이마케터^{Emarketer}가 시행한 조사에 따르면, 미국 성인의 하루 평균 디지털 미디어 사용 시간은 13시간 21분이라는 놀라운 수치가 집계되었는데요. 이는 노트북으로 일을 하면서 TV를 시청하는 등 여러 기기를 동시에 활용한 시간을 각각 계산한 결과이긴 하지만, 디지털 기술이 우리의 삶 속에 얼마나 깊숙이 자리 잡았는지 보여주는 상징적인 통계입니다.

그렇다면 부모의 미디어 활용 습관은 아이에게 어떤 영향을 미칠까요? 많은 전문가가 이를 간접흡연에 비유합니다. 아이가 직접 담배를 피우지 않더라도, 부모가 흡연하는 모습을 보면 담배에 무감각해지고 함께 연기를 들이마시게 되는 것처럼, 간접적인 미디어 노출 또한 아이에게 부정적인 영향을 미친다는 것입니다. 그중에서도 가장 독이 되는 것은 바로 부모가 미디어에 심취해 있는 동안 발생하는 상호작용의 부재입니다.

이스라엘 텔아비브대학교에서 이루어진 한 연구에서는 부모가 스마트폰을 사용할 때 아이와 대화를 나누는 빈도가 네 배 감소했으며, 질문에 대한 반응 속도도 현저히 느려졌다는 결과가 나왔습니다. 대화 주제에 맞지 않게 동문서답하는 비율도 증가했고요. 물론 잡지나 책 같은 전통적인 미디어를 활용할 때도 부모 자녀 사이에 상호작용이 줄어든다는 연구 결과도 있기 때문에 이를 단순히 디지털 기기의 문제라고 단정할 수는 없습니다. 그러나 요즘 세대 부모들이 가장 많이 사용하는 만큼, 아이들 앞에서 디지털 기기를 사용하는 자신의 습관을 점검하는 것은 반드시 필요합니다.

그렇다면 아이를 잘 키우는 방법을 검색하느라 정작 내 아이의 눈빛과 표정, 몸짓을 놓치는 '주객전도' 상황을 방지하려면 부모는 어떤 노력을 기울여야 할까요? 미디어 컨설턴트 에밀리 철킨Emily Cherkin은 부모가 자녀 앞에서 미디어를 사용하는 시간을 줄이려는 노력이 가장 중요하지만, 불가피하게 휴대폰을 사용해야 한다면 아이에게 그 목적을 소리 내어 설명하는 습관을 가지라고 조언합니다.

"저녁 준비를 하려고 아빠에게 몇 시쯤 도착할지 물어보고 있어."

"우리가 곧 갈 야구장에 어떤 물품이 반입 금지인지 찾아보는 중이야."

"내일 학교 준비물로 찰흙이 필요하지? 아빠가 방금 장바구니에 넣었어."

이처럼 아이에게 부모의 디지털 기기 사용 목적을 알려주는 습관을 들이면, '지금 이 화면을 들여다보는 시간이 정말 필요한 소비인가?' 하고 부모 스스로 점검할 기회가 생겨납니다. 또한 아이에게도 목적을 달성하기 위해 이를 의식적으로 활용하는 모습을 보여줄 수 있고요. 소중한 우리 아이가 "나보다 핸드폰이 더 좋아?"라고 물으며 부모의 관심을 두고 디지털 기기와 경쟁하는 상황을 만들지 않도록 부모인 나의 미디어 조절력부터 점검해 봅시다.

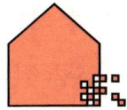

우리 집 맞춤형
미디어 수칙 만들기 3단계

미디어 교육도 예외 없이
철학에서 출발해야 한다

2013년 크리스마스를 맞아 자넬은 이제 갓 열세 살이 된 아들에게 아이폰S를 선물할 계획을 세웠습니다. '과연 아이가 유혹 그 자체인 스마트폰을 잘 관리할 수 있을까?' 하는 걱정이 들었지만 그녀는 아들을 믿고 통제보다는 협업을 시도하기로 결심했습니다. 이를 위해 자넬이 제일 먼저 시작한 것은 미디어에 대한 자신의 두려움과 직면하기였습니다. '나는 아이가 스마트폰을 사용하다가 잘못된 선택을 하게 될까 봐 걱정하고 있어. 그건 확실해. 그런데 정확하게 나는 뭘 두려워하고 있는 거지?' 그녀는 아들이 미디어를 사용함으로써 잃게 될까 봐 우려되는 가치들을 하나씩 떠올리며, 그중 절대 포기할 수 없을 만큼 중요하다고 생각하는 내용들을 추려냈습니다. 그리고 그 가치를 소중히 지켜내면서도 미디어를 잘 활용할 수 있기를 바라는 마음으로 아들에게 건넬 조언을 적어나갔습니다.

- 얼굴을 맞대고 할 수 있는 이야기를 문자나 이메일로 대체하지 않기.
- 기록보다 경험 그 자체가 중요하다는 것을 잊지 말기. 즉, 저장된 사진보다 추억에 감사하기.
- 창문 밖을 바라보고 새소리 감상하기. 때로는 산책을 하고 이웃과 대화를 나누며 자신의 세상에 일어나는 일들에 관심을 잃지 말기.
- 구글에 검색하기 전에 먼저 호기심을 가지고 탐구하기.

자녀가 온라인 세상과 오프라인 세상 사이에서 균형을 잡길 바라는 엄마의 마음이 진하게 묻어나는 이 '아이폰 계약서'는 그 후 자녀의 미디어 독립을 앞두고 있던 많은 부모에게 입소문을 타고 널리 퍼졌습니다. 또한 여러 가정이 미디어 수칙을 세워나가는 데 큰 영감을 주었습니다.

자넬의 접근법에는 크게 두 가지 핵심적인 특징이 있습니다. 첫째, 그녀가 미디어를 제한하는 수칙보다 놓치지 않아야 할 것에 집중했다는 점입니다. 둘째, 전문가의 조언 대신 부모인 자신의 감정에서 규칙 만들기 여정을 시작했다는 점입니다.

　현재 미디어 전문가로 활발히 활동 중인 자넬 호프만$^{Janelle\ B.\ Hofmann}$은 미디어 수칙을 만드는 것이 육아를 하며 내리는 다른 수많은 결정과 별반 다를 게 없다고 말하며, 이와 비슷한 접근 방식을 권장합니다. 수면 교육과 선행 학습, 식습관에 대한 육아 철칙을 만들 때와 마찬가지로 전문가의 조언을 고려하되, 우리 가족에게 중요한 가치에 초점을 두는 것이 중요하다고 말이지요. 특히 그녀는 가족이 함께 '미디어 철학'을 세우면 다음과 같은 세 가지 효과를 기대할 수 있다고 조언합니다.

첫째, 타협점이 보인다

'미디어 갈등'이라고 하면, 우리는 흔히 부모와 자녀 간의 마찰을 떠올립니다. 하지만 사실 부모 사이에서도 미디어 소비에 대해 의견이 일치하지 않는 경우가 많습니다. 따라서 각자의 가치관을 충분히 공유하지 않은 채 배우자가 '당연히 나와 같은 생각이겠지'라고 넘겨짚다 보면, 아이가 성장할수록 가족 내에서 미디어 사용에 대한 혼란이 생겨날 가능성은 커집니다. 가령, 미디어 사용에 대해 개방적인 배우자는 '하루 종일 육아를 하면서 식사 시간에 잠깐 미디어를 보여주는 게 큰 문제인가?'라고 답답함을 느낄 수 있습니다. 반대로 통제적인 입장을 지닌 배우자는 '조금 편하자고 아이에게 불필요한 미디어 노출을 선택하는 게 맞는 걸까?'라며 불만을 품게 됩니다. 하지만 각자의 가치관과 그것이 가족의 일상과 결정에 어떤 영향을 미치는지 솔직하게 이야기하기 시작하면, 건강한 조율이 가능해집니다. 서로의 입장을 이해하고 적절한 타협점을 찾아가는 과정은 보다 현실적인 기준을 함께 마련하게 해주니까요.

둘째, 동기가 강해진다

"다른 친구들은 다 휴대폰 있는데 나만 없어!" 아마도 많은 부모가 한 번쯤 자녀에게 이와 비슷한 이야기를 들어봤을 것입니다. 가족의 미디어 철학이 부재한 상태에서 아이의 이런 주장은 강한 설득력을 갖습니다. 부모는 '정말 이러다가 우리 아이만 소외되는 것은 아닐까?' 하는 불안감에 흔들리고, 아이는 '왜 나만 불공평한 대우를 받지?'라는 억울한 감정에 사로잡히니까요. 하지만 미디어 철학이 확립되어 있다면 이야기가 조금 달라집니다.

> "우리 가족의 소비 철학은 책임감 있게 즐기기잖아? 그래서 100원이 있으면 절반은 저축하고 나머지 50원으로 '원하는 것'과 '필요한 것'을 균형 있게 사고 있고 말이야. 물론 어떤 친구들은 '인생은 한 번뿐이야! 욜로YOLO라고!' 하며 원하는 것을 바로바로 소비하기도 해. 그런 모습을 보면 부럽기도 하겠지만, 장기적으로 봤을 때 그것이 우리가 중요하게 여기는 가치와 일치하는지 돌아보는 게 더 중요하지 않을까? 미디어 사용도 마찬가지야. 다른 아이들이 휴대폰을 갖고 있다고 해서 따라 쓰

는 것은 '책임감 있게 즐기는 것'이라고 볼 수 있을까?"

이처럼 가족이 함께 정한 철학이 있으면, 아이도 단순히 친구들의 선택을 모방하는 대신 자신의 가치를 되새기며 더 주체적인 판단을 할 수 있습니다. 가정마다 중요하게 여기는 가치가 다를 수 있다는 사실을 자연스럽게 받아들이면, '왜 우리 집만 이래?' 하는 반발심도 줄어들게 되고요. 이렇게 우리 집 맞춤형 미디어 수칙을 세우면 아이가 해당 규칙이 가족이 중시하는 가치에 따른 합리적인 선택임을 납득하면서 이를 지키려는 더욱 강한 동기를 갖게 됩니다.

셋째, 절망의 순간에도 빛이 보인다

얼마 전, 강연장에서 만난 자넬은 아들을 위해 처음 작성했던 아이폰 계약서를 회고하며 그때나 지금이나 자신은 완벽하기보다는 그 순간 최선의 결정을 내리는 것에 집중했다고 말했습니다. 당시에는 아들을 규칙 만들기에 참여시킨다는 생각을 하지 못했지만, 여러 차례 미디어 수칙을 수정하면서 자녀의 의견을 반영하는 것이 얼마나 중요한지 깨닫게 되었다는 말도 덧붙였지요. 이를 계기로 그녀는 '스마트폰 계약서'의 진화된 버전을 만들게 되었다며, 결국 가장 값진 가르침은 계약서의 완성판이 아니라 이를 만들어가는 과정에 있다고 강조했습니다.

자넬이 한 말처럼, 처음부터 모두가 같은 생각을 갖지 않아도 가족회의를 통해 규칙 만들기를 시작하는 것은 충분히 가능합니다. 물론 때때로 갈등이 생기고 시행착오를 겪는 과정이 불편하게 느껴질 수도 있습니다. 하지만 서로의 가치관을 조율하고 타협점을 찾아가는 그 시간은 아이에게 민주적인 결정 과정의 본보기이자 가족이 서로를 존중하는 법을 배우는 중요한 기회가 됩니다. 그리고 그 과정에서 이루어지는 모든 대화와 축적된 고민이 결국 우리 가족만의 맞춤형 철학으로 빛을 발할 것입니다.

이제 우리 가족만의 미디어 철학과 수칙을 어떻게 만들어나갈 수 있는지, 구체적인 방법들을 4단계 접근법을 통해 함께 살펴보겠습니다.

1단계:
나의 미디어 양육 유형 파악하기

옛말 중에 "지피지기知彼知己면 백전불태百戰不殆"라는 말이 있습니다. 적을 알고 나를 알면 백 번 싸워도 위태로울 것이 없다는 뜻이지요. 이 표현을 미디어 교육에 적용해 보면 어떨까요? 미디어 사용 시 주의해야 할 사항을 배우고, 양질의 미디어를 선택하는 기준을 익히는 것이 바로 '상대를 파악하는 일'에 해당합니다. 그렇다면 '나를 아는 것'은 무엇을 의미할까요? 바로 나는 어떤 부모인가를 돌아보고, 자신의 양육관을 점검하는 것입니다.

미국의 심리학자 다이애나 바움린드Diana Baumrind는 부모의 양육 태도가 아이의 인격 형성과 발달에 큰 영향을 미친다고 설명했습니다. 물론 대부분의 부모는 단 하나의 양육 방식만을 고수하기보다 상황에 따라 다양한 방식을 혼합해 사용합니다. 하지만 저마다의 양육 스타일이 있기 때문에, 바움린드가 제시한 네 가지 대표적인 양육 유형 중에서 무엇이 자신의 성향과 가장 가까운지 파악하면 자신을 이해하는 데 큰 도움이 됩니다. 바움린드는 부모의 양육 유형을 허용적 유형, 독재적 유형, 방임적 유형, 그리고 민주적 유형으로 나누었는데, 각 유형은 다음과 같은 특징이 있습니다.

사실 부모가 되기 전부터 어떻게 아이를 양육할지 미리 계획을 세우는 경우는 매우 드뭅니다. 대부분의 부모는 무난하고 평범하게 아이를 키우는 데 특별한 철학까지 필요할까 생각합니다. 그런데 막상 부모가 되고 나니 어떠셨나요? 명확한 기준 없이 상황에 따라 대처하다 보니, 후회하는 순간이 많지는 않으셨나요? 육아에 정답은 없지만, 한 가지 확실한 것은 정서적으로 건강한 아이를 키우기 위해서는 적절한 애정과 통제의 균형이 필요하다는 점입니다. 과거에는 부모의 체면과 규칙을 중시하는 문화 속에서 독재적인 양육 방식이 매우 흔했습니다. 아이의 버릇을 고치기 위해 '사랑의 매'를 들거나, 아이의 감정보다는 어른이 정한 규칙에 순종하는 것을 가장 중요한 가치로 여겨왔지요. 이러한 환경에서 자란 아이들은 책임감 있는 어른으로 성장하기보다 자신의 선택에 대한 확신이 부족해 성인이 되어서도 의존적이고 자기 효

	애정과 통제성 척도	특징	이런 아이를 만들어요
허용적 유형	부모의 애정은 높고 통제성이 낮습니다.	아이가 원하는 것이라면 무엇이든지 허용하는 경향이 있으며 과잉 보호적 성향이 두드러집니다.	타인의 감정을 배려하는 데 미숙하거나 스스로의 감정을 조절하는 데 어려움을 겪는 버릇없는 아이기 되기 쉽습니다.
독재적 유형	부모의 애정은 낮고 통제성이 높습니다.	매사에 엄격한 잣대를 부여하고 아이가 부모가 정한 규칙에 순종하기를 기대합니다.	아이의 자율성과 자기 효능감이 떨어질 수 있습니다. 스트레스에 취약하고, 의존적인 성향이 생기기 쉽습니다.
방임적 유형	부모의 애정과 통제성이 모두 낮습니다.	아이가 어떤 행동을 하든 무관심한 편이고 잘못을 저질러도 훈육하지 않으며 반대로 무언가를 잘했을 때도 칭찬에 인색합니다.	세상에 대한 불신이 생겨 사회에 적응하기 어려워하는 모습을 보입니다. 우울과 분노 등 반사회적 행동을 보이기도 하며 어디에서든 자신이 환영받지 못한다고 느낍니다.
민주적 유형	부모의 애정과 통제성이 모두 높습니다.	전반적으로 아이를 사랑으로 대하지만 배움이 필요한 상황에서는 한계를 설정하고 잘못된 행동을 교육합니다.	독립적이고 사회 적응력이 좋은 사람으로 성장할 가능성이 높음. 타인에 대한 이해도와 학업 성취도가 높습니다.

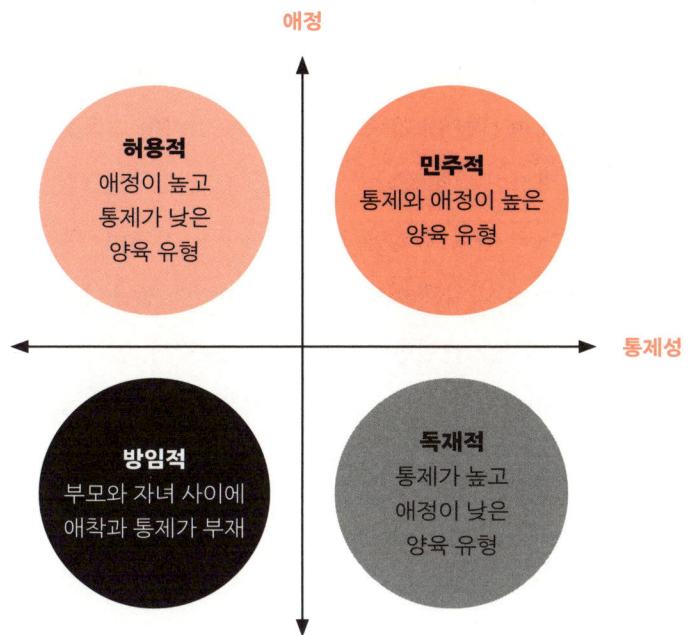

능감이 낮을 가능성이 큽니다.

　반면에 요즘 부모 세대는 자녀의 정신 건강을 중시하다 보니, 부드러운 양육 스타일을 선호하는 경향이 두드러집니다. 하지만 아이의 마음을 보듬어준다는 이유로 명확한 한계를 설정하지 않고 무조건 허용하는 방식을 고수할 경우, 그 또한 문제를 야기할 수 있습니다. 이런 환경에서 자란 아이는 자기중심적인 성향을 보일 뿐만 아니라, 옳고 그름에 대한 확실한 이해가 부족해 사회생활에 어려움을 겪을 수 있기 때문입니다. 결국 애정과 통제 중 하나가 부족하거나 과도할 경우, 아이의 성장에는 오히려 부정적인 영향을 미치는 것이지요.

바움린드가 제시한 네 가지 양육 유형은 미디어 교육을 실행하는 부모들에게도 귀감이 되어줍니다. 실제로 네덜란드 암스테르담대학교에서는 바움린드의 양육 유형을 구분하는 주요 지표인 '애정'을 '아이의 의사 결정권'으로 대체해 어떤 스타일의 미디어 양육이 가장 효율적인지 알아보는 연구를 진행한 바 있는데요. 그 결과, 연구진은 가장 건강한 미디어 소비가 이루어지는 가정에서는 아이의 의사 결정권과 부모의 통제가 균형을 이룬다는 공통점을 발견했습니다. '디지털 동조자', '디지털 제한자', '디지털 멘토', '디지털 방관자'로 분류되는 네 가지 미디어 양육 유형을 살펴보며 우리 가정의 미디어 접근법은 어떤 유형과 가장 닮아 있는지 생각해 보세요.

1. 디지털 동조자 digital enabler 유형

아이의 의사 결정권을 높게 평가하는 동시에 낮은 통제성을 가진 유형의 부모입니다. 아이가 온라인에서 활동하는 것이 훗날 이득이 되리라는 생각이 강해서, 자녀가 원하는 만큼 미디어를 소비하는 것에 거부감을 느끼지 않는다는 특징이 있습니다.

2. 디지털 제한자 digital limiter 유형

디지털 동조자와 정반대의 유형인 부모입니다. 미디어 부작용에 대한 우려가 커서 미디어 기기의 사용을 경계하는 편이며, 부모가 미디어 사용과 관련된 결정권을 온전히 쥐고 있는 경우가 많습니다

3. 디지털 멘토 digital mentor 유형

아이의 의사 결정권을 존중하되, 필요한 경계를 설정하는 유형의 부모입니다. 아이의 연령과 준비도에 따라 부모가 가진 조력자로서의 역할 또한 진화한다고 믿습니다.

4. 디지털 방관자 digital bystander

이 세 가지 유형 외에도 디지털 사용에 대한 아이의 의사 결정권과 부모의 개입이 모두 낮은 디지털 방관자 유형도 있습니다. 이는 공식 연구에서 명시적으로 다루지는 않지만, 실제 가정에서 관찰되는 중요한 양육 유형 중 하나입니다. 이 유형은 부모가 기기 사용을 적극적으로 제한하거나 가이드를 제시하지 않으며, 아이 역시 주도적으로 기술을 사용하지 않는 경우인데요. 그 결과, "어쩌다 보니 미디어를 보게 됐네" 같은 무계획적이고 수동적인 미디어 소비로 이어질 위험이 높습니다.

미디어 사용에 대한 부모의 양육 유형: 자가 평가 테스트

각 문항을 주의 깊게 읽고 자녀의 미디어 사용에 대한 자신의 입장을 가장 잘 나타내는 답변을 선택해 보세요. 정답이 있는 질문이라기보다 응답자의 미디어 양육 유형을 가늠하기 위한 질문들로 이루어졌으니

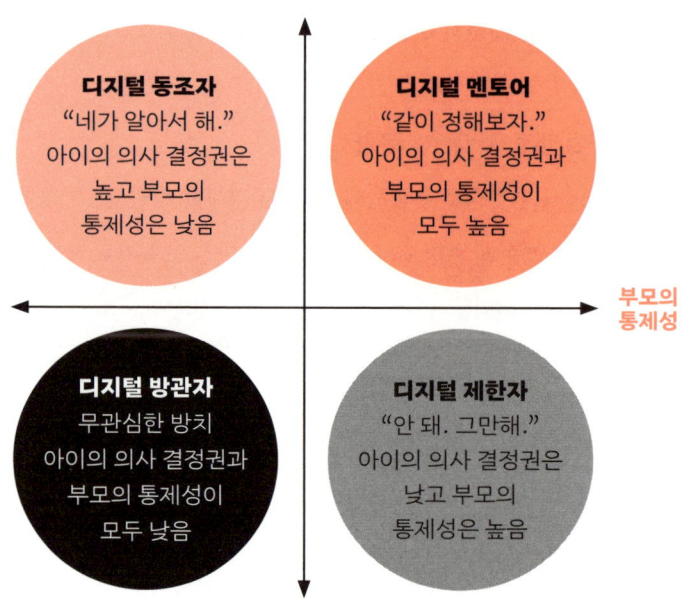

최대한 정직하게 답하는 것이 중요합니다.

1. 자녀의 디지털 미디어 사용(예: 스마트폰, 태블릿 PC, 컴퓨터)에 대해 어떻게 생각하나요?

    a) 제한하게 되면 아이의 기술 습득 능력에 방해될 수 있으므로 무제한 허용해야 한다.

    b) 과도한 노출로 인한 잠재적 부작용을 방지하기 위해 엄격한 제한이

필요하다.

c) 규칙과 자율성의 균형을 유지해 나가며 디지털 경험을 이끌어내야 한다.

d) 아이가 무엇을 하든 크게 상관하지 않는다. 알아서 자연스레 하겠지 싶다.

2. **자녀의 온라인 활동(예: 브라우징 기록, 소셜 미디어 계정)을 얼마나 자주 모니터링해야 할까요?**

a) 아이가 스스로 책임감 있는 선택을 하리라 믿고 확인하지 않는다.

b) 혹시 일어날지 모를 위험으로부터 보호하기 위해 기회가 생길 때마다 확인한다.

c) 미디어 사용 중재와 지원을 위해 가끔 확인하긴 하지만 개인정보는 최대한 존중해야 한다.

d) 어떤 활동을 하는지까지 딱히 관심을 두고 볼 필요는 없다고 생각한다.

3. **아이가 약속한 시간 이상으로 스크린 타임을 요청하면 이를 수락할 가능성은 어떠한가요?**

a) 언젠가는 자율적인 시간 관리 능력이 필요하니 우선 허용한다.

b) 건강한 미디어 소비 습관을 위해 정해진 시간을 넘기는 것은 금지한다.

c) 아이의 행동, 책임, 그리고 원하는 콘텐츠 등을 고려해 유연한 결정을 내린다.

d) 상황(얼마나 바쁜지, 지체할 시간이 있는지)에 따라서 다를거 같다.

4. **자녀와 미디어 사용에 관한 의견이 다르다면 어떻게 할 것인가요?**
   a) 보통 아이의 의견을 존중하고 그 방식대로 할 수 있도록 돕는다.
   b) 규칙을 지키기 위해서는 충돌이 발생하더라도 단호할 필요가 있다.
   c) 우선 아이의 의견을 들어보고 회유가 필요한지 결정한다.
   d) 아이과 그런 이야기를 나눠본 적은 없다.

5. **자녀의 온라인 활동을 모니터링하기 위해 부모가 제어하는 소프트웨어나 앱을 사용하는 것에 대해 어떻게 생각하나요?**
   a) 아이의 개인정보와 독립성을 침해하는 것이다.
   b) 잠재적인 위험과 해로운 콘텐츠로부터 자녀를 보호하기 위해 필수적이다.
   c) 적당한 사용은 도움이 되겠지만 자녀의 온라인 행동을 신뢰하고 그와 관련해 커뮤니케이션 하는 것을 선호한다.
   d) 그런 앱이나 도구에 대해 잘 모르기 때문에 부담스럽다.

6. **기술이 아이의 교육과 발달에 미치는 역할은 어떻다고 생각하나요?**
   a) 학습과 탐구를 위한 가치 있는 도구라 여겨 활용을 권장한다.

b) 그 영향력이 아직 밝혀지지 않았다고 생각해 조심스럽게 접근해야 한다고 믿는다.

c) 전통적인 학습 방법을 보완하는 방향으로 기술을 기존 교육에 적용해야 한다고 생각한다.

d) 그 부분에 대해서 따로 진지하게 고민해 본 적은 없다.

7. **미디어 사용에 대한 규칙과 경계를 설정할 때 얼마나 유연한가요?**

   a) 엄격한 규칙을 세우기보다 아이가 자신의 디지털 경험을 독립적으로 탐색하도록 한다.

   b) 규칙을 준수해 질서와 규율을 유지하기 위해 노력한다.

   c) 가이드라인을 설정하지만 자녀의 준비도에 따라 조정할 준비가 되어 있다.

   d) 자녀의 미디어 사용에 대해 특별히 개입한 기억이 없다.

점수
- 'a'라고 응답한 개수에 따라 디지털 동조자에 1점씩 추가하세요.
- 'b'라고 응답한 개수에 따라 디지털 제한자에 1점씩 추가하세요.
- 'c'라고 응답한 개수에 따라 디지털 멘토에 1점씩 추가하세요.
- 'd'라고 응답한 개수에 따라 디지털 방관자에 1점씩 추가하세요.

2단계:
나의 가치관 살펴보기

자신의 미디어 양육 유형에 대해 충분한 이해를 쌓고 어떤 노력을 기울여야 할지 파악했다면, 그다음으로는 우리 가족이 소중하게 여기는 가치를 따져볼 필요가 있습니다. 이때 처음부터 미디어와 직접적으로 연결된 키워드를 찾는 데 집중하다 보면, 이에 대해 자신의 초감정이 미치는 영향을 피할 수 없게 됩니다. 그러므로 어떤 상황에서도 우리 가족이 타협할 수 없는 핵심 가치를 찾는 데 집중하는 편이 더욱 의미 있는 출발점이 될 수 있습니다. 다음 목록을 참고해 우리 가족이 가장 소중하게 여기는 상위 세 가지 가치를 선정해 보세요.

존중	소통	함께하는 시간	교육	건강	균형	창의력	책임감	공감	안전
인내심	자제력	메타인지	감사	신뢰	협력	호기심	정직	배려	사생활
용서	나눔	봉사	학습	겸손	회복력	자기표현	유연성	유머	자립심
다양성	비판적 사고	만족감	소속감	연결	공정성	즐거움	절제	자율성	익숙함
모험심	낙관주의	전통	약속	성장	열정	끈기	조화	노인공경	신중함
결단력	통찰력	지속 가능성	발전	기술	양심	인성	꼼꼼함	용기	공동체의식

상위 가치를 파악하게 되면, 이러한 가치가 구현된 이상적인 가정의 모습과 현재 우리 가족의 모습을 비교해 보며, 그 격차를 줄이기 위한 변화를 꾀할 수 있습니다. 예를 들어, '존중'을 우리 가족의 핵심 가치로 삼았다면, 평소 이를 실천하기 위해 아이가 부모의 미디어 사용에 대한 조언을 무시하지 않고 경청하는 태도를 보이는지, 부모는 자녀의 의견을 존중하며 열린 소통을 이어가는지 점검하는 과정이 필요합니다. 마찬가지로 '안전'을 최우선 가치로 꼽은 가정이라면, 온라인에서 개인정보를 보호하고 디지털 안전을 강화하는 습관을 길러나가는 것이 자연스러운 실천 방향이 될 수 있지요.

물론 여기에 언급된 가치들은 대부분 모두 좋은 가치입니다. 다만 모든 가치를 한꺼번에 챙기려 하다 보면, 미디어라는 광범위한 주제가 더 막막하게 느껴질 수 있습니다. 따라서 우리 가족이 가장 중요하다고 꼽은 세 가지 가치를 우선으로 삼고 이를 반영한 습관을 차근차근 만들어나가는 것이 좋습니다. 우리 가족이 중요하게 여기는 가치를 기반으로 작은 걸음을 내딛는 전략은 미디어 습관 형성을 부담스러운 변화가 아니라 꼭 이루고픈 목표로 바꿔줄 것입니다.

3단계: 온오프라인의 균형을 만드는 디지털 플래닝 시작하기

전문가들은 판단력이 미숙한 어린아이일수록 부모가 미디어 통제권을 갖고 조절해야 하며, 아이가 성장함에 따라 점진적으로 선택권과 주도권을 아이에게 넘겨야 한다고 조언합니다. 이는 마치 초기, 중기, 후기 이유식의 입자 크기를 달리해 만드는 것과 비슷합니다. 자녀가 소화할 수 있는 미디어의 형태와 방식이 변화함에 따라 부모의 중재도 이에 맞춰 변해야 하기 때문입니다. 예를 들어, 만 2세 이전의 자녀를 미디어에 노출할 경우에는 콘텐츠 선정과 사용 빈도는 철저히 부모가 결정하는 것이 바람직합니다. 이 시기에는 미디어 노출을 최소화하는 것이 가장 좋은 선택이며, 아이가 스스로 적절한 콘텐츠를 선별하고 사용 시간을 조절하는 것이 불가능하기 때문에 부모의 통제권이 클 수밖에 없습니다.

그러나 자녀가 만 2세 이상이 되면 간단한 절차를 따라 가족이 함께 디지털 플랜을 만들어나가는 것이 중요합니다. 만 2~6세 사이의 자녀와는 어떤 기기를 사용할지, 평일과 주말의 사용 시간은 얼마가 적당한지와 같은 핵심 주제를 두고 대화를 나누며, 미디어는 언제든지 원하는 대로 사용하는 것이 아니라 약속한 시간에 필요에 따라 소비하는 것이라는 인식을 심어주는 과정이 필요합니다. 만 6세 이후에는 일상

생활 속에서 길러온 비인지적 역량을 바탕으로 이를 온라인 환경과 연결해 교육하는 것이 가능해집니다. 예를 들어, 단순히 '게임을 하다가도 엄마가 말을 걸면 멈추고 눈을 본다'는 규칙을 세우는 데 그치는 것이 아니라 '경청하는 자세는 상대에게 존중을 표현하는 중요한 소통 방법이므로 온라인과 오프라인을 막론하고 실천해야 한다'는 이유까지 함께 설명하는 방식이 더 효과적입니다. 그리고 만 10세부터는 미디어를 잘못 사용했을 때 발생하는 다양한 상황을 미리 예측해 보고, 이를 예방할 수 있는 미디어 소비 전략을 직접 적어보는 것처럼 아이가 결정권을 갖고 발휘하는 연습을 해나가는 것이 좋습니다.

디지털 플래닝의 형태는 가족의 핵심 가치, 미디어 접근 방식, 그리고 미디어에 대한 부모의 초감정에 따라 각기 다른 모습을 보입니다. 가정마다 가치관과 라이프 스타일이 다르므로, 특정한 방법이 절대적인 정답일 수는 없습니다. 그러나 건강한 미디어 소비의 핵심인 '온라인과 오프라인의 균형'을 목표로 삼는다면 반드시 고려해야 할 몇 가지 중요한 요소가 있습니다.

첫 번째 요소는 미디어 사용 시간입니다. 사용 시간 자체가 미디어 조절의 절대적인 기준은 아니지만 과도한 사용은 아이의 성장과 발달에 방해가 될 수 있습니다. 따라서 사용 시간에 대한 일정한 규칙을 만드는 것은 필요한 일입니다. 이때 단순히 "하루에 몇 시간까지 사용하는 것으로 약속할까?"라는 논의에서 그치는 것이 아니라, 구체적인 요소를 고민해 규칙을 세우는 것이 좋습니다. 가령, "매일 짧게 사용하는 것과 며칠에 한 번 길게 사용하는 것 중 어느 방식이 더 적절할까?", "평일과 주말의 미디어 사용 시간을 다르게 설정할 필요가 있을까?", "학원이나 방과 후 일정에 따라 요일별로 사용 시간을 조절하는 것이 좋을까?" 등 세부 사항을 고려해 미디어 사용 시간에 대한 규칙을 정하는 것이지요. 또한 가정마다 미디어 규칙이 다르기 때문에 친구나 친척 집을 방문할 때는 어떤 기준을 적용할지 미리 논의해 두는 것도 중요합니다.

미디어 사용과 관련해 부모가 반드시 고려해야 할 두 번째 요소는 자녀의 사용 동기입니다. 국립나주병원 소아청소년정신과 정하란 과장은 "아이의 게임 몰두를 부모가 이해하려는 태도에서 건강한 미디어 사용이 시작된다"라고 강조합니다. 실제로 아이들이 스마트폰을 사용하는 이유는 단순히 재미에 국한되지 않습니다. 친구들과 어울리기 위해, 심심해서, 1등을 하고 싶어서, 혹은 스트레스를 해소하기 위해서와 같이 다양합니다.

그렇기 때문에 자녀의 건강한 미디어 사용을 돕기 위한 부모의 접근 또한 각각의 이유에 맞게 달라져야 합니다. 예를 들어, 단순히 심심해서 스마트폰을 사용하는 아이라면 책을 읽거나 요리를 배우는 등 오프라인에서 새로운 즐거움을 찾도록 이끌어주는 것이 중요합니다. 반면에 승부욕이 강하고 1등을 하고 싶어서 게임을 하는 아이는 축구나 체스처럼 실생활에서 이루어지는 경쟁 활동을 통해 유사한 성취감을 경험하도록 해주는 접근이 필요합니다. 만일 특별한 이유 없이 스마트폰을 습관적으로 만지는 아이라면 알림 설정을 끄거나 기기를 멀리 두는 등 디지털 디톡스 시간을 정하는 것이 좋은 방법이 될 수 있고요. 이처럼 아이가 미디어를 찾는 동기를 부모가 이해하는 것은 맞춤형 대안을 제시하기 위한 필수 절차입니다.

    마지막으로 디지털 플래닝을 할 때 고려해야 할 중요한 요소는 오프라인 활동 가운데에서 우선순위를 설정하는 대화입니다. 미디어를 사용하기 전, 아이가 반드시 해야 할 중요한 활동들을 함께 정리해 보는 과정은 자기 주도성을 키우고 건강한 미디어 습관을 형성하는 데 도움이 되기 때문인데요. 특히 운동, 뇌 자극 활동, 창의적인 놀이, 감각 활동처럼 세부 카테고리를 나누어 매일 꼭 실천해야 할 목록을 만들어두면, 미디어 사용이 하루의 중심이 되지 않도록 해주는 효과를 기대할 수 있습니다. 예를 들어, 아이가 각 카테고리에서 하루 한 가지 이상의 활동을 마무리한 뒤에 미디어 시간을 갖게 되면, '30분 이상 게임하지 않기'처럼 하지 않아야 할 일에 집중할 필요가 사라집니다. 그뿐만 아니라 부모는 자녀와의 소통도 원활하고 부드럽게 할 수 있습니다.

4단계:
아이가 직접 만든 규칙을 잘 못 지킬 경우

물론 아이와 함께 미디어 사용 규칙을 만들었다고 해서, 아이가 그것을 항상 완벽하게 지킬 수 있는 것은 아닙니다. 오랫동안 규칙을 잘 지켜오던 아이도 어느 날은 유독 태블릿 PC 전원을 끄기 어려워하는 날이 있기 마련인데요. 문제는 이런 상황이 생겼을 때, 많은 부모가 '역시 미디어 사용은 처음부터 부모가 전적으로 통제해야 했던 걸까?' 하는 후회의 늪에 빠지기 쉽다는 점입니다. 하지만 이런 생각은 아이에 대한 신뢰를 약화시키고, 통제 중심의 관계로 돌아가게 만드는 위험한 신호이므로 주의해야 합니다. 아이들은 원래 시행착오를 겪으며 성장합니다. 이는 온라인이든 오프라인이든 당연한 수순입니다. 아이가 한두 번 실수를 했다고 해서 그것을 실패로 여길 필요는 없습니다.

아이가 미디어 사용 규칙을 지키지 못할 때는 '왜 이 규칙을 지키기 어려운 걸까?'라는 관점으로 상황을 바라보는 것이 가장 중요합니다. 대부분의 아이는 자신이 공정하다고 느끼는 규칙을 따르고자 하는 마음을 갖고 있습니다. 명확한 경계 안에서 안정감을 느끼기도 하고요. 따라서 아이가 규칙을 따르고 싶어 하면서도 반복적으로 실패한다면, 그 규칙을 실천하는 데 필요한 능력이 아직 충분히 자라지 않았을 가능성이 큽니다. 부족한 부분을 아이와 함께 찾아내고 채워주는 것이 바로 부모가 해줄 수 있는 '미디어 멘토링'의 핵심 역할입니다. 매번 게임을 종료하는 것을 어려워하는 아이는 규칙을 어기려는 것이 아니라 충동 조절력이 미숙해서 그런 것일 수 있습니다. 이런 경우에는 추상적인 '시간'보다 게임 횟수나 특정 미션의 완료와 같이 명확한 기준을 제시해 주는 것이 더 효과적입니다.

과도한 컴퓨터 사용으로 인해 수면 부족을 겪는 아이에게 조언을 건넬 때도 마찬가지입니다. "너는 항상 컴퓨터만 하니? 완전 게임 중독이야!"라며 탓하는 대신 "요즘 컴퓨터 하는 시간이 늘어나서 잠이 부족한 것 같아. 너는 어떻게 느껴? 요즘 컨디션 괜찮니?"처럼 아이의 생각을 묻는 질문을 던져보세요. 이렇게 비난 대신 공감으로 시작하는 대화는 아이가 방어적인 태도를 내려놓고 스스로 자신의 생활 패턴을 점검하는 기회가 됩니다.

물론 건강한 미디어 소비 문화를 만들기 위해 노력하던 와중에 아이가 눈속임을 하거나 감정을 폭발시키는 모습을 보이면 부모는 그동안 쌓아온 노력이 한순간에 무너지는 듯한 기분이 들 수 있습니다. 하지만 완벽하게 해내지 못했다고 해서 그 과정에서 전혀 성장이 이루어지지 않은 것은 아닙니다. 새로운 습관을 만들어가는 과정에서 실수와 실패는 자연스러운 일입니다. 그러니 처음부터 '다 잘될 거야'라는 비현실적인 기대를 품기보다 실패를 예측하고 수정할 계획을 미리 함께 세우는 편이 지속성을 올려주는 방법입니다. 예를 들어, 처음 미디어 수칙을 정할 때부터 아이와 함께 계획한 규칙이 얼마나 잘 지켜지는지 점검 기준을 마련하고, 정기적으로 이를 되돌아보는 시간을 갖는 것이지요.

- 우리가 정한 규칙이 잘 지켜지고 있다는 것은 어떻게 알 수 있을까? (예: 컴퓨터를 바로 끄는 횟수 증가, 엄마 아빠의 잔소리 감소, 다른 할 일을 미루는 빈도 감소 등)
- 우리가 정한 규칙이 잘 안 지켜지고 있다는 것은 어떻게 알 수 있을까? (예: 수면 시간 감소, 숙제 밀리는 횟수의 증가, 엄마 아빠의 잔소리 증가, 게임 누적 시간 등)

이처럼 아이가 스스로 정한 공정한 기준이 있을 때는 부모가 감시자가 되어 "이건 잘하고, 이건 못했네" 평가할 필요가 사라집니다. 비슷한 맥락에서 규칙이 잘 지켜졌을 때와 그렇지 못할 때에 대한 대응 방법도 미리 정해두면, 부모와 아이가 한 팀이 되어서 '우리 가족의 성과'를 축하하고 점검하는 기회가 됩니다.

- 규칙이 잘 지켜지고 있는지 아닌지는 얼마나 자주 점검해야 할까? (예: 일주일에 한 번, 격주에 한 번, 한 달에 한 번 등)
- 규칙을 잘 지킬 수 있게 되면, 우리의 다음 목표는 무엇이 되어야 할까? (예: 하루 두 시간 하던 게임을 한 시간으로 줄여보기, 주중뿐만 아니라 주말에도 게임 시간 줄여보기 등)

- 규칙을 잘 지키기 어렵다면, 어떤 변화를 꾀할 수 있을까? (예: 디지털 디톡스 시간을 갖기, 과의존하는 게임은 지우고 다른 미디어 시간으로 대체하기 등)

우리가 매일 완벽하게 균형 잡힌 식사를 하지 못하더라도, 장기적으로 건강한 식습관을 만들어나가는 것에 더 큰 의미를 두듯이, 미디어 사용 역시 단기적으로 완벽함을 성취하기보다 장기적인 균형과 자기조절력을 기르는 데 초점을 두는 것이 바람직합니다. 결국 부모의 역할은 아이가 모든 규칙을 빈틈없이 지키도록 관리하는 감시자가 아니라, 왜 미디어를 균형 있게 사용해야 하는지를 이해시키고 스스로 실천해 나가는 힘을 기르도록 이끄는 조력자가 되는 것입니다.

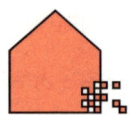

디지털 동네,
안전하게 거닐려면

적신호를 알아보는
미디어 메타인지력

인터넷은 복잡하게 얽힌 동네 골목과도 같습니다. 그러나 오프라인 환경과 비교했을 때, 디지털 공간에는 '출입 금지'와 같은 경고 표지판이 부족하고 유혹은 오히려 더 많아 아이들이 위험에 노출될 가능성이 훨씬 큽니다. 그럼에도 우리는 아이가 실제 세상을 살아가는 데 필요한 규칙은 비교적 충실히 가르치면서도, 디지털 세계로 첫발을 내딛을 때는 명확한 안내와 세심한 보호를 충분히 제공하지 못하는 경우가 더 많습니다. 어린아이가 혼자 낯선 장소를 돌아다니도록 내버려두는 게

과도한 자유를 부여한 것이듯, 유초등 시기의 아이가 유튜브나 인터넷을 자유롭게 탐색하게 두는 것도 과잉 자유입니다. 어린아이가 혼자 길을 건널 수 있을 때까지는 부모가 함께 손을 잡고 신호를 기다리고 여러 번 같이 걸으며 준비시키는 과정이 필요하듯, 온라인 환경에서 안전하게 다니려면 단계적이고 점진적인 훈련이 반드시 필요합니다. 아이가 갑작스럽게 너무 많은 자극을 경험하지 않도록 미디어 사용 시간과 콘텐츠 종류를 조절하고, 웹 사이트의 유해성을 스스로 판단하는 힘을 기르도록 부모가 곁에서 조언하며 안내하는 역할을 꾸준히 이어 나가야 하는 것이지요.

그렇다면 아이의 성장에 맞춘 안전 교육은 어떻게 이루어져야 할까요? 단순히 나이가 들수록 시청 가능한 영상물이나 방문 가능한 웹 사이트의 개수를 늘려주기만 하면 충분할까요? 현실적으로 부모가 아이가 접하는 모든 웹 사이트를 일일이 허가하거나, 미리 '허용 리스트'를 만들어 관리하는 데는 한계가 있습니다. 따라서 자녀의 디지털 습관이 만들어지는 시기에는 '허용'과 '비허용' 목록을 일방적으로 부여하기보다 아이가 스스로 비판적으로 생각하고 책임감 있게 결정을 내리는 능력을 키워주는 것을 우선시해야 하는데요. 이를 위해서는 미디어에 대한 자신의 감정을 인지하고 해석하는 능력, 즉 미디어 메타인지력을 키우는 훈련이 필요합니다.

평소에 자주 다니던 길이라도 불안하거나 걱정되는 느낌이 들면, 즉각 멈춰 서서 주위를 살펴야 하는 것처럼 온라인에서도 아이가 느끼는 감정이 중요한 안전 신호로 존중되어야 합니다. 특정 앱이나 웹 사이트를 방문했을 때 불쾌하거나 잘못되었다는 느낌이 드는지 등 자신의 직감을 인지하고 신뢰하는 능력은 어쩌면 '그곳에 접속하지 말라'는 규칙보다 더 강력한 보호막이 될 수 있습니다. 이런 감각을 기르는 것은 아이의 디지털 안전을 보장하는 동시에, 건강한 디지털 시민으로 살아가는 데 필요한 역량을 키워줍니다.

물론 아이들이 즐겨보는 웹 사이트에는 광고 배너나 관련 영상 추천처럼 자극적인 유혹이 가득 합니다. 아이들이 좋아하는 게임 아이템을 미끼로 개인정보를 요구하는 피싱 범죄나 유아 콘텐츠로 위장한 유해 영상에 대한 소식도 자주 들려오다 보니, 많은 부모가 "우리 아이가 과연 교묘한 위험이 도사리는 온라인 세상을 잘 탐험할 수 있을까?" 하는 걱정을 품습니다. 혹시 이런 주제로 대화를 나누려고 하다가 오히려 아이의 호기심을 자극하는 것은 아닐까 우려되기도 하고요.

그러나 이런 불안이 클수록 우리는 아이들을 위험으로부터 숨기려 하기보다 아이들이 스스로 그 위험을 인지하고 대처할 수 있는 '직관력'을 길러줘야 한다는 사실을 기억해야 합니다. 그것이 아이들을 위한 진정한 보호막이기 때문입니다. 마치 아이가 교통사고가 날까 봐 불안감을 느낄지도 모른다는 이유로 아이에게 도로 교통에 대한 이야기를 전혀 하지 않기보다, 안전벨트를 올바르게 착용하는 법과 비상시 대처법을 가르치고 사고를 예방할 수 있는 전조 신호를 교육하는 것이 아이를 더 실질적으로 보호하는 것처럼요.

미디어 메타인지력을 키우는 효과적인 방법 중 하나는 가족이 함께 기준을 정하고 이를 신호등 시스템과 같은 시각적 도구를 활용해 판단하는 연습을 하는 것입니다. 예를 들어, 웹 사이트나 앱, 혹은 온라인 상호작용이 위험하거나 불편하게 느껴질 때는 정지 신호인 빨간불로 인식하도록 교육하고, 다른 사람이 개인정보를 요구하거나 무엇인가 수상쩍다고 느껴질 때는 노란불을 떠올리며 한 박자 멈추고 신중하게 행동하는 법을 가르쳐야 합니다. 반면에 신뢰할 수 있는 웹 사이트나 앱, 마음이 편안한 온라인 환경에서의 탐색은 초록불로 명시하고요. 이러한 시각적 시스템은 아이들이 특정 상황에서 느끼는 감정을 구체화하고 이에 따라 적절한 행동을 취하는 데 도움이 되는 명확한 가이드라인 역할을 합니다. 이와 더불어 평소 아이가 접근하는 '초록불' 콘텐츠를 활용해 '긍정적인 감정'의 신호를 꺼내주면 아이가 자신의 감정을 바탕으로 디지털 환경을 평가하는 방법을 배워나갈 기회가 생겨납니다.

"〈블루이〉는 우리 가족이 자주 함께 즐겨보는 프로그램이지? 역시〈블루이〉를 볼 때면, 재미있고 마음이 편안해. 이런 기분이 드는 걸 보니〈블루이〉는 초록불이 켜지는 영상이구나."

"오늘 '칸 아카데미 키즈' 앱에서는 치타가 지상 동물 중에 가장 빠르다는 걸 배웠어! 오늘 배운 내용을 빨리 아빠에게 말해줘야지."

미디어를 긍정적으로 사용할 때 나타나는 가장 확실한 신호는 마음에 불편함이 생기지 않는 상태입니다. 미리 합의한 내용의 콘텐츠를 규칙에 맞게 소비하고 있다면, 이를 숨길 이유도 없습니다. 반면에 적신호를 포함한 웹 사이트나 콘텐츠는 아이들에게 불확실성을 느끼게 합니다. '이 사이트에 접속해도 될까?' 하는 고민과 함께 '왠지 혼날지도 몰라'라는 불안감과 호기심이 충돌하면 아이는 해당 웹 사이트나 앱 방문 사실을 비밀로 하고 싶은 욕구를 느끼게 됩니다. 이처럼 우리는 부적절한 미디어 소비가 이루어질 때 우리의 마음에 피어오르는 감정 변화에 대해서도 꼭 아이와 함께 대화를 나눌 필요가 있습니다. 온라인 탐색 중 어떤 고민이 생길 수 있는지, 또 그럴 때 슬기로운 대처법은 무엇인지 소리 내어 표현하는 부모를 통해 아이는 긍정적인 모델링을 접하기 때문입니다.

"어? (동영상을 보던 중) 팝업 창이 떴잖아? 여기 내가 좋아하는 마인크래프트 캐릭터 그림이 있는데, 어떤 내용인지 궁금하네. 어디 한번 클릭해 볼까? 흠… 그런데 이 사이트는 엄마 아빠랑 같이 둘러봤던 플랫폼은 아닌데….'"

"엄마 아빠가 바빠서 내가 보는 영상을 확인하지는 않으니까 빨리 클릭해서 보면 아무도 내가 이걸 본 걸 모를 거야. 궁금하니 한번 빨리 봐볼까? 아니야, 확실하게 해도 되는 일인지 잘 모르겠어. 부모님과 이야기를 해보는 게 좋겠어."

　이렇게 쌓아온 디지털 메타인지력은 아이가 부모의 감시 없이도 디지털 공간에서 스스로를 보호할 수 있는 첫걸음이 됩니다. 단순히 정보 분별력을 갖는 것을 넘어 이렇게 자신의 직관을 신뢰하는 힘이 쌓일수록, '멈춤'과 '선택'을 판단하는 아이의 내면 속 신호등도 더 환하게 빛을 내게 될 테고요.

온라인 환경
울타리 세우기

　지금껏 살펴보았듯 디지털 환경에서 아이의 감정과 판단을 중심에 둔 메타인지 훈련은 건강한 미디어 습관을 만드는 매우 중요한 출발점입니다. 하지만 감정 조절과 판단력만으로는 온전히 아이를 보호하기는 어렵습니다. 온라인 세계는 실제 세상과 달리 보이지 않는 위험이 곳곳에 숨어 있어 기술적인 보호 장치도 반드시 병행되어야 하기 때문인데요. 그중에서도 아이의 개인정보를 안전하게 지키는 것은 디지털 환경에서 꼭 필요한 울타리입니다. 특히 안전한 아이디와 비밀번호를 만드는 방법을 가르치는 일은 외부 위협으로부터 아이를 지켜주는 가장 기본적인 방어선이므로, 자녀에게 디지털 기기를 건네기 이전에 반드시 교육이 선행되어야 하는 중요한 주제입니다.

사람은 누구나 자신을 표현하고 싶어 하기 때문에 많은 아이가 온라인에서 닉네임이나 아이디를 만들 때 자신의 이름, 관심사, 나이 등 개인적인 정보를 포함하는 경향이 있습니다. 저 역시 20여 년 전 처음 만든 이메일 주소에 제 이니셜과 막 입학한 중학교 이름을 넣고는 '온전한 나만의 아이디'를 만든 것 같아 괜히 뿌듯해하던 기억이 있습니다. 하지만 온라인 공간에서는 이러한 자기 표현이 예상치 못한 위험으로 이어질 수 있기에 각별한 주의가 필요합니다. 디지털 세계는 개방성으로 인해 오프라인에서는 소통하지 않을 법한 사람조차 아이의 정보에 쉽게 접근할 수 있는 환경이기 때문이지요.

특히 이름과 생일처럼 주변 사람이 쉽게 알 수 있는 개인정보는 닉네임에 포함해도 무해하리라고 여기기 쉽지만, 이런 정보가 불특정한 타인에게 노출되었을 때 우리의 안전은 급속도로 취약해집니다. 따라서 가장 기본적으로 '아이디 속 정보를 통해 특정 개인을 식별할 수 있는가?'를 고민하는 습관을 들이도록 지도하는 것이 필요한데요. 예를 들어, 이름과 생년월일, 주소, 전화번호와 같은 개인정보를 포함한 아이디는 오프라인에서 자신의 집 주소와 주민번호, 연락처를 공개하는 것과 다름없습니다. 반면에 좋아하는 연예인, 좋아하는 음식, 별자리, 취미 등 다수가 공유할 수 있는 정보만으로는 특정인을 식별하기 어렵기 때문에 상대적으로 안전한 개인정보입니다. 자신의 개성을 드러내고 싶은 욕구가 강한 아이에게는 온라인에서 무조건 익명을 유지하라는 부모의 요구가 과도한 통제로 느껴질 수 있습니다. 이런 경우에는 자신의 정체성을 나타내는 다양한 요소 중에서도 안전하게 사용할 수 있는 정보를 선택하도록 이끌어주면 아이도 납득하는 실용적인 보안 규칙을 만들 수 있습니다.

비밀번호가 노출되거나 계정을 해킹당했을 때 어떤 일이 벌어질 수 있는지 대화를 나누며 위기 의식을 심어주는 것도 매우 중요한 교육입니다. "만약 다른 사람이 네 비밀번호를 알아낸다면, 어떤 일이 벌어질까?" 같은 질문을 던져서 아이가 보안의 중요성을 고민해 볼 기회를 만들어주세요. 자신이 무심코 공유한 가족과 친구의 얼굴이 담긴 사진, 자주 다니는 장소와 일상의 스케줄 등의 정보가 낯선 사람에게 노출될 경우에 생길 수 있는 2차 피해에 대해 알아가면서, 아이는 보안에 주의를 기울이는 행동이 자신과 주변 사람의 안전을 지키는 역할을 한다는 사실을 깨닫게 됩니다.

그 외에 필요에 따라서는 부모가 다중 인증multi-factor authentication, MFA과 같은 최신 보안 기술의 이점을 활용하는 것도 추천합니다. 요즘은 휴대폰만 켜면 앱에 바로 접속하도록 비밀번호를 저장해 두는 경우가 많은데요. 다중 인증을 설정해 놓으면 로그인할 때마다 인증 코드를 입력하거나 추가 승인 과정을 거쳐야 하기 때문에 해킹 위험이 크게 줄어듭니다. 물론 이는 약간의 번거로움을 동반하지만, 누군가가 개인 계정에 쉽게 접근하는 것을 막기 위해 기꺼이 불편함을 감수하는 부모의 모습만큼 아이에게 '보안을 중시해야 한다'는 교훈을 주는 일은 없습니다. 이런 노력이 자녀의 건강한 디지털 가치관의 시발점이 된다는 점을 기억해 주세요.

지워지지 않는 온라인 발자국

2017년 여름, 하버드대학교에 입학을 앞두고 있던 열 명의 신입생 입학 허가가 취소되는 일이 있었습니다. 페이스북에서 인종차별적이거나 성적으로 적절치 않은 내용을 담은 메시지를 공유한 사실이 발각되었기 때문입니다. 이를 두고 일각에서는 표현의 자유가 침해되었다는 주장이 나오기도 했지만, 대학교 측은 저속한 메시지가 모든 학생의 존엄성을 중시하는 대학교의 신념에 위배된다는 입장을 고수했습니다. 실제로 요즘에는 학교뿐만 아니라 회사들 또한 신원 확인 등의 이유로 온라인 흔적을 살피는 채용 프로세스를 진행하는 경우가 많습니다. 유명 연예인이 데뷔 전에 남겼던 글이 긴 시간 동안 따라다니는 꼬리표가 되거나 연예계에서 퇴출당하는 원인이 되는 상황을 통해서도 우리는 디지털 흔적이 가진 힘을 실감하기도 합니다.

물론 오프라인상에서도 과거의 잘못이 미래에 영향을 미치는 사례는 있었습니다. 하지만 시간이 지나면 소멸되는 아날로그 시대와 달리 방대한 저장 능력을 갖춘 클라우드 시대의 특수성은 유년기의 아이들에게 특히 가혹한 환경을 조성했습니다. 아이들이 성장하는 과정에서 실수와 반성은 필연적이고 자연스러운 부분인데, 디지털 세상에서는 이 모든 발걸음이 기록으로 남아 쉽게 잊힐 권리가 침해되기 때문입니다. 한참 외모 꾸미기에 관심이 많은 시절, 어설픈 치장을 하고 다양한 각도에서 찍은 셀카는 10여 년 뒤에도 놀림감이 됩니다. 자아를 찾는 과정에서 치기심에 적은 반항적인 글 또한 '흑역사'가 되고요.

이렇게 추억으로 남기고자 했던 기록들이 시간이 지나 상처로 되돌아오는 현실에 대해 영국 옥스퍼드대학교 빅터 메이어-숀버거Viktor Mayer-Schonberger 교수는 《삭제: 디지털 시대의 망각이라는 덕목Delete: The Virtue of Forgetting in the Digital Age》이라는 저서에서 "모든 것을 완벽하게 기억하다 보니 결국 남들뿐만 아니라 우리 자신에 대해서도 갈수록 용납하지 못하는 바가 많아지는 것이 아닐까"라고 꼬집었습니다. 이처럼 디지털 발자취의 파장은 평생 아이들을 옭아맬 수 있을 만큼 강력한 힘을 지녔지만, 아직 자녀에게 디지털 활동이 평판에 미치는 영향을 가르치는 부모는 많지 않습니다. 우리 아이의 디지털 발자국이 주홍글씨가 되지 않도록 하기 위해 부모는 무엇을 교육해야 할까요?

우리가 온라인 세상에 남기는 흔적은 크게 두 가지로 나누어 생각해 볼 수 있습니다. 첫째는 활성 디지털 발자국active digital footprint입니다. 이는 소셜 미디어에 사진을 게시하거나 블로그에 댓글을 달고 온라인 포럼에 의견을 공유하는 것처럼 우리의 선택에 따라 기록되는 정보들을 가리킵니다. 다행인 점은 활성 디지털 발자국은 개인의 자발적인 참여로 생성되는 것이기 때문에 적절한 교육을 통해 자녀가 이를 관리하기가 비교적 수월하다는 것입니다.

건강한 활성 디지털 발자국 남기기를 위해 아이에게 가장 먼저 이해시켜야 하는 것은 온라인에 남겨진 모든 기록은 '영원히', '세상 모두'에게 공개된 상태라는 사실입니다. 한 번 올린 게시물을 곧바로 삭제한다 해도 누구든 그 사이에 스크린 숏을 찍거나 화면을 녹화해 재배포하는 것이 가능하기 때문에 한 번 온라인에 노출된 정보는 절대 통제될 수가 없습니다. 따라서 자녀에게 무언가를 업로드하기 이전에 꼭 다음과 같은 질문을 던지는 습관을 길러주는 것이 필요합니다.

"이 내용이 20년 후에도 인터넷에 떠다니는 것이 괜찮을까?"

"내 친구나 가족이 이걸 본다고 해도 부끄럽지 않을까?"

"미래의 내 배우자나 자녀가 이걸 본다면, 어떤 생각을 할까?"

같은 맥락에서 '내가 현실에서 누군가에게 대놓고 말할 내용이 아니라면 온라인에 적지 않는다'처럼 기준을 명확히 하는 것도 필요합니다. 때로는 온라인과 오프라인 두 세계를 별개의 공간으로 여기다 보니, 디지털 발자국을 관리하는 것이 얼마나 중요한지 실감하지 못하는 아이들도 있습니다. 이런 경우에는 아이와 함께 '내 이름 검색하기'

활동을 해보는 것이 도움이 되는데요. 자주 사용하는 검색엔진이나 소셜 미디어에 자신의 이름이나 아이디를 입력해 어떤 정보가 노출되는지 직접 확인해 보면, 생각보다 더 많은 정보가 퍼져 있거나 본인이 원하지 않는 정보가 나올 가능성이 아주 큽니다. 이 활동을 통해 '나를 잘 모르는 사람이 이 정보를 본다면 나는 어떤 모습으로 보일까?'와 같은 질문의 답을 찾다 보면, 아이는 디지털 흔적이 곧 자신의 평판과 직결된다는 점을 자연스럽게 이해하게 됩니다. 더 나아가 평소에 '나는 어떤 사람이 되고 싶은지', '사회 일원으로서 어떤 가치를 지키고 싶은지'처럼 자기 인식을 쌓아가는 질문을 함께 나누어보는 것도 중요합니다. 이렇게 내면의 기준이 생기면, 아이가 순간의 재미를 위해 자신의 가치관을 해치는 언행을 할 가능성은 현저히 작아지기 때문입니다.

 사실 우리가 자발적으로 남기는 활성 디지털 발자국보다 더욱 골치가 아픈 흔적은 따로 있습니다. 바로 우리가 모르는 사이에 생성되는 수동적 디지털 발자국passive digital footprint입니다. 이는 우리의 선택과 무관하게 소리 소문 없이 자동으로 생성되기 때문에 관리가 더욱 어렵습니다. 대표적인 예로는 웹 사이트나 앱을 사용하는 동안 저장되는 쿠키, 위치 정보, 검색 기록 등이 있는데요. 심지어 일부 사이트에 숨겨진 플러그인은 사용자가 특정 페이지에 머문 시간과 마우스 움직임의 속도와 방향 등 우리가 생각하는 것보다 더 상세한 데이터를 기록해 수익화 모델을 구현하는 데 활용됩니다. 예를 들어, 고양이 영상을 즐겨보는 사람에게는 유사한 콘텐츠를 지속적으로 추천함으로써 플랫폼 체류 시간을 늘리거나 반려묘 관련 용품을 광고하는 알고리즘을 구축하는 것이지요. 물론 이런 수동적 디지털 발자국은 개인 맞춤형 서비스를 제공하는 데 핵심적인 역할을 합니다. 하지만 헨젤과 그레텔이 숲속에 떨어뜨린 빵 부스러기를 새가 먹어버렸듯이, 우리가 남긴 디지털 흔적 역시 예상치 못한 방식으로 활용될 수 있음을 인지하고 경계해야 합니다.

특히 요즘에는 인터넷 플랫폼에 대한 경계심이 무뎌져서 많은 사람이 사용자 약관을 제대로 살펴보지도 않은 채 '모두 동의' 버튼을 누르기도 하는데요. 매번 약관의 모든 조항을 세세히 분석하기는 어렵더라도, 적어도 자신의 정보가 어떻게 사용될 수 있는지에 대한 내용을 살피는 자세는 꼭 가르쳐야 합니다. 또한 온라인에 남는 불필요한 흔적을 줄이기 위해 쿠키를 정기적으로 삭제하는 습관을 들이고, 앱이 백그라운드에서 무분별하게 위치나 검색 활동을 추적하지 못하도록 설정하는 방법을 익히는 것도 중요합니다.

자녀의 미디어 소비와 관련해 두터운 신뢰가 쌓였다면, 브라우저의 '추적 금지' 기능을 활성화하거나 가상 사설 네트워크$^{\text{virtual private network, VPN}}$를 이용해 온라인 활동 정보를 보호하는 방법을 가르쳐줄 수도 있습니다. 물론 교묘하게 숨겨져 있는 수동적 디지털 발자국의 특성상 모든 자취를 완벽히 관리하는 것은 어렵습니다. 그렇지만 자신의 흔적을 의식적으로 관리하는 태도야말로 부모가 자녀에게 물려줄 수 있는 가장 값진 디지털 자산이 될 것입니다.

'셰어런팅' 대신
자기 옹호력 키워주기

얼마 전, 미국으로 이민을 온 세나네 가족은 들뜬 마음으로 새학기를 준비했습니다. 첫 등교를 하는 날, 환한 얼굴로 학교에 가는 세나를 본 친절한 옆집 아주머니는 미국 아이들이 자주 사용하는 소품이라며 작은 칠판 하나를 건넸습니다. 그곳에는 '1학년'이라는 문구와 함께 장래 희망과 취미, 좋아하는 색깔, 그리고 한 해를 함께할 담임선생님의 이름을 적는 칸이 마련되어 있었습니다. 특별한 순간을 사진으로 남기고 싶었던 세나 엄마는 아이의 손에 앙증맞은 칠판을 쥐어준 뒤, 인증 사진을 여러 장 찍어 인스타그램에 업로드했습니다.

'사랑하는 세나의 1학년 첫 등교 날'
#애리조나 #스캇츠데일 #미국맘 #1학년 #입학하는날

부모라면 누구나 아이의 성장 과정을 소중히 여기고 이를 기록하고 싶어 하기 마련입니다. 그래서인지 세나 엄마처럼 첫 등교의 기쁨을 사진으로 남기는 것은 요즘 양육자들에게 매우 자연스러운 일인데요. 어린이와 청소년의 건강한 디지털 미디어 경험을 촉진하는 미국의 보스턴 어린이병원의 연구 기관이자 비영리연구 센터인 디지털웰니스랩

Digital Wellness lab의 조사에 따르면, 무려 응답자의 약 77퍼센트에 해당하는 부모가 자녀의 사진을 소셜 미디어에 올린 경험이 있다고 합니다. 또한 아이가 다섯 살이 될 때까지 공유되는 사진은 평균 1500장이라고 하고요. 이렇게 자녀와 관련된 콘텐츠를 온라인에 게시하는 것이 일반화되면서 심지어 '셰어share(공유하다)'와 '페어런팅parenting(양육)'을 결합한 '셰어런팅sharenting'이라는 신조어까지 등장했습니다.

싸이월드부터 페이스북, 인스타그램까지 소셜 미디어는 끊임없이 변화하며 우리 일상에 깊숙이 자리를 잡았습니다. 과거에는 사진을 앨범에 보관하며 추억을 간직했지만 이제 사람들은 사진을 인화하는 대신 소셜 미디어를 디지털 앨범처럼 사용하며 삶의 조각을 기록하는데요. 과연 이렇게 추억을 보관하는 것이 안전한 방법일까요? 우리가 업로드하는 사진과 게시물에는 생각보다 많은 개인정보가 포함되었을 수 있습니다. 예를 들어, 초음파 사진에는 태어날 아기와 산모에 대한 민감한 정보가 담겼을 수 있으며, 아이가 등교하는 모습이나 학교에서 받은 상장이 담긴 사진은 재학 중인 학교를 노출할 가능성이 큽니다. 휴가 중 실시간으로 사진을 공유하는 행동은 의도치 않게 '지금 우리 집은 비어 있다'는 메시지를 퍼뜨리는 결과를 초래할 수 있고요.

소셜 미디어 분석가인 네이선 저겐슨Nathan Jurgenson은 셰어런팅 문화에 대해 비판적인 입장을 취하며, 부모들이 자녀의 사진을 온라인에 올리기 전에 그 목적을 깊이 성찰해야 한다고 강조합니다. 그는 소셜 미디어 속 사진이 점점 순간을 기록하는 용도가 아니라, 자신을 표현하는 수단으로 사용되고 있다고 분석하는데요. 예를 들어, 아이의 소풍 날 준비한 캐릭터 도시락 사진은 단순히 '이날 먹은 음식'의 기록일 뿐만 아니라, '아이의 식단을 세심하게 챙기는 부모', '손재주가 뛰어난 사람' 혹은 '육아에 최선을 다하는 부모'라는 사회적 이미지를 형성하는 데 일조합니다. 만약 내가 자녀의 사진을 습관적으로 공유하고 있다면, 혹시 나의 이런 행동이 기록의 목적보다 '인증'과 '인정'을 받기 위한 욕구에 맞닿아 있는 것은 아닌지 면밀히 들여다볼 필요가 있습니다.

정말 추억을 남기는 것이 주된 목적이라면, 왜 사진을 개인 앨범에 저장해 두는 것만으로는 충분하지 않을까요? 어째서 사진을 가까운 사람들에게만 개별적으로 공유하는 대신 소셜 미디어에 업로드하고 싶은 걸까요? 부모는 스스로에게 이런 질문을 던짐으로써 셰어런팅을 선택하는 자신의 내적 동기를 탐색해야 합니다. 그에 대한 답에 도달한 후에야 비로소 자녀의 사진을 소셜 미디어에 공유하는 행위가 가족의 안전과 프라이버시를 감수할 만한 가치가 있는지 제대로 따지고, 현명한 판단을 내릴 수 있기 때문입니다.

셰어런팅은 보안 문제뿐만 아니라 부모와 자녀의 관계, 그리고 아이의 자아 형성에도 큰 영향을 미친다는 점도 생각해 봐야 합니다. 대부분의 아이는 한 번쯤, 친구가 자신이 공개되길 원하지 않는 사진을 올려 곤란했던 적이 있다고 토로합니다. 친구의 SNS를 둘러보다가 단체 사진 속 반쯤 눈을 감은 자신의 모습을 발견하거나, 근황을 알리고 싶지 않았던 사람들이 내가 태그 된 게시물을 보는 일을 겪었다고 말이지요. 만약 내 아이가 이러한 상황에 처해 속상함을 토로한다면 어떨까요? 대부분의 부모는 친구에게 사진을 지워달라고 요청하도록 하고, 다음번에는 게시물을 올리기 전에 허락을 구해달라고 이야기하라고 교육할 것입니다.

하지만 이상하게도 부모들은 자신이 자녀의 사진을 소셜 미디어에 게시하는 것에 대해서는 훨씬 관대한 태도를 보입니다. 아이가 난처한 표정을 짓거나 울고 있는 사진조차 귀엽다는 이유로 거리낌 없이 공유하는 것은 일상다반사이지요. 부모가 요리를 하다가 아이의 이마에 계란을 깨고 반응을 보는 '에그 챌린지'의 유행처럼 부모가 자녀의 디지털 권리를 침해하는 사례는 쉽게 찾아볼 수 있습니다. 하지만 아이 입장에서 생각해 보면 이는 믿었던 부모에게 예상치 못한 장난을 당한 것도 모자라 그 모습이 온라인에 퍼지고 수많은 사람이 이를 보며 웃는 상황을 마주하는 셈입니다.

우리는 흔히 아이들이 '아직 어려서 잘 모르겠지'라는 안일한 생각을 합니다. 하지만 아이들도 엄연히 초상권을 가진 존재이기 때문에 자녀의 사진을 소셜 미디어에 올리기 전에는 아이의 동의를 구하는 것이 마땅합니다. 동의 없이 사진을 올리거나 이를 지워달라는 요청을 무시하는 행위가 반복될 경우에 아이는 자신의 의견은 힘이 없다는 생각을 하게 됩니다. 이렇게 어린 시절부터 개인의 권리가 가볍게 여겨지는 환경에서 자라다 보면, 아이는 자기 자신뿐만 아니라 타인의 디지털 권리 또한 가볍게 여기게 됩니다.

자녀의 디지털 권리를 지켜주고 이에 대한 인식을 높이기 위해서는 가족 구성원 모두가 함께 소셜 미디어 공유에 대한 원칙을 세우는 것이 중요합니다. 특히 어떤 소식을 누구와 어떤 방식으로 공유할지에 대해 아이의 의견을 물으며 모두가 편안하게 느낄 수 있는 경계를 설정하는 것이 도움이 되는데요. 경시대회 입상이나 합격 소식처럼 자녀에게 특별한 순간이 있을 때는 부모가 나서서 먼저 소식을 공유하기보다 아이가 직접 원하는 방식으로 친구들에게 소식을 전하도록 배려해 주는 것이 바람직합니다.

이러한 접근 방식은 아이가 자신의 삶에서 어떤 부분을 공유할 준비가 되었는지 스스로 판단하는 연습의 기회가 됩니다. 또한 일부 사생활을 오프라인에 남겨둠으로써 얻을 수 있는 특별한 행복을 느끼게도 해줍니다. 아이의 사랑스러움을 기록하려는 마음이 아이의 존재 자체보다 더 중요해지지 않도록 부모의 의식적인 노력이 필요합니다.

소셜 미디어와 자아: SNS 과몰입과 자존감

통계 사이트 스태티스타Statista에 따르면, 대표적인 소셜 미디어인 인스타그램의 전 세계 사용자 중에서 13~17세 사이의 청소년이 차지하는 비율은 11명 중 1명꼴이라고 합니다. 국내 실정도 이와 비슷해서, 어린아이 2675명을 대상으로 한 조사에서는 무려 86퍼센트가 최근 일주일 사이에 인스타그램을 사용했다고 응답했는데요. 이처럼 소셜 미디어를 이용하는 아이들이 점점 증가하자 세계 각국은 미성년자를 보호하기 위한 규제 방안들을 마련하기 시작했습니다. 2024년 뉴욕주와 캘리포니아주가 아이들을 대상으로 하는 알고리즘 추천을 제한하고 수면 시간대에는 알림을 금지하는 법안을 제정한 것을 시작으로, 미국의 41개 주가 페이스북 모회사인 메타^{Meta}에 소송을 거는 등 적극적으로 변화를 꾀했습니다.

과거 SNS가 보편화되기 전에 사람들은 자기 자신을 탐색하고 여러 경험을 해가며 자연스럽게 스스로를 알아가는 시간을 가졌습니다. '나는 어떤 걸 좋아하지?', '나는 무엇을 잘할까?', '나는 어떤 순간에 가장 행복할까?' 등의 질문에 대한 답을 찾아가는 과정이 아이들의 정체성을 형성해 주었지요. 하지만 요즘 아이들은 이런 고민을 해볼 시간조차 갖지 못한 채, 소셜 미디어 속에서 타인과의 비교로 자신의 가치를 가늠하는 경우가 많아졌습니다. 물론 SNS가 없던 시절에도 지인이나 입소문을 통해 주변 사람의 성공담을 접하고 부러움을 느끼는 일은 흔했습니다. 하지만 소셜 미디어의 등장은 비교 대상의 범위를 무한히 확장함으로써 아이들이 겪는 자아 혼란을 더욱 가중시켰습니다.

SNS는 타인의 인생을 실시간으로 접할 수 있는 창구인 동시에 가장 화려한 단면만을 비추는 필터 역할을 합니다. 따라서 SNS로 지나치게 많은 정보를 너무 빠르게 접하다 보면 자칫 자신이 뒤처진 듯한 느낌을 받기가 쉽습니다. 친구가 올린 멋진 여행 사진, 연예인처럼 빛나는 인플루언서의 일상, 완벽한 외모와 성취를 자랑하는 게시물의 홍수 속에서 아직 자아가 굳건히 형성되지 않은 아이들은 스스로를 초라하게 바라보게 되는 것입니다. 이런 영향이 우려되는 이유는 반복적인 비교는 곧 열등감이 되고, 심한 경우에 무력감과 자존감 저하로 이어질 가능성이 크기 때문입니다. 특히 청소년들에게는 이와 같은 왜곡된 인식이 섭식 장애나 자살 충동과 같은 문제로도 이어질 수 있기에 전문가들은 강한 경고를 보냅니다. 그렇다면 우리 아이가 소셜 미디어 속 가상의 '넘사벽'으로 인해 현실에서의 도전을 포기하지 않도록 부모는 무엇을 도울 수 있을까요?

정신 건강을 지키며 소셜 미디어를 활용하기 위해서는 아이가 그곳은 사람들이 자신의 '베스트 컷'만을 모아놓은 공간이라는 사실을 이해하는 것이 중요합니다. 대부분의 사람이 필터를 이용해 이미지를 더 매력적으로 꾸미고, 사진을 수십 장 찍고 나서 가장 완벽한 한 장을 골라 업로드한다는 것을 알려줘야 하는 것이지요. 더불어 이런 과정이 생략된 결과물만 접하다 보면, 마치 세상 모든 사람이 늘 완벽하고 행복한 것처럼 느껴질 수 있다는 사실에 대해서도 깊은 대화가 필요합니다. 이는 이미 풍부한 경험을 쌓아온 어른들에게는 너무나 당연한 이야기처럼 들리지만, 아이들에게는 그리 자명하지 않은 부분입니다. 이와 같은 사실을 알려주기 위해서는 평소 아이가 동경하는 인물의 소셜 미디어를 함께 보며 이를 분석하는 시간을 갖는 것을 추천합니다. "이 사진을 찍기 위해 이 사람은 어떤 준비를 했을까?", "베스트 숏을 건지기 위해 과연 사진 몇 장을 찍었을까?"와 같은 질문을 통해 소셜 미디어 속 이미지들이 편집된 결과물이라는 사실을 자연스럽게 알게 해주는 것이지요. 또한 사진 앱을 사용해 필터 적용 차이를 비교해 보는 활동도 온라인에서 보이는 사람들의 외모가 얼마나 다듬어진 것인지 쉽게 이해하는 데 도움이 됩니다.

　이처럼 아이가 소셜 미디어의 허상을 이해하도록 돕는 것뿐만 아니라 건강한 정체성과 자존감을 구축하도록 돕는 것도 중요합니다. 요즘은 어른, 아이를 막론하고 많은 사람이 온라인 존재감을 키우는 데 상당한 시간을 투자합니다. 특히 온라인 세계에서의 인정 욕구가 커지면서 아이들이 현실 속 자기 관리보다 가상의 자아를 가꾸는 데 더 많은 에너지를 쏟는 경우도 증가하고 있습니다. 예를 들어, 모아둔 용돈을 모두 온라인 캐릭터를 꾸미는 데 쓴다든지, 여가 시간 전체를 소셜 미디어 친구들과 소통하며 보내는 등의 불균형한 모습이 나타나는 것이지요. 이러한 과정에 과도하게 몰입하게 된 일부 아이들은 온라인에서의 평가를 곧 자신의 가치로 착각하기도 합니다. 자신의 생각과 취향을 게시하기보다는 SNS 속 '워너비' 계정을 무분별하게 모방하거나 '좋아요' 수에 민감하게 반응하며 매사에 대중의 시선을 신경 쓰는 모습이 나타나기도 하고요. 또한 자신이 원하는 이미지를 만들기 위해 실생활의 균형을 잃는 경우도 많습니다.

아이가 이러한 유혹들을 뿌리치고 건강한 온오프라인 정체성을 구축하게 하려면 무엇보다 외부에서 오는 칭찬이나 인정이 없더라도 스스로 만족감을 얻을 수 있는 취미를 찾도록 도와야 합니다. 운동, 독서, 봉사 활동 등 오프라인상에서 다양한 경험을 쌓으며 외부의 평가가 아니라 자기 자신의 성장에 초점을 맞추는 경험이 반복될수록 아이는 자신의 강점을 발견하고, 건강한 자아 정체성을 형성해 나갈 수 있습니다.

PART 3
AI로 공부할 때 아이가 키워야 할 것들

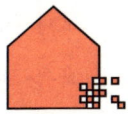

미디어와 학습이
만났다

AI 교과서도 나오는
세상이라는데

2022년 AI 서비스인 챗GPT가 대중에게 처음 공개된 이후, 많은 사람이 이러한 혁신적인 기술이 세상을 변화시키리라고 큰 기대를 품었습니다. 다양한 분야에서 이를 활용해 새로운 도구를 개발하려는 움직임에 힘입어, 교육계에도 AI를 활용해 학생들의 성적을 분석하는 프로그램부터 개별 피드백을 제공하는 플랫폼까지 다양한 도구가 나타나기 시작했는데요. 그중에서도 특히 학령기 아이를 키우는 한국 부모들 사이에서 초미의 관심사로 떠오른 것은 2025년 도입이 결정된 'AI 디지털 교과서'입니다. 이는 단순히 교과 내용을 디지털 파일로 제공하는 것을 넘어 AI를 활용한 맞춤 교육을 지향하는 정책인데요. 교육부의 발표 직후부터 이에 대한 찬반 논쟁이 뜨겁게 이어지면서, 부모들은 디지털 교과서의 개념과 실효성, 그리고 이에 어떻게 대비해야 하는지에 대한 새로운 고민에 직면하게 되었습니다.

"디지털 교과서가 도입되면, 기존 종이 교과서에서는 접하기 힘들었던 다양한 자료를 활용할 수 있어 아이들의 학습 관심도를 높일 거라고 생각해요. 예를 들어, 철새에 대해 배울 때, 글로 읽는 것보다 체험형 도구를 사용하면 더 실감나지 않겠어요? 기술력을 사용하면 새들이 사는 환경을 360도의 다양한 시각으로 살펴보고 게임을 통해 먹이사슬 개념을 배우게 된다고 하니 아이들이 수업 시간에 더 몰입하게 될 거란 기대가 생겨요."

"인프라 측면에서 생기는 교육 격차도 좁아질 것 같아요. 듣자 하니 저학년 때부터 이미 원어민 강사가 수업을 전부 영어로만 진행하는 학교도 있다고 하던데, 저희 아이가 다니는 학교는 그렇진 않거든요. AI 교과서가 발전해서 아이와 원어민과 화상으로 일대일 대화를 할 수 있는 시간이 학교에서 주어진다면 모든 아이에게 좋은 기회가 생기지 않을까요?"

"안 그래도 요즘 애들은 스마트폰이나 태블릿 PC처럼 디지털 기기에 노출되기 쉬운데 학교에서까지 굳이 이를 사용하게 되면 스크린 노출이 더 많아질 테니 걱정이에요. 코로나19 때 비대면 수업을 해야 해서 아이들에게 개인 기기를 주었더니 결국 어떻게 됐나요? 정해진 규칙대로 원격 수업 참여나 과제 수행만을 위해 기기를 사용한 아이들은 매우 드물 거예요. 어른도 눈앞에 스마트폰이나 컴퓨터가 있으면 딴짓을 하게 되는데, 아이들은 오죽하겠냐고요."

"챗GPT를 사용해서 대화를 하다 보면 사실이 아닌 이야기도 진짜인 양 늘어놓는 것을 본 적이 있어요. 아이들의 개별 학습 기회를 극대화하고, 각자의 수준에 맞는 답변을 내놓는 기술력이 사용된다고 하는데, 악의적인 해킹이나 기술적 오류로 인해서 잘못된 내용이 전달되면 어찌하나요? 그걸 일일이 모니터링하는 인력은 보장되는 건가요? 새로운 기술인데 제대로 시행될 수 있는지 그것부터 먼저 신중히 살펴봐야 한다고 생각해요."

어떤 변화든 세간에 떠도는 '카더라 통신'에 휩쓸리는 실수를 범하지 않으려면, 정확한 정보를 바탕으로 이해를 쌓는 것이 중요합니다. 그런 의미에서 우리는 AI 디지털 교과서에 대해서도 그 배경과 장단점, 또 해외 선행 사례까지 차근히 살펴볼 필요가 있습니다. 제일 먼저 AI 디지털 교과서 개념부터 보겠습니다. AI 디지털 교과서는 AI digital textbook의 약자인 AIDT라고도 불리며, 학습자의 특성과 수준을 고려한 맞춤형 학습을 제공하는 것이 그 핵심입니다. AI 디지털 교과서는 아이들 수준에 따라 문제 난도를 조정하거나 시각적으로 이해를 돕는 자료를 추가해 설명을 보완합니다. 그리고 증강 현실이나 메타버스 같은 기술을 통해 학생들의 흥미를 유발하는 방향으로 개발되고 있습니다. 이러한 변화는 새로운 시대에 발맞춰 혁신적인 교육 시스템을 구축하자는 목표로 처음 제안되었습니다.

하지만 '첨단 기술을 활용해 학습 효율을 높일 수 있다'는 기대와 '기계 의존도가 높아져 학습의 본질이 흐려질 수 있다'는 우려가 공존하며 이를 언제, 어떻게 교육 현장에 도입할지를 둘러싸고 한동안 뜨거운 논의가 펼쳐졌습니다. 그 결과, 교육부는 디지털 교과서를 일부 교과목에 한해서만 2025년 1학기부터 도입하는 방안을 확정 지었으며, 교원 연수와 디지털 인프라의 확충 등을 걸치며 향후 단계적으로 도입을 확대할 예정입니다. 교육부의 디지털 교과서 현장 도입 확정 이후, 현재 원하는 학교에 한해서 디지털 교과서가 실제 수업에 사용되는 중입니다.

그러나 디지털 교과서의 효과에 대한 회의적인 시각도 여전히 존재합니다. 특히 과거 해외에서 추진된 기술 중심의 교육 혁신 사례들을 토대로, 단순히 새로운 학습 도구를 도입하는 것만으로는 교육의 근본적인 변화를 기대하기 어렵다는 지적이 많습니다. 그중에서도 실리콘밸리의 유명한 기업가들이 투자하며 큰 기대를 모았던 알트 스쿨[Alt]

School의 사례는 교육 현장에 신기술을 도입할 때 신중한 접근이 필요함을 시사하는 대표적인 예시로 자주 언급되는데요. 2013년 구글의 수석 엔지니어였던 맥스 벤틸라Max Ventilla가 설립한 알트 스쿨은 AI 디지털 교과서 정책이 추구하는 교육 목표와 유사한 점이 많습니다. 벤틸라는 데이터를 기반으로 한 학습이 가장 효율적이라는 믿음 아래, 학생 개개인의 흥미와 특성에 맞춘 커리큘럼을 운영하고자 했습니다. 이를 위해 그는 학생 개개인의 학습 데이터를 수집하고 분석해 개별화된 교육을 제공했고, 종이 교재 대신 태블릿 PC를 활용하는 방식을 도입했습니다. 또한 교실에는 카메라 여러 대를 설치해 아이들의 학습 참여 상황을 녹화함으로써 교사와 개발자들이 이를 분석해 추후 교육에 활용하도록 첨단 환경을 조성했고요. 이와 같은 혁신적인 접근법이 당시 큰 주목을 받았음에도 불구하고, 몇 년 후 알트 스쿨은 현실적인 적용의 어려움과 지속 가능성의 부재로 운영을 중단하고 맙니다.

당시 취재를 위해 알트 스쿨을 방문했던 《월스트리트 저널》의 한 기자는 수업 중에 학생들이 허리케인에 대해 조사하는 모습을 보고, 이 학교의 한계를 실감했다고 회고합니다. 얼핏 보기에는 교사의 안내에 따라 학생들이 노트북을 열고 레포트를 작성하는 듯 보였지만, 실제로는 대부분 위키피디아(한국의 '나무위키'와 같은 사용자 참여형 온라인 백과사전)에 게시된 내용을 그대로 베껴 쓰고 있었다는 것입니다. 겉으로는 학생들이 주도적인 학습을 하는 것처럼 보였지만 실상은 그렇지 않았던 셈이지요.

그렇다면 이런 과거 사례들과 달리 AI 디지털 교과서가 제대로 역할을 수행하게 하려면, 부모인 우리는 어떤 점들에 주목하며 목소리를 내야 할까요? 첫째, AI 디지털 교과서로 수업을 진행하는 교사들의 역량에 주목해야 합니다. 알트 스쿨에서 3년간 근무했던 한 교사는 알트 스쿨이 데이터 기반 학습 설계에는 힘을 쏟았지만, 정작 수업을 설계하는 교사들의 역량을 효과적으로 활용하지는 못했다고 지적합니다. 진정으로 학생들에게 필요한 학습이 이루어지기 위해서는 교사가 설정한 교육 목표를 학생들이 달성하도록 수업을 설계하고, 교사가 학습자와 소통하며 다양한 방식으로 내용을 전달하도록 교육 연수의 기회와 보상이 지원되어야 합니다.

알트 스쿨처럼 교사를 단순히 기술 보조자로 여기는 실수를 범할 경우, AI 디지털 교과서 역시 그와 유사한 전철을 밟을 가능성이 큽니다. 아이들에게 정말 필요한 교육을 가능하게 해주는 도구로 기능하기보다 그럴싸해 보이는 포장지에 머무를 우려가 있는 것이지요. 교육부의 주정훈 연구원은 이에 대해 "교사의 일을 줄여준다는 것은 교사의 역할을 도구로 대체하는 것이 아니라, 교사가 교육적 책임을 다하도록 돕는 것을 의미해야 한다"라고 강조합니다.

둘째, 신기술이 교실 내에서 빛을 발하기 위해서는 이러한 도구가 어떤 역할을 하는지에 대한 철저한 검토가 필요합니다. 우리 정부를 비롯해 전 세계가 STEM science, technology, engineering, and mathematics 교육에 주목하는 큰 이유는 바로 예측할 수 없는 미래에 필요한 문제 해결력과 사고력을 키워주는 데 있습니다. 그러나 기술의 적절한 활용 방안을 고민하기보다 단순히 빠르고 많은 도입에 초점을 맞춘다면, 결과적으로 기술은 기존에 익숙한 작업을 수행하는 역할에 그칠 것입니다. 예를 들어, 과거 수기로 작성하던 성적표를 워드 작업으로 바꾸거나, 전지에 정리하던 발표 내용을 PPT로 대체하는 작업은 기존의 오프라인 활동을 디지털 체계로 전환한 것에 불과합니다. 현재 교실에서 적용할지 여부가 논의 중인 태블릿 PC의 활용 또한 이와 비슷한 문제를 안고 있습니다. 태블릿 PC는 입력과 동시에 오답을 확인하고 즉각적으로 다음에 출제될 문제의 난도를 조정할 수 있다는 점이 장점으로 부각됩니다.

하지만 이와 같은 기능이 아이들에게 부작용을 초래한다는 지적도 있습니다. 정답률이 즉각 노출되는 기능은 학생들이 자신의 풀이 과정을 깊이 고민하게 만들기보다 오답을 확인한 후에 다시 문제를 풀어 100점을 받아 다음 레벨로 올라가는 데만 몰두하게 한다는 것입니다. 특히 이 과정에서 교사와의 소통이 부재한 경우, 학생이 문제를 틀린 이유가 학습 내용을 제대로 이해하지 못해서인지, 아니면 단순히 집중력이 저하되어서인지 판단하는 과정이 생략되기도 합니다. 결국 이런 기술이 문제 풀이를 편리하게 만들어주는 만큼 아이의 사고력을 키워주는 데도 실질적으로 기여하는지에 대한 정밀한 검토가 필요합니다.

옛말에 "교육은 백년지대계"라는 말이 있습니다. 농사를 짓는 데는 1년의 계획이 필요하고, 나무를 심는 데는 10년의 계획이 필요하며,

사람을 키우는 데는 100년의 큰 계획을 세워야 한다는 의미입니다. 교육은 단순히 빠른 변화나 효율성을 쫓는 것이 아니라 미래를 이끌어갈 아이들을 위한 깊은 고민과 장기적인 안목이 요구됩니다. 따라서 AI 디지털 교과서 같은 새로운 기술을 도입할 때는 학생들의 발달에 적합한 다양한 교육법을 개발하는 노력이 선행되어야 합니다. 또한 학습 과정에서 수집되는 데이터와 관련해 학생들의 인권 보호를 보장하는 체계적인 대책 마련도 필수적인 과제이고요. 우리 아이의 미래를 쥔 교육 정책이 당장의 변화와 빠른 속도에만 치우치지 않고, 멀리 내다보며 신중하고 철저하게 계획되어 실행되기를 진심으로 바라봅니다.

디지털 학습 앱, 득일까 독일까

미국 초등학교에서 교사 생활을 하는 제게도 디지털 학습 앱은 부모가 된 후에야 본격적으로 탐구하게 된 새로운 분야였습니다. 코로나19 이전만 해도 교실에서 학생들이 개별적으로 디지털 기기를 활용하는 일이 드물었고, 주로 디지털 역량을 직접적으로 가르치는 특정 수업 시간에만 사용되었기 때문입니다. 아이가 세 살이 되면서 양질의 미디어 노출을 고민하기 시작할 무렵, 제가 처음 접하게 된 아동용 교육 앱은 앱스토어 내에서 꽤 높은 별점을 받은 유명 학습 게임이었습니다. 리뷰에는 "이 앱 덕분에 아이가 글을 읽기 시작했다"라는 부모들의 찬사가 가득했고, 설명란에는 이 게임이 초기 문해력 쌓기에 도움이 된다는 내용이 적혀 있었습니다. 초기 문해력은 아이가 글을 읽거나 쓸 수 있는 단계에 도달하기 전에 꼭 갖춰야 할 중요한 능력들을 말하는데요. 책이나 거리 표지판에서 익숙한 글자 모양을 가리키기, 운율 맞추기, 음정 세기 등의 언어적 감각을 익히는 것이 대표적입니다. '아니, 이렇게 중요한 역량들을 채워준다니 너무 좋은 앱이잖아?'라는 기대감을 갖고 해당 앱을 실행하자 가장 먼저 귀여운 글자 몬스터 캐릭터들이 눈에 들어왔습니다. 안내에 따라 알파벳을 외곽선 위로 끌어 내려놓자, 화면 속 귀여운 몬스터들이 그 알파벳으로 시작하는 단어를 보여주며 신나는 음악에 맞춰 춤을 추었고, 배경에서는 내레이터의 목소리가 흘러나오며 알파벳의 이름과 소리, 그리고 단어의 뜻을 설명해주었습니다.

이처럼 스마트폰과 태블릿 PC 사용이 보편화되면서 유아와 아동을 위한 앱 시장도 빠르게 성장하고 있습니다. 이 중 대부분은 교육 카테고리의 앱으로 그림 그리기, 음악 연주하기, 숫자 세기, 심지어는 배변 훈련이나 양치 습관 형성까지 다양한 학습을 지원해 주는데요. 이러한 앱들은 단순한 영상 시청보다 교육적 효과가 높다는 인식 때문에 부모들에게도 긍정적인 반응을 얻고 있습니다. 실제로 최근에 이루어진 연구들에서는 기술과 교육적 콘텐츠가 결합해 아이들이 직접 참여할 수 있는 상호작용을 제시할 경우 작업 수행 능력executive functioning skill에 긍정적인 영향을 미친다는 근거가 다수 발견되기도 했습니다.

    작업 수행 능력은 흔히 '교통 관제탑'에 비유되는 능력으로 다양한 정보를 효율적으로 처리하고 조절하도록 돕는 핵심 인지 기능인데요. 이 능력은 집중력 유지, 목표 설정, 문제 해결, 그리고 주의 전환과 분산처럼 실생활에 필요한 기능과 밀접하게 연관되기에 아이의 학습과 사회 적응에 매우 중요한 역할을 합니다. 특히 많은 아이가 미디어에 처음 노출되는 시기인 유아기와 아동기는 작업 수행 능력이 매우 활발하게 발달하는 때인 만큼, 부모가 교육용 앱을 선택할 때도 그것이 아동 발달 단계를 충분히 고려해 설계되었는지 꼼꼼히 따져봐야 합니다. 똑같이 아동 교육 콘텐츠로 분류된 학습 도구라 하더라도, 모든 교육용 앱이 아이들에게 좋은 영향을 주는 것은 아니기 때문인데요. 안타깝게도 시중에 출시된 아동 교육 콘텐츠의 상당수는 검증을 거치지도 않은 채 판매되는 경우가 많습니다. 게임 요소만 강조한 디자인도 쉽게 찾아볼 수 있고요.

    그렇다면 우리 아이에게 도움이 되는 교육용 앱을 어떤 기준으로 골라야 할까요? 아이에게 좋은 학습 앱은 불필요한 시각적·청각적 자극을 최소화하고, 아이의 탐색을 돕도록 설계되었습니다. 또 단순히 정해진 패턴을 반복하는 '닫힌' 활동이 아닌, 자유롭게 선택하고 주도할 수 있는 '열린' 활동이 주가 되는데요. 이는 자연스럽게 아이가 자신의 준비도에 따라 적정 수준의 감각 자극을 취하도록 도와줍니다. 하지만 다수의 유아용 앱은 '아이 주도 학습'이라는 홍보 문구를 사용하지만 실제로는 아이에게 선택권을 거의 주지 않는 구조를 가졌습니다. 예를 들어, 일정 시간 안에 반응하지 않으면 캐릭터가 울거나 토라지는 등의 연출을 통해 아이가 빨리 반응하게 하거나, 디지털 스티커나 장난감을 보상으로 제공해 사용 시간을 늘리는 것은 아동용 앱에서 흔히 볼 수 있는 진행 방식입니다. 아이가 학습 앱을 사용할 때 자율성을 발휘하며 자신만의 속도로 활동에 참여하는지 여부는 중요합니다. 그에 따라 아이가 앱을 사용하며 경험하게 되는 바가 180도 달라지기 때문입니다. 멜로디, 코멘트, 팝업 등의 기능을 사용해 아이들에게 끊임없이 자극을 주고, 즉각적인 반응을 촉구하는 앱은 아이들의 자기 조절력과 집중력을 해치는 주범일 수 있으며, 장기적으로는 내적 동기의 형성을 방해합니다.

최근 진행된 책 읽어주는 앱에 대한 한 연구에서는 학습 경험을 향상시키기 위해 설계된 기능도 오히려 역효과를 낼 수 있다는 사실을 밝혀냈습니다. 전자책에 사전, 발음 안내, 게임, 애니메이션 등 다양한 기능을 추가하는 것 또한 오히려 아이들의 온전한 읽기 경험을 해친다는 사실이 드러난 것인데요. 이 연구 결과는 아동용 교육 앱 내 기능들을 면밀히 검토해야 할 필요성이 있다는 담론에 불을 지폈습니다. 특히 장시간 동안 잦은 화면 전환이 이루어지고 과도한 정보 처리가 요구되는 활동이 지속될 경우, 아이의 작업 수행 능력에 부담을 주어 학습 효과보다 피로감을 유발할 수 있습니다.

그럼에도 불구하고 여전히 많은 아동용 교육 앱은 '이것도 제공한다'는 식으로 다양한 기능을 추가하는 데만 집중해 발달 단계에 맞지 않는 활동들을 제시합니다. 아직 소근육 조절 능력이 충분히 발달하지 않은 아이들에게 작은 버튼을 누르게 하거나 정교한 선을 따라 그리게 하는 활동, 정보 처리 능력이 미숙한 연령의 아이들에게 지나치게 빠른 학습 진도를 제시하는 경우들이 여기에 속합니다. 이처럼 발달 단계에 맞지 않는 아동용 교육 앱은 아이의 학습 동기를 저하시키고 스트레스를 가중할 위험이 큽니다.

다수의 디지털 학습 도구에서 발견한 또 하나의 아쉬움은 바로 상호작용의 부족입니다. 요즘은 AI 튜터나 녹화된 강의 영상을 활용해 공부하는 어린아이들이 점점 많아지는 추세인데요. 이러한 방식의 학습은 아무리 섬세하게 설계되었다 하더라도 아직까지 대면 학습 환경이 제공하는 깊이 있는 상호작용과 정서 교감을 완전히 대체하기는 어려운 수준입니다. 부모나 교사가 곁에서 아이의 관심사와 관련된 질문을 던져주고, 표정을 살피며 반응을 읽어주는 과정은 단순히 학습의 흥미를 높여줄 뿐만 아니라 아이에게 안정감을 주고 학습을 더욱 의미 있게 만들어주는 역할을 합니다. 아이의 경험과 학습 내용을 연결해 주는 것은 초등 시기의 아이들에게 배움의 의미를 느끼게 해주는 중요한 과정이기도 하고요. 이런 점을 감안했을 때, '편안한 상호작용의 부재'라는 숙제가 남은 상태에서 학습의 대부분을 디지털 방식으로 전환하기에는 시기상조가 아닐까 합니다. 기술로 대면 학습을 대체하기보다 오프라인에서 상호작용의 기회를 풍부하게 유지하면서 디지털 도구를 보완적인 수단으로 활용하는 방법이 현재로서는 가장 이상적인 쓰임새로 보입니다.

학습에서의 미디어 활용, 결과보다 과정과 의도가 중요하다

"지난번에 수정이 엄마 이야기를 듣자 하니까, 학군지에서는 벌써 AI로 그림 그리는 특강반이 열린다는데, 우리도 빨리 알아봐야 되는 거 아니야? 어려서부터 이런 걸 배워온 애들이랑, 나중에 가서 써보려는 애들이랑은 확실히 차이가 있을 수밖에 없잖아. 잘은 모르지만, 그리고 싶은 대상을 스크립트로 적기만 하면 AI가 순식간에 그림을 그려주고, 심지어 원하는 분위기까지 고를 수 있게 선택지를 준다더라. 그렇게 만들어진 그림들이 이미 사람이 그리는 수준을 넘어섰다던데?"

AI와 디지털 기술이 교육과 일상에 점점 더 깊숙이 스며들면서, 우리는 이런 도구들이 만들어내는 놀라운 결과물에 매료되곤 합니다. 물론 새로운 기술을 익히는 것은 중요합니다. 도구를 능숙하게 다룰 줄 알면, 이를 활용해 새로운 것을 창조할 수 있고, 빠르게 변화하는 세상에서 자신만의 길을 찾아나가는 데 매우 유용할 테니까요. 이러한 인식 때문인지 우리는 종종 기술을 사용하는 능력이 창의적 사고와 문제해결력의 향상과 직결된다고 생각하는 경향이 있습니다. 그러나 영상 촬영과 편집 기술을 익힌다고 해서 모두가 뛰어난 콘텐츠 제작자가 되지는 않듯, 단순히 도구 사용법을 연마하는 것만으로는 미래에 필요한 역량을 갖추었다고 보기 어렵습니다. 진짜 중요한 것은 디지털 도구를 사용해 만들어낸 '결과'가 아니라 그 도구를 사용하며 겪게 되는 '과정' 속에서 아이들이 배우는 경험입니다.

성장형 마인드

미래 사회를 살아갈 우리 아이에게 꼭 필요한 역량 중 하나는 성장형 마인드growth mindset입니다. 성장형 마인드는 어떤 것을 배우는 과정에서 실패를 자연스러운 단계로 받아들이는 마음가짐인데요. 이는 모든 능력은 노력하는 만큼 성장한다는 믿음을 바탕으로 하기에, 무언가를 성취하는 것을 목표로 삼는 것이 아니라 배움과 발전 그 자체를 목표로 삼는 태도입니다. 그래서 성장형 마인드를 가진 아이들은 어려운 문제에 직면하더라도 쉽게 포기하지 않고 끊임없이 도전하는 강한 힘을 지녔습니다.

　이 원리는 디지털 기술을 활용하는 과정에서도 그대로 적용됩니다. 기술은 빠르게 변화하고 지금은 익숙한 도구도 금세 낯설어지기 마련인데요. 계속해서 새로운 기술에 적응해 나가야 하는 미래 사회에서는 디지털 세상에서도 '익숙지 않은 것'에 대한 두려움을 극복하고 계속해서 배워나가려는 태도, 곧 성장형 마인드가 반드시 필요합니다. 따라서 우리는 아이들이 이러한 가치를 실제로 체득하도록, 스스로 기술을 다뤄보며 시행착오를 겪을 수 있는 공간을 마련해 주어야 합니다. 자신만의 문제 해결 방식을 탐색하고 실수를 통해 배워나가는 경험이 쌓일수록 아이들의 내면에는 도전 정신과 유연성을 기반으로 한 '진짜 미디어 역량'이 자라날 수 있기 때문입니다.

  몇 년 전, 학교에서 자율 프로젝트 시간에 학생들에게 동영상 편집을 가르쳤던 적이 있습니다. 처음 몇 번의 수업 시간 동안, 저는 학생들에게 최대한 자세히 편집 기능을 설명하며, 영상을 만드는 방법을 단계별로 지도했습니다. 마치 종이접기를 가르치듯, 한 단계씩 차근차근 따라 하도록 도와주며 학생들의 작업 속도에 맞춰 수업을 진행해 나갔던 기억이 납니다. 그러나 수업을 마친 후, 학생들의 작업물을 살펴보니 제가 기대했던 것과는 큰 차이가 있었습니다. 학생들에게 원하는 자막을 추가하거나 필터를 활용하는 등 여러 기능을 가르쳤음에도 불구하고, 대부분의 학생이 제가 시연한 내용을 그대로 따라 하는 데 그쳤고 새로운 시도를 하지 않았습니다. 결국 아이들이 만든 영상은 모두 비슷한 형식으로 구성되었고, 이는 '자유롭게 생각을 표현하는 경험을 제공하고 싶다'는 제 교육 목표와는 거리가 멀었습니다.

  이 경험을 통해 저는 다음 수업부터는 교육 방식을 완전히 바꿔야겠다고 결심했습니다. 기능을 설명하는 시간은 최소화하고, 학생들이 직접 편집 도구를 만져가며 실질적으로 응용해 보는 시간을 늘리는 방식을 도입했지요. 그러자 아이들이 처음 만들어낸 영상물은 자막 타이밍이 맞지 않거나 글자 크기가 들쑥날쑥하는 등 어색한 부분이 참 많았습니다. 하지만 중간 점검과 피드백 시간을 통해 아이들은 점차 자신만의 스타일을 발견해 나갔고, 아이들이 최종적으로 완성한 영상들은 각자의 개성이 잘 드러나는 작품으로 진화했습니다. 물론 몇몇 학생들은 중간에 작업물을 저장하지 않아 그때까지 작업한 내용을 모두 날려버리는 실수를 범하기도 했습니다. 하지만 이런 시행착오 역시 프로젝트를 잘 관리하는 것이 얼마나 중요한지를 배우는 귀중한 경험으로 남았습니다.

모든 수업을 마친 후, 아이들은 자신이 만든 영상을 자랑스럽게 감상하며 편집 기술에 대해 강한 자신감을 나타냈습니다. 그보다 더 의미 있는 배움은, 처음에는 막막하고 어려워 보이는 기술도 노력하면 충분히 익힐 수 있으며, 시간을 들여 탐구할수록 더 잘 다루게 된다는 믿음이 아이들에게 생겼다는 점입니다. 앞으로도 혁신적인 기술은 끊임없이 등장할 것입니다. 그런 세상에서 언젠가 우리 아이들은 영상 편집 도구를 접했을 때와 같은 새로운 도전에 직면할 테지요. 하지만 성장형 마인드를 가지고 아이가 새로운 디지털 도구를 활용하며 겪게 될 어려움을 잘 수용하도록 도와주는 부모가 곁에 있다면, 끝내 배우지 못할 것도, 극복하지 못할 것도 없습니다.

메타인지력

지난해 선풍적인 인기를 끌었던 넷플릭스 요리 경연 프로그램 〈흑백요리사〉에서 안성재 셰프는 경연 참가자들에게 끊임없이 요리의 의도를 묻는 모습을 보였습니다. 재료를 선정한 이유부터 조리법, 나아가 음식을 통해 전하고자 했던 메시지까지 그가 던졌던 "왜?"라는 질문은 요리에 대해 더 깊이 고민하도록 참가자를 이끌었습니다. 그 덕분에 시청자들도 맛과 멋 이상의 관점으로 경연 참가자들이 만든 음식을 감상할 수 있었는데요. 이와 마찬가지로 교육에서도 학습자가 자신의 목표와 학습의 의미를 명확히 인식하는 과정은 매우 중요합니다. 단순 암기식 학습을 넘어 자신이 배운 내용이 어디에 쓰이는지, 그리고 그러한 내용을 왜 배워야 하는지 이해할 때, 학습은 더욱 효과적이고 지속 가능한 과정으로 이루어지지기 때문입니다.

2023년 《교육 심리학 리뷰Educational Psychology Review》에 발표된 연구 결과 또한, 학생들이 학습 목표를 스스로 설정하고 그 이유를 명확히 인식하는 것이 학습 동기와 주도성을 키우는 핵심 요소라고 강조한 바 있습니다. 그렇다면 디지털 시대를 살아가는 우리 아이들이 의도를 가지고 기술을 주체적으로 활용하기 위해서는 구체적으로 무엇이 필요할까요?

무엇보다 기술에 대한 이해뿐만 아니라 자기 자신에 대한 이해가 중요합니다. 자신의 강점과 약점을 정확히 알면, 자신에게 필요한 기술을 선택할 줄 아는 안목이 생기고 도구를 더 효과적으로 활용할 수 있기 때문인데요. 특히 오늘날처럼 새로운 기술이 끊임없이 등장하는 시대에는 단순히 '재미있어 보여서' 혹은 '다들 쓰니까'라는 이유로 도구를 사용하는 것이 아니라 자신의 목표를 고려해 그에 걸맞은 도구를 선택하는 능력이 더욱 중요해집니다. 예를 들어, 방대한 정보를 빠르게 정리하기를 어려워하는 학생이라면 AI가 제공하는 요약 기능이 큰 도움이 됩니다. 반면에 새로운 아이디어 발상을 위한 영감이 필요한 학생에게는 요약 기능보다 정보를 체계적으로 정리하고 시각화해 주는 기능이 더 유용할 수 있습니다. 이것은 외국어 공부를 예로 들어도 쉽게 이해가 가능합니다. 여행을 준비하는 사람은 일상 회화를 중점적으로 배우지만, 업무를 위해 영어를 배우는 사람은 해당 분야의 전문용어와 문서 작성 능력을 키워야 합니다. 이처럼 기술을 활용할 때도 우리는 '이 도구가 나에게 필요한 부분을 채워주는가'라는 비판적인 시각을 유지할 필요가 있습니다.

미디어 메타인지력을 길러주기 위해서는 단순히 아이가 도구를 사용할 기회를 주는 것에 머무르지 말고 어떤 도구가 자신에게 더 맞는지 비교해 보거나 시간 대비 얻을 수 있는 혜택을 검토하는 과정도 마련해 줘야 합니다. 발표 능력을 키우고자 하는 아이라면 함께 프레젠테이션 슬라이드 제작해 보기, 교육용 소셜 미디어 활용해 보기, 영상 편집 도구를 활용한 발표 영상 제작하기 등 다양한 방법을 시도해 본 후, 각 도구의 장단점을 평가하는 시간을 갖는 것을 추천합니다. 여러 도구 중에서 어떤 것을 활용했을 때 가장 편리했는지, 전달하고자 하는 내용을 표현하는 데 부족함은 없었는지, 또 제일 만족스러운 결과물을 만드는 데 도움이 되었는지 등을 돌아보도록 이끌어주세요. 이런 시간은 아이가 지원이 필요한 분야와 흥미를 느끼는 요소, 혹은 장기적으로 집중해야 하는 부분을 스스로 발견하도록 도와줍니다.

아직 자기 평가에 익숙하지 않은 아이라면 또래 친구들에게 추천할 만한 디지털 도구를 가이드북 형식으로 정리하는 프로젝트를 진행해보는 것도 좋은 방법입니다. 아이는 이러한 경험을 통해 정보가 넘쳐나는 세상에서 자신에게 필요한 것을 선별하고 실용적으로 활용하는 능력을 갖게 됩니다. 결국 중요한 것은 기술 자체가 아니라, 그 기술을 어떻게 활용할지에 대한 넓은 시야를 갖추는 것이라는 사실을 기억해 주세요.

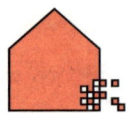

미디어 판단력을 키워라

'카더라 통신'의 파도에 휩쓸리지 않는 아이로 키우려면

"세종대왕의 맥북프로 던짐 사건은 조선왕조실록에 기록된 일화로, 15세기 세종대왕이 새로 개발한 훈민정음(한글)의 초고를 작성하던 중 문서 작성 중단에 대해 담당자에게 분노해 맥북프로와 함께 그를 방으로 던진 사건입니다."

터무니없이 웃음을 자아내는 이 이야기는 AI 언어 모델인 챗GPT가 상용화 초기에 내놓았던 답변입니다. 어이없는 이야기를 너무나 뻔뻔

하게 늘어놓는 이런 모습은 유행성 밈^{Meme}으로 회자되기도 했습니다. 이런 오류에도 불구하고 여전히 많은 사람이 AI를 모든 것을 알고 있는 혁신적인 기술로 여기는 경향이 있습니다. 그렇다면 실상은 어떨까요? 사실 AI는 정답을 알고 찾아주는 것이 아니라 방대한 양의 데이터를 학습하고 그 속의 관계들을 분석해 답을 생성하는 구조를 갖고 있습니다. 따라서 인터넷이나 문서, 책 등 AI가 학습을 위해 수집한 데이터 자체에 반복적인 오류가 있거나 불완전한 정보를 포함하고 있다면 정확한 정보를 제공하지 못합니다. 즉, 챗GPT와 같은 기술을 통해 우리가 얻는 정보들은 대부분 정확하지만, 백 퍼센트 신뢰할 수 있는 내용은 아니라는 뜻이지요.

카이스트 이광현 총장은 챗GPT가 변화하는 정보에 따라 수정되고 발전할 수 있다는 것이 장점이긴 하지만, 동시에 이 점이 가장 경계해야 할 부분이라고 지적했습니다. 예를 들어 "일본은 우리나라보다 인구가 두 배 더 많은데, 일본인 1억 2000만 명이 챗 GPT에 '독도는 일본 땅이다'라고 업데이트할 경우, 챗 GPT가 통계적으로는 이에 상응하는 결과로 정보를 수정하게 되는 것"이라고 말입니다. 이처럼 AI 기술은 단순히 정보를 제공하는 것이 아니라 기존에 어떤 데이터가 축적되었느냐에 따라 사실을 왜곡하기도 합니다. 더 큰 문제는 사실이 아닌 내용도 사실인 양 공표하는 이 취약점이 챗 GPT에만 한정되지 않는다는 것입니다. 기술 발달로 실제와 구분하기 어려울 정도로 조작된 콘텐츠가 늘어나면서 이제 우리는 진실과 가짜가 혼재된 세상에 살게 되었습니다. 따라서 시간이 갈수록 아이들에게도 신뢰할 수 있는 정보를 변별해 내는 미디어 판단력은 필수 역량이 되어가고 있는데요. 이 능력을 키워주기 위해서 부모가 초점을 맞춰 아이에게 제공해 줘야 하는 것은 다른 무엇이 아닌 '경험'입니다.

첫째, 미디어 판단력을 키우기 위해서는 독서를 통해 풍부한 '간접 경험'을 하는 것이 중요합니다. 사람은 새로운 정보를 접했을 때, 이미 자신이 알고 있는 기존 지식을 토대로 판단을 내리는 경향이 있습니다. 그렇기 때문에 양질의 글을 읽으며 다양한 배경지식을 쌓는 것은 새로운 정보의 진위 여부를 판단하는 기준을 확장하는 행위와 마찬가지입니다. 독서를 통해 특정 사건과 사회 흐름에 대한 맥락을 잘 인지하고 있으면, 왜곡된 뉴스나 가짜 정보를 꿰뚫어 보는 데도 유리합니다. 무엇보다 독서는 계속해서 다양한 관점으로 제시되는 생각을 이해하고 평가하는 훈련이다 보니, 문해력이 탄탄해질수록 정보를 비판적으로 해석하는 통찰력 또한 자연스레 함께 성장합니다.

둘째, 세상을 살아가며 몸소 부딪히는 '직접 경험' 기회를 많이 만들어줘야 합니다. 대부분의 아이는 뉴스가 자신과는 상관없는 이야기를 주로 다룬다고 생각합니다. 하지만 만약 그 뉴스가 자신의 성적이나 급식 메뉴, 혹은 좋아하는 가수의 앨범 가격에 직접적인 영향을 미친다는 사실을 알게 된다면 어떨까요? 아마도 아이들은 지금껏 흘려버리던 이야기에 귀를 기울이고, 해당 이슈가 공정한 결론에 도달하는지 주시하게 될 것입니다. 이처럼 현실에서 다양한 경험을 해본 아이는 그만큼 자신과 사회 이슈를 관련지어 생각할 수 있는 연결 고리를 많이 갖게 됩니다. 이는 더 깊이 알고자 하는 동기로 이어지며, 자신의 의견을 형성하고 판단하는 힘이 됩니다. 예를 들어, 매년 지역 축제에 참여하거나 꾸준히 유적지와 박물관을 방문해 온 아이는 언론에서 접하는 역사와 문화에 관한 정보와 실제 현실 사이의 차이를 인식할 수 있습니다. 직접 보고 느낀 경험이 쌓일수록 아이들은 미디어를 무조건적으로 신뢰하는 위험에서 벗어나게 되는 것이지요.

셋째, 미디어 판단력 형성에 중요한 기초가 되는 또 하나의 요소는 바로 정보를 검증하는 '습관을 경험'하는 것입니다. 이를 위해서는 부모부터 뉴스를 접할 때, 그 내용이 맹목적인 비난이나 칭찬을 일삼고 있지는 않은지, 균형 잡힌 취재 결과를 담고 있는지 비판적으로 분석하는 모습을 보여주는 것이 중요합니다. 또한 어떤 기준을 가지고 시청할 미디어 플랫폼을 선택하는지 아이와 함께 이야기하며 의식적인 미디어 소비의 중요성을 모델링하는 것도 효과적인 방법이 되고요. 꼭 거창한 활동을 하지 않더라도 일상 속에서 뉴스 기사나 영상을 접했을 때, 다음과 같은 질문들을 던지며 아이와 대화를 나눠보는 것부터 시작하기를 추천합니다.

- 이 정보는 누가 제공했을까? 신뢰할 만한 출처일까?
- 이 뉴스 채널은 왜 오늘 이 주제를 가장 주요 뉴스로 뽑았을까?
- 다른 매체에서도 이 이야기를 다루고 있을까?

이와 더불어 웹 사이트 주소가 '.gov'이나 '.edu'로 끝나는 공식 기관 사이트와 학술지, 저명한 뉴스 사이트를 함께 둘러보며, 개인 블로그와 SNS, 익명의 크리에이터가 제공하는 콘텐츠와 비교하는 경험을 만들어주는 것도 효과적입니다. 특정 주제에 대해 전문성을 갖춘 사람이 제공하는 정보와 이익 추구나 홍보 목적으로 만들어진 콘텐츠를 구별하는 훈련은 훗날 아이 스스로도 미디어의 신뢰성에 물음표를 던지게 해주기 때문입니다.

마지막으로 미디어 판단력을 길러주기 위해 아이들에게 반드시 가르쳐야 하는 또 다른 핵심 내용은 바로 '세상의 모든 미디어는 편견에서 완전히 자유로울 수 없다'는 사실입니다. 이익을 추구하기 위해 의도적으로 편향된 정보를 제공하는 미디어뿐만 아니라, 그렇지 않은 경우에도 미디어 제작과 유통 과정에서 자연스럽게 제작자의 가치관이 반영되기 때문인데요. 예를 들어, 보편적으로 객관적이라고 여겨지는 뉴스 매체조차도 어떤 기사를 다룰지, 누가 보도할지를 결정하는 과정에서 이미 특정한 판단의 개입이 이루어집니다. '가치 있는 뉴스거리'로 선정된 이후에도 인터뷰 대상이나 강조할 내용을 결정할 때 모두 제작자의 시각에 따라 달라지기도 하고요.

현실적으로 우리가 접하는 모든 정보의 편향성을 분석하기란 어려우며 완전히 중립적인 미디어를 찾는 것은 불가능에 가깝습니다. 미디어의 편향성을 판별하는 과정 또한 이를 해석하는 우리 개개인의 가치관에 영향을 받기 때문에, 나의 가치관과 다른 미디어의 관점은 조작이나 선동으로 보일 수 있습니다. 반대로 자신과 비슷한 성향을 지닌 채널의 편향성은 쉽게 인식조차 하지 못할 가능성이 큽니다.

만약 자녀와 함께 미디어를 시청하며 편향성을 발견했다면, 해당 정보를 송두리째 배제하기보다는 제작자의 편견이 전체적인 메시지에 어떤 영향을 미치는지를 대화 주제로 삼으며 변별력을 키워나가는 데 활용하는 것을 추천합니다. 더 나아가서 제작 의도에 대한 나의 판단조차도 내 가치관에 영향을 받은 것은 아닌지 점검해 보는 시간을 만들어볼 수 있고요. 결국 미디어 판단력의 가장 중요한 핵심은 완벽하게 객관적인 정보를 찾는 능력만이 아니라, 나조차도 편견을 가지고 있음을 자각하고 정보의 사실 여부에 대해 끊임없이 질문하고 탐구하는 태도입니다.

프레임 속에서 자기중심을
잡을 줄 아는 아이로 키우려면

1998년에 개봉한 영화 〈트루먼 쇼〉에서 짐 캐리는 평범한 삶을 살아왔다고 믿는 인물인 트루먼 버뱅크를 연기했습니다. 극 중에서 트루먼은 서른 살이 되기 몇 주 전, 자신의 일생이 거대한 세트장에서 촬영되어 전 세계로 생중계되는 쇼에 불과했다는 사실을 알아차립니다. 이

프로그램의 제작자인 크리스토프는 트루먼이 자신의 삶이 허구였음을 알고 분노하자, 담담한 표정으로 이런 말을 남깁니다. "우리는 누구나 보여지는 세상이 진실이라고 믿고 살아가기 마련이지."

물론 우리가 사는 현실이 〈트루먼 쇼〉처럼 감시 카메라와 큐 사인으로 통제되지는 않습니다. 하지만 요즘 사람들의 일상을 들여다보면, 상당한 시간 동안 누군가가 연출하고 편집한 콘텐츠에 지속적으로 노출된다는 점에서 미디어 영향으로부터 완전히 자유롭지는 않다는 사실을 깨닫게 됩니다. 실제로 우리가 접하는 미디어에는 제작자의 무의식에서 비롯한 편향뿐만 아니라 소비자에게 특정 감정이나 생각을 불러일으키기 위해 의도적으로 들어간 장치가 많습니다. 인간의 뇌와 기억은 정보가 어떻게 구성되었는지에 크게 영향을 받기 때문에 미디어 제작자들은 원하는 메시지를 효과적으로 전달하기 위해 프레이밍 효과 framing effect를 활용합니다.

미국의 행동경제학자 대니얼 카너먼과 아모스 트버스키는 사람들이 손실을 이익보다 더 크게 인식한다는 점에 착안해 1980년대에 처음으로 프레이밍 효과를 소개했습니다. 이 개념은 경제학과 심리학, 금융과 마케팅 등 다양한 분야에서 널리 활용되고 있습니다. 이를테면 투자를 고민하는 사람에게는 '30퍼센트의 손실 확률'이라는 표현보다 '70퍼센트의 이익 확률'이라 설명하는 것이 더욱 긍정적인 인식을 불러일으키고, '지방 25퍼센트'보다는 '살코기 75퍼센트'라는 표기가 소비자에게 더 건강한 식재료를 구매하고 있다는 착각을 불러일으킨다는 것입니다. 우리 아이들이 어릴 때부터 노출되는 영상, 포스터, 장난감 광고도 예외는 아닙니다. 예를 들어, '기간 한정' 혹은 '물량 한정'이라는 문구를 사용해 소비자가 구매를 미루면 손해를 볼 것 같은 불안감을 조성하거나 특정한 뉘앙스를 담은 키워드, 강조되거나 생략된 디테일, 의도적으로 편집된 이미지를 활용하는 방식은 모두 소비자의 감정에 호소하는 미디어 개입입니다.

물론 과거부터 미디어의 영향력은 매우 강력했습니다. 히틀러는 라디오를 이용해 민족주의 메시지를 확산했고, 루스벨트 대통령은 한국에서는 '노변정담'으로 알려진, '난롯가에서 나누는 정다운 이야기$^{fireside\ chat}$'를 하는 것처럼 라디오 방송을 진행해 부드러운 이미지를 만들어 국민의 신뢰를 쌓았습니다. 라디오 청취율이 많이 줄어든 오늘날에도 목소리 톤, 볼륨, 속도와 같은 청각적 자극은 여전히 소비자의 감정에 큰 영향을 미칩니다. 최근에는 여기에 폰트, 색상, 숏 구성과 같은 다양한 요소가 더해지면서 제작자와 마케터가 자신들의 의도를 극대화하는 것이 더 쉬워졌습니다. 반면에 이러한 설계는 갈수록 정교해져서 소비자, 특히 어린아이들은 숨은 의도를 파악하기가 점점 더 어려워지는 문제가 생겨나고 있습니다.

《도둑맞은 집중력》의 저자 요한 하리는 실제로 이미 수많은 기업이 대중의 참여를 극대화하기 위해 심리학적 전략을 사용하고 있다고 밝히며, 갈수록 이를 꿰뚫어 보는 통찰력이 필요하다고 강조합니다. 그렇다면 이렇게 치밀하게 설계된 미디어 환경 속에서도 우리 아이들이 중심을 잃지 않도록 하려면, 부모는 어떤 교육을 해야 할까요?

　미디어를 보면서 느끼는 감정이 정말 '내 감정'인지, 아니면 교묘하게 설계된 제작 의도에 따라 유도된 감정인지를 파악하려면, 먼저 미디어 속에 숨어 있는 감정 자극 요소들을 이해하는 연습이 필요합니다. 이를 위해 가장 좋은 시작은 미디어를 단순히 소비하며 보는 것이 아니라, 그 속에 담긴 의도를 함께 분석하며 보는 경험을 만들어주는 것인데요. 자녀와 TV나 영화를 함께 보면서 "이 장면은 왜 이렇게 찍었을까?", "왜 지금 이 음악이 들어갔을까?"와 같은 질문을 던지면 좋습니다. 와이드 숏은 공간과 분위기를, 클로즈업 숏은 인물의 감정을 강조하는 등 장면마다 사용된 특정한 화면 구성이 감정을 유도하기 위한 의도적 선택임을 짚어주는 것만으로도 아이가 미디어를 더 의식적으로 바라보는 시각을 가질 수 있기 때문입니다.

　더 나아가 시각적 메시지를 읽는 능력을 길러주는 것도 중요합니다. 영화 포스터나 책 표지를 함께 보며 인물의 크기와 위치, 폰트의 스타일과 크기, 배경 색상 등을 분석해 보세요. 이와 같은 시각적 요소 하나하나가 보는 이에게 특정한 인상을 주기 위해 설계되었다는 사실을 알게 되면, 아이는 단순히 '느끼는 것'에서 한 걸음 더 나아가, '왜 그런 감정을 느꼈는지'를 스스로 되짚어보게 됩니다. 이런 과정을 반복하면서 아이는 점차 자신이 느낀 감정이 외부 자극으로 만들어진 것인지, 아니면 자신의 내면에서 자연스럽게 나온 것인지 스스로 구별하는 힘, 즉 감정의 변별력을 쌓아갈 수 있습니다.

이러한 분석적 시각을 갖춘 뒤에는, 아이가 직접 광고 마케터 역할을 해보는 활동으로 확장하는 것도 효과적인 지도 방법입니다. 분석한 미디어와 비슷한 콘텐츠를 제작해 보거나, 가족을 대상으로 '이 광고가 왜 효과적인지' 발표해 보는 활동은 아이가 미디어의 설계 구조와 영향력을 더 깊이 이해하는 데 도움이 됩니다. 광고를 사실 기반의 기사 형식으로 바꿔보거나 그와 반대로 기사를 광고처럼 제작해 보는 연계 활동은 같은 정보라도 전달 목적에 따라 어떻게 다르게 구성되는지를 체험하는 기회가 되고요. 결국 미디어가 전달하는 메시지를 그대로 받아들일지, 아니면 구조와 의도를 분석하고 비판적으로 활용할지는 숨은 메시지를 읽어내는 힘, 즉 미디어 문해력에 달렸습니다.

알고리즘을 넘어서
주체적으로 활용하는 아이로 키우려면

모처럼 휴일, 아이를 등원시키고 설거지를 끝마친 현재 엄마는 소파에 앉아 핸드폰을 켰습니다. '따뜻한 커피 한잔하면서 딱 15분만 봐야지' 하는 생각도 잠시, 문득 시계를 올려다보니 눈 깜짝할 사이에 훌쩍 30분이 흘러 있었습니다. '참 재밌는 게 많네. 아쉬우니까 30분만 더 보는 거야.' 그렇게 정신없이 쇼츠를 보다가 정오가 넘어서야 현재 엄마는 핸드폰을 내려놓았고, 어영부영 흘러보낸 금쪽같은 시간이 너무 아쉬워졌습니다.

유튜브 알고리즘이 추천해 주는 쇼츠 영상을 넋 놓고 보다 보니 어느새 한두 시간이 흘러가 있던 경험은 현재 엄마뿐만 아니라 요즘 많은 사람이 겪는 현상입니다. 과거에는 사용자들이 스스로 관심 있는 콘텐츠를 찾아 시청하는 방식이 일반적이었지만, 무한 반복 재생 기능과 추천 알고리즘이 강화되면서 오늘날에는 특별한 흥미가 없어도 플랫폼이 제공하는 영상을 계속해서 소비하는 경우가 늘어나고 있습니다. 특히 60초 이내에 짧고 강렬한 정보를 전달하는 숏폼short-form 콘텐츠는 어린 연령층일수록 더 많이 시청하고 있어 청소년과 미성년 자녀를 둔 부모들의 큰 걱정거리인데요. 이러한 콘텐츠에 지나치게 몰입하는 현상은 단순히 시간을 낭비하거나 집중력을 떨어뜨리는 문제를 넘어, 더 큰 사회적 부작용을 초래하기 때문에 아이들이 알고리즘을 넘어설 수 있게 돕는 지도가 꼭 필요합니다.

우선 우리는 요즘 아이들이 많이 의존하는 유튜브와 틱톡, 인스타그램과 같은 플랫폼의 본질을 이해해야 합니다. 이러한 플랫폼들은 정보 접근성을 높였다는 이유로 '디지털 도서관'처럼 신뢰를 받기도 하지만, 사실 이러한 플랫폼을 운영하는 주체는 수익 창출을 목표로 하는 사기업입니다. 이 플랫폼들이 처음부터 객관적이고 정확한 정보를 전달하는 데 초점을 맞춘 구조로 설계되지 않았다는 점에 주목해야 합니다.

유튜브의 공동 창립자인 스티브 첸Steve Chen은 초기에 유튜브를 이상형을 소개해 주는 데이팅 플랫폼으로 기획했다고 밝힌 바 있습니다. 하지만 이후 사용자들이 짧은 분량의 홈 비디오와 재미있는 영상을 공유하는 방향으로 이용 패턴이 바뀌면서 유튜브는 어찌 보면 우연히, 월간 38억 명이 이용하는 세계적인 플랫폼이 된 것입니다. 물론 유튜브도 2018년부터는 그 영향력을 인지한 듯, 가짜 뉴스 필터링과 콘텐츠 품질 개선에 힘쓰고 있긴 합니다. 하지만 미국에서 정권이 바뀔 때마다 언론의 자유 침해 논란과 더불어 해당 기능이 강화되거나 폐지되는 등 아직은 불안정한 흐름을 보이고 있습니다.

이에 대해 유튜브를 옹호하는 사람들은 대중에게도 충분히 변별력이 있기 때문에, 신뢰할 수 없는 콘텐츠는 자연스럽게 걸러질 것이라고 주장합니다. 하지만 현실에서는 검색을 통해 의도치 않게 허위 정보와 조작된 콘텐츠에 노출될 가능성이 여전히 큽니다. 특히 전문가들은 데이터 공백data void을 악용하는 미디어 조작자가 많다는 점을 강조하는데요. 이는 사용자가 생소하거나 덜 알려진 단어를 검색할 경우, 플랫폼이 '검색 결과 없음'이라는 안내 대신, 검증되지 않은 유사 콘텐츠를 자동 추천하는 특성을 노린 전략입니다.

이런 조작자들은 주로 사건이 일어난 초기, 즉 아직 신뢰할 수 있는 정보가 충분히 만들어지지 않은 시점에 의도적으로 정보를 왜곡하거나 새로운 용어를 만들어 논점을 흐리는 방식으로 콘텐츠를 유포합니다. 이렇게 만들어진 허위 정보는 '팩트 체크'도 쉽지 않아서, 미디어 변별력이 약한 아이들의 신뢰를 얻기 쉽습니다. 이를 방지하기 위해서라도 부모는 자녀에게 유튜브는 궁금한 분야에 대한 정보를 찾는 출발점일 뿐, 그 자체가 지식을 형성하는 종착지가 되어서는 안 된다는 점을 분명히 가르쳐야 합니다.

또 유튜브와 같은 플랫폼에 대해 부모가 꼭 인지하고 아이에게 교육해야 할 중요한 요소는 바로 알고리즘입니다. 유튜브에는 매분 약 500시간 분량의 영상이 새로 업로드됩니다. 이처럼 방대한 콘텐츠를 각 사용자에게 맞춤형으로 제공하기 위해 유튜브는 알고리즘에 의존합니다. 문제는 이 알고리즘이 사용자 반응에 따라 강화된다는 점입니다. 예를 들어, 특정 콘텐츠를 장시간 시청하거나 '좋아요', '구독' 등의 반응을 보일수록 그와 유사한 영상이 더 많이 추천되는 형식입니다. 자칫하면 사용자에게 비슷한 관점의 콘텐츠만 반복적으로 노출해 점차 다양한 시각으로 세상을 바라보는 것을 어렵게 만들 수 있는 구조인 것이지요. 특히 우려되는 지점은 아이들이 자신과 다른 의견을 접할 기회가 줄어들어 비판적 사고력을 기르는 기반도 약하게 만든다는 것입니다.

실제로 이러한 알고리즘의 영향력을 체감하게 해주는 흥미로운 사례가 있습니다. 바로 미국에 거주하는 한 아이의 '알고리즘 실험'인데요. 이 아이는 친구들과 정치 이야기를 나누던 중, 자신이 평소 접하던 온라인 콘텐츠와는 전혀 다른 시각이 존재한다는 사실을 깨닫고 나서 알고리즘의 작동 원리에 호기심을 갖게 되었습니다. 아이는 실험을 위해 기존 계정과는 다른 정보를 입력한 새 프로필을 만들고 자신의 관심사와는 거리가 있는 키워드들을 의도적으로 검색했습니다. 그렇게 몇 달이 흐른 뒤, 언젠가부터 두 계정에 똑같은 단어를 입력하더라도 추천되는 영상이 다르다는 사실을 발견해 냅니다. 물론 이렇게 부계정을 만들어 실험을 하는 것이 모든 아이에게 적절한 활동이라고 보긴 어렵습니다. 하지만 부모의 지도 아래에 이를 재연해 보며 "나는 왜 이런 내용을 보게 되었는가?" 질문하는 기회를 갖는다면, 미디어 경각심을 높이는 좋은 계기가 되리라고 생각합니다.

PART 4

온라인에서 건강하게 관계를 쌓기 위한 필수 3가지

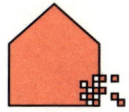

의미 있는 연결을 만드는 온라인 에티켓

악성 댓글의 일반화를 벗어나길 바라

"야, 김리안! 너 이 사진 신발 자랑하려고 올린 거지?"
"야, 신발만 이쁘면 뭐해. 다른 게 다 별론데…. 김리안 사진 속 저 슬라임도 제일 싼 기본형이잖아. 저길 갔으면 별 모양 반짝이도 넣어서 만들어야지. 센스하고는!"

리안이 엄마는 아이가 인스타그램에 올린 사진 아래에 달린 댓글을 보고 가슴이 철렁 내려앉았습니다. 얼마 전 생일 선물로 받은 새 신발을 신고, 오랫동안 가고 싶어 했던 슬라임 카페에 드디어 간다며 들떠하던

아이의 모습이 떠오르자, 울컥하며 눈물이 밀려오는 듯했습니다.

　안타깝게도 온라인에서 가시 돋친 댓글을 받아본 경험은 리안이만의 일이 아닙니다. 경찰청이 발표한 자료에 따르면, 2023년 한 해에만 사이버 명예훼손 및 모욕 범죄 건수가 약 3만 건에 달했고, 또 다른 설문 조사에서는 만 20~69세 인터넷 사용자 중 무려 46.5퍼센트가 직간접적으로 악성 댓글 피해를 경험한 것으로 나타났습니다. 사실 처음 인터넷이 보급되었을 때만 해도, 악플의 대상은 주로 정치인과 연예인 같은 공인에 국한되었습니다. 그래서 익명에 기대어 현실에서는 하지 못할 말들을 너무 쉽게 퍼붓는 '키보드 워리어' 문제가 심각해지자, 2020년부터는 일부 뉴스 사이트들이 연예 기사에 댓글을 제한하거나 이모티콘으로만 반응할 수 있도록 하는 등 중재하기도 했는데요. 하지만 이런 규제는 포털 뉴스 댓글 창에 집중되었던 악플러들의 활동을 유튜브, 트위치와 같은 개인 플랫폼과 소셜 미디어로 옮겨가게 만들었을 뿐, 악플 문화를 근절하지는 못했습니다. 오히려 일각에서는 이러한 댓글 제한이 더 직접적으로 당사자에게 악플러들이 접근하도록 만들면서 심리적 피해를 더욱 키웠다고 우려합니다.

　악성 댓글이 만연하는 상황을 우려하는 가장 큰 이유는 바로 10대 청소년들이 갈수록 악플에 무감각해지고 그 대상 또한 확장되고 있다는 점입니다. 한국지능정보사회진흥원이 실시한 한 설문 조사에 따르면, 언어폭력을 포함한 사이버 폭력에 가담한 적이 있다고 답한 학생은 무려 20.6퍼센트에 달했는데요. 이는 성인의 응답률보다 여섯 배 이상 높은 수치로, 악플에 대한 세대 간 인식 차이를 명확히 보여줍니다. 특히 더 충격적인 사실은 아이들이 악성 댓글을 다는 이유로 "장난"과 "보복", 혹은 "다른 사람들도 많이 하니까"라고 답했다는 점입니다.

이처럼 타인에게 상처를 주는 언행을 대수롭지 않게 생각하는 집단 인식은 단순히 법적 처벌을 강화하고 댓글을 관리하는 시스템을 도입한다고 해서 쉽게 해결되는 부분이 아닙니다. 특히 익명 뒤로 숨는 것이 가능한 온라인 특성상, 악플러들은 처벌이 강화될수록 더욱 은밀하고 교묘한 방식으로 활동을 지속할 가능성이 큽니다. 보다 근본적인 변화를 만들고자 한다면 우리는 먼저 아이들이 '악성 댓글도 하나의 흉기가 될 수 있다'는 사실을 깨닫게 돕고, 건강한 온라인 문화를 만드는 예방 교육에 초점을 맞춰야 합니다.

사람들이 악성 댓글을 남기는 이유는 다양합니다. 어떤 사람은 관심을 끌기 위해 자극적인 표현을 씁니다. 또 어떤 사람은 내면의 위축감을 감추기 위해 과장된 언행을 보이기도 하고요. 이처럼 악플의 이면에는 다양한 심리적 요인이 자리하고 있습니다. 실제로 악성 댓글은 감정 조절이 어려운 상태에서 가장 많이 만들어집니다. 감정에 휩쓸려 작성된 글에는 타인에게 미칠 영향을 충분히 고려하지 못한, 날것 그대로의 표현이 담겨 있는 경우가 많기 때문인데요. 아이가 악성 댓글을 습관적으로 남긴다면, 단순히 혼내는 훈육에서 끝낼 것이 아니라 자신의 감정을 다스리는 방법을 배우고 실천하도록 부모의 적극적인 중재와 지도가 필요합니다. 예를 들어, 감정이 격해졌을 때는 즉시 반응하기보다 잠시 화면에서 벗어나 마음을 진정시키는 연습을 하도록 도와주는 것이지요. 그림 그리기, 일기 쓰기 등 댓글 이외의 방식으로 감정을 표현하는 방법을 제시하는 것도 좋습니다. 이처럼 대안을 제시해 주는 접근은 단순한 규제나 처벌을 넘어 아이가 마음을 건강하게 다루는 힘을 기르는 데 실질적인 도움이 됩니다.

또 한 가지 기억해야 할 점은 좋은 댓글이 무엇인지를 교육하는 것입니다. 아이들에게 온라인 소통의 책임감을 가르칠 때, 우리는 종종 '나쁜 댓글을 남기면 처벌을 받는다'와 같이 부정적인 측면에 초점을 맞추는 경향이 있습니다. 하지만 우리 아이들이 살아가는 세상에서 온라인 소통은 핵심 교류 수단인 만큼 댓글을 남기는 행위 자체를 두려운 행동으로 인식하게 하는 교육은 지양해야 합니다.

진정으로 건강한 온라인 문화를 만들어나가기 위해서는 오프라인에서 아이들에게 건강한 토론 방법을 지도하듯, 디지털 환경에서도 올바르게 소통하는 방법을 코칭하는 과정이 필요합니다. 서로를 존중하는 태도를 유지하면서 의사소통 효율성을 높이는 좋은 댓글의 기본 특성을 가르치는 것을 시작으로, 자신의 댓글이 효과적인 소통인지 점검하는 연습을 해보는 것은 좋은 방법입니다. 이와 더불어 온라인에서 발견한 다양한 댓글을 '효과적인 소통'과 '비효과적인 소통'으로 나누는 활동, 악성 댓글을 긍정적인 표현으로 바꾸는 활동 등을 해나가면, 아이들은 어떤 방식이 더 건강한 논의를 이끄는지 고민하며 온라인 소

효과적인 온라인 토론의 특징	비효과적인 온라인 토론의 특징
댓글을 달기 전에 원본 게시물을 읽고 이해합니다.	원문 혹은 그에 달린 댓글을 확인하기도 전에 토론에 참여합니다.
다른 사람들이 쉽게 이해하도록 신중하게 메시지를 작성합니다.	다수의 오타나 불완전한 문장이 포함된 글을 게시합니다.
커뮤니티 약관에 어긋나지 않는 언어 스타일을 사용합니다.	친한 친구 사이에서나 쓸 법한 유행어나 비속어가 담긴 댓글을 답니다.
서로 다른 의견을 어필할 때는 원본 게시물이나 다른 사람의 댓글에서 구체적인 부분을 다시 언급하며 추가 설명을 합니다.	원문의 주제에서 벗어난 내용에 대해 댓글을 답니다.
자신의 의견을 뒷받침하는 증거를 제시하되 다른 사람들의 경험과 의견은 존중합니다.	자신의 의견에 동의하지 않는 사용자가 있으면 모욕하거나 공격합니다.
새로운 것을 배우거나 이해하려는 의도를 가지고 토론에 참가합니다.	새로운 것을 배우거나 이해하려는 의지보다는 논쟁을 벌이거나 반박하는 것을 목적으로 토론에 참가합니다.

통의 책임감을 쌓아갈 수 있습니다.

　이처럼 건강한 토론은 언어적 기술뿐만 아니라, 다양한 관점을 수용하고 타인을 존중하는 태도를 기반으로 이루어집니다. 아이들이 올바른 토론과 건강한 소통에 참여하기를 원한다면, 평소 부모가 상호 존중이 깃든 소통 문화를 실천하며 이러한 언행을 모델링하는 것이 중요합니다. "부모는 아이의 거울이다"라는 말처럼, 부모가 무심코 사용하는 비난조의 언어나 장난삼아 상대를 무시하는 말투는 모두 아이에게 부정적인 소통의 예시가 된다는 점을 기억해 주세요. 우리의 일상 속에 건강한 대화와 배려가 자연스럽게 흐를수록, 아이의 표현도 더욱 다정해집니다.

마녀사냥과 캔슬 컬처에 휩쓸리지 않기를 바라

만약 오늘 내 아이를 디지털 세상에 내보내야 한다면, 어떤 걱정이 제일 앞서나요? 수많은 위험 요소 중에서 제가 가장 우려하는 것은 바로 캔슬 컬처cancel culture입니다. 이는 잘못을 저지른 사람은 대중적으로 비난받아야 마땅하다는 인식에서 비롯한 문화로 한국 인터넷 커뮤니티에서 흔히 사용되는 은어인 '나락'과 '손절'과 유사한 개념인데요. 사실 캔슬 컬처는 인종과 종교가 다른 사람이나 성소수자 등을 차별하거나 혐오하는 공인을 지적하고, 이에 대한 반발감을 표현하고자 하는 움직임에서 나왔습니다. 누군가의 잘못을 공적으로 드러내고 거기에 대한 집단적인 반대를 표명함으로써 사회적 경각심을 높일 수 있다는 믿음이 그 배경에 자리하는 것이지요.

 캔슬 컬처를 지지하는 사람들은 요즘처럼 대중의 관심이 경제적 보상으로 이어지는 시대에는 논란을 일으킨 사람이라면 그에 대한 대가를 치러야 마땅하다고 주장합니다. 그러나 아무리 정의로운 의도로 시작된 사회 움직임이라고 해도, 이에 대해 다양한 해석을 가진 사람이 참여하게 되면 예상치 못한 문제가 발생하기도 합니다. 캔슬 컬처 또한 예외는 아닙니다. 특히 정보가 빠르게 확산되고 감정적인 요소가 부각되는 온라인 환경 특성상, 캔슬 컬처는 종종 "한 사람 인생을 끝장내자"라는 메시지로 변질되거나, 논란과 무관한 사람들에게까지 피해를 입히기도 합니다.

 심지어는 법적으로 문제될 행동을 한 것도 아니고, 도덕적으로 심각한 잘못을 저지르지 않았음에도 단순히 대중의 기준에 미치지 못해 비난을 받는 경우도 있습니다. 최근 일어난 아이돌 그룹 블랙핑크의 멤버 제니의 흡연 논란은 캔슬 컬처가 어떻게 남용되는지를 보여주는 대표적 사례인데요. 제니가 해외 스케줄 중 실내 흡연이 허용된 나라에서 전자담배를 피웠음에도 불구하고, 그녀는 실내 흡연이 금지된 문화에 익숙한 한국 네티즌의 강한 비난을 피할 수 없었습니다. 문제는 이 비난이 단순히 문화적 차이나 예의의 문제를 넘어 "여자답지 못하다", "아이돌로서 부적절한 행동이다"와 같은 편향적인 잣대로까지 번졌다는 점입니다. 그녀의 커리어나 인성뿐만 아니라, 가정교육까지 거론되며 논란은 한없이 본래 논제와 무관한 방향으로 흘러갔지요.

"논란을 일으킨 사람은 대중에게 뭇매를 맞아도 싸다."
"응. 넌 바로 나락행!"

이제 이런 현상은 비단 유명인들만의 이야기가 아닙니다. 친구들끼리 카카오톡으로 나눈 대화가 스크린 캡처 숏을 통해 인터넷에 퍼지며 수백 명으로부터 저격을 당하는 경우부터 '대나무숲'이나 '대신 전해 드립니다'와 같은 익명 커뮤니티를 통해 생성된 루머의 피해자가 되는 사례까지, 캔슬 컬처는 우리 아이들에게도 언제든 일어날 수 있는 일이 되었습니다.

사소한 잘못에도 다수가 몰려가 비판하는 사회 분위기는 개인뿐만 아니라 사회 전체에도 깊은 상처를 남깁니다. '괜히 의견을 냈다가 나까지 매장당하지는 않을까?' 하는 두려움이 커지면서, 다양한 주제에 대해 열린 마음으로 논의하고 발전적인 해결책을 찾는 일이 점점 더 어려워지기 때문입니다. 비판과 비난이 난무하는 환경에서는 여유를 가지고 서로 다른 의견을 존중하기보다 나 또한 누군가를 잘못 된 사람으로 규정하고 배척하는 선택을 하기가 쉽습니다. 전 미국 대통령 버락 오바마는 이에 대해 "훌륭한 사람들도 단점이 있고 당신이 공격하려는 사람도 누군가의 사랑받는 가족일 수 있다"라고 조언합니다. 캔슬 컬처에 휩쓸려 누군가를 신랄하게 비난하기 전에, 모든 사람은 다양한 면을 지녔다는 사실을 기억하는 것이 중요하다는 의미입니다. 내게 부정적으로 보이는 사람도 다른 누군가에게는 따뜻한 존재일 수도 있으며, 하나의 의견 차이가 반드시 적대적인 관계로 이어질 필요는 없습니다. 아이들이 경솔하게 타인을 비난하지 않도록 지도하고, 비판적인 사고력뿐만 아니라 포용하는 태도 또한 함께 길러줘야 합니다.

진정한 선한 영향력을 이해하길 바라

물론 온라인 세계가 악성 댓글과 캔슬 컬처와 같은 위험으로만 가득 차 있는 것은 아닙니다. 인터넷이 가진 즉각적인 확산성과 광범위한 접근성은 건설적이고 긍정적인 변화를 이끌어내는 데도 큰 역할을 합니다. 예를 들어, 지난 코로나19 기간 동안 온라인 세상에서는 다양한 형식의 선한 영향력이 빛을 발했습니다. 사람들을 소셜 미디어를 통해 마스크나 백신과 관련된 정보를 자발적으로 공유하며 서로를 도왔고, 온라인 커뮤니티 내에서 이루어진 협력은 새로운 방역 권고 사항을 빠르게 확산시키는 데 중요한 역할을 했습니다. 공인들은 소외 계층을 위한 지원금과 의료품을 전달하는 열린 기부 캠페인에 동참해 선한 영향력을 실천하기도 했고요.

인터넷이 공동체 협력을 이끌어내며 의미 있는 변화를 가져온 또 다른 대표적 사례로는 미국의 기부 및 자선 크라우드 펀딩 플랫폼인 고펀드미GoFundMe를 들 수 있습니다.

　이 플랫폼은 도움이 필요한 사람들이 지원을 요청하면, 기부자가 직접 도움을 주는 투명한 기부 문화를 창조해 수많은 사람에게 더 나은 삶의 기회를 만들어준 것으로 잘 알려졌습니다. 2017년 허리케인 하비와 2025년 캘리포니아 산불 같은 대형 재난 상황에서는 언어나 문화, 지리적 경계를 초월해 세계적인 지원이 쏟아지면서 글로벌 연대의 장이 되기도 했습니다.

　크라우드 펀딩 사이트라는 점에서는 비슷하지만, 그 목적은 조금 다른 와디즈Wadiz와 킥스타터Kickstarter 역시 인터넷 세상에서 이루어지는 선순환을 보여주는 흥미로운 사례입니다. 이 사이트들은 새로운 창업 아이템을 가졌으나 자본은 부족한 사람들이 대중의 관심과 지지를 바탕으로 창업에 도전하도록 돕는 구조를 갖추고 있는데요. 이러한 독특한 시스템은 제품이나 서비스가 완성되는 과정에서 창작자와 후원자가 소통하며 피드백을 주고받는 협력의 장을 형성합니다.

　이처럼 창의적인 아이디어를 실현하고, 타인을 돕고, 또 공동체와 연결해 주는 플랫폼들을 사용하면서 아이들은 온라인을 콘텐츠를 소비하는 공간, 그 이상으로 바라보는 경험을 하게 됩니다. 와디즈나 킥스타터와 같은 플랫폼을 통해 작은 아이디어가 수많은 사람의 관심과 지지를 받아 현실화되는 과정을 지켜보고, 고펀드미와 같은 플랫폼에서 각기 다른 배경을 가진 사람들이 서로의 어려움에 공감하며 도움의 손길을 내미는 모습을 아이가 직접 목격할 수 있도록 안내해 보세요.

부모의 지도 아래에 이와 같은 디지털 플랫폼이 지닌 선한 영향력을 체험한 아이는 자신도 변화의 일부가 될 수 있다는 자신감을 쌓게 됩니다. 또한 단순히 기술을 활용하는 능력을 배우는 것을 넘어, 디지털 시민의식의 밑거름이 되는 도전 정신과 문제 해결력, 그리고 능동적인 태도를 키울 수 있습니다.

해시태그, 그 너머의 실천을 위해

"제대로 된 해시태그 하나면, 열 마케팅 안 부럽다"라는 말이 있습니다. 해시태그$^{hashtag, \#}$는 특정 단어를 키워드화하는 방식으로 처음에는 게시물을 분류하고 쉽게 찾기 위해 도입되었습니다. 이제는 단순한 재미를 위한 챌린지부터 제품 홍보를 위한 광고성 챌린지, 환경보호와 사회 이슈를 다루는 공익성 챌린지까지 다양한 이벤트를 홍보하는 핵심 수단으로 자리 잡았지요. 특히 소셜 미디어를 주된 소통의 창구로 활용하는 우리 자녀 세대는 갈수록 더 다양한 챌린지에 참여하고, 해시태그나 특정 키워드를 통해 메시지를 전파하는 모습을 보입니다. 하지만 해시태그의 영향력이 커질수록 자칫 그 본질이 흐려지는 경우도 있어 이에 대한 세심한 주의가 필요합니다.

대표적인 예로는 2014년에 큰 열풍이 불었던 '아이스버킷 챌린지 캠페인'이 있습니다. 이 캠페인은 루게릭 병을 앓는 환자에 대한 관심을 높이기 위해 만들어졌는데, 머리에 얼음물을 쏟아붓는 영상을 촬영한 후 다음 참가자 세 명을 지목하는 구조로 이루어졌습니다. 초반에 이 캠페인은 소셜 미디어의 강력한 파급력을 잘 활용한 성공 사례로 높게 평가되었습니다. 그러나 참여자가 늘어나면서 자신이 지목받은 횟수를 자랑하거나 자극적인 연출로 주목을 받으려는 사람들이 생겨났고, 결국 안타깝게도 본래 취지가 조금씩 흐려졌습니다. 그뿐만 아니라 '겉핥기식' 참여에 대한 비판도 뒤따랐습니다. 아이스버킷 챌린지 캠페인의 본래 목적은 루게릭 병에 대한 인식을 높임과 동시에 기부를 장려하는 것이었지만, 영상을 공유한 대다수 사람이 재정적 지원에는 참여하지 않았기 때문입니다. 물론 해시태그를 게시하는 것은 대중의 인식을 높이는 긍정적인 출발점이 될 수 있습니다.

하지만 그것만으로 실질적인 변화를 만들기에는 부족한 경우가 참 많습니다. 대부분의 사회 문제는 청원이나 후원, 혹은 지역 옹호 단체에 가입하는 것과 같이 현실적인 지원이 필요하고, 그 문제를 이해하기 위한 긴 시간과 노력도 함께 뒷받침되어야 하기 때문인데요. 이런 본질을 놓치고 단지 '캠페인을 퍼뜨리는 일'에만 집중하는 것은 알맹이 없는 껍데기 참여에 불과합니다. 따라서 자녀가 소셜 미디어에서 어떤 챌린지에 참여하고자 한다면, "나는 왜 이 메시지를 공유하는가?"라는 본질적인 질문에 대한 답을 찾도록 이끌어주는 것이 중요합니다. 혹시 그저 유행을 따르기 위한 선택은 아닌지, 오프라인에서도 같은 가치를 실천할 방법은 무엇이 있는지 함께 고민할 때, 우리는 비로소 진정성 있는 참여, 작지만 의미 있는 변화를 만들어나갈 수 있습니다.

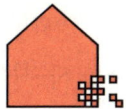

단단한 관계를 만드는
온라인 소속감

튼튼한 우정은
건강한 경계로 만들어진다

"오늘로 2주 3일 된 아이를 키우는 엄마입니다. 아이가 몸무게가 적은 편인데 수유량이 도통 늘지를 않아요. 너무 막막하고 걱정되는 마음에 잠을 이룰 수가 없습니다. 선배맘들의 조언을 구합니다."

"창원에 이사온 지 1년 된 아이 둘 맘이에요. 아이는 네 살, 여섯 살입니다. 플레이데이트 할 친구 구해요."

과거에 가수 터보가 〈Cyber Lover(사이버 러버)〉라는 노래를 부르던 시절만 해도, 인터넷으로 친구를 사귀는 것은 그리 바람직하지 않다는 선입견이 강했습니다. 하지만 디지털 세계가 계속 발전하면서 우리가 우정을 만들고 유지하는 방식도 크게 변화해 왔습니다. 물론 '낯선 사람과 익명으로 소통한다'는 형식만 놓고 보면 여전히 부정적인 인식이 사라지지는 않습니다. 하지만 잠시 생각해 보면 요즘 세상에는 오히려 온라인 친구가 하나도 없는 사람이 그리 많지 않다는 사실을 깨닫게 됩니다. '인친(인스타그램 친구)'이나 '트친(트위터 친구)'은 동네 이웃보다 나의 근황을 더 잘 알고, 비슷한 또래를 키우는 양육자들은 서로의 아이들에게 '랜선 이모'가 되기를 자처하며 위로와 공감을 건넵니다. 공통된 경험을 공유하는 사람들끼리 현실 친구보다 더 현실적인 조언을 주고받기도 하고요. 과연 이런 관계들이 온라인에서 생겨났다고 해서 진정한 우정이 아니라고 볼 수 있을까요?

온오프라인의 경계가 흐려진 시대에 태어난 아이들은 어려서부터 온라인에서 크고 작은 관계를 형성해 나가는 것에 매우 익숙합니다. 아이들에게 온라인 커뮤니티 활동과 같은 비대면 소통은 주된 상호작용이 된 지 이미 오래되었고, 청소년기에 접어들면 온라인 커뮤니티에서 만난 친구들과 개인적인 연락을 주고받는 일도 자연스레 발생합니다. 따라서 예전 부모 세대가 배워왔던 대로 "온라인 친구는 무조건 위험하다"라고 조언을 건네는 것은 요즘 아이들에게 매우 구시대적인 발상으로 여겨지기 쉽습니다. 특히 이런 관점으로 온라인 관계 교육을 시작하면, 아이는 부모가 자신에게 중요한 관계를 제대로 알지도 못하면서 무작정 부정한다는 생각을 하기 때문에 아무리 진심 어린 조언이라고 해도 잘 받아들여지기가 어렵습니다.

물론 아이가 온라인에서 새로운 사람을 만날 때, 위험 요소를 고려하고 이에 대한 대처 방안을 교육하는 것은 필수적입니다. 그러나 단순히 온라인이라는 환경 자체를 문제 원인으로 단정 짓는 것은 적절하지 않습니다. 낯선 사람과의 교류에서 생기는 부작용들이 모두 디지털 환경 탓은 아니기 때문입니다. 우리는 무작정 온라인 관계를 반대하기보다 좋은 우정과 유해한 관계를 구분하는 변별력, 자신의 감정과 요구를 명확히 표현하는 소통 능력, 또 상황에 맞춰 행동하는 융통성과 같은 사회정서적 역량을 키워주는 데 초점을 맞춰야 합니다. 그중에서도 특히 경계 설정에 대한 교육을 빼놓아서는 안 되는데요. 경계 설정을 어떻게 하는지에 따라 똑같은 상황을 경험하면서도 어떤 사람은 불편한 일이라고 느끼고, 또 다른 사람은 아무렇지 않은 일이라고 느낍니다. 그렇기 때문에 서로의 경계를 명확히 이해하는 것은 친구 관계에서 불필요한 오해를 줄여주는 효과를 가져옵니다.

> 민정이와 하영이는 단짝 친구입니다. 주변에서는 두 아이가 비슷한 취향을 가진 데다, 매일 붙어 다니니 쌍둥이가 아니냐고 물을 정도였습니다. 하지만 하영이는 요즘 들어 부쩍 민정이에게 불편함을 느끼기 시작했습니다. 하영이는 매일 스티커로 다이어리를 꾸미고 인스타그램에

업로드하는 취미가 있는데, 매번 자신이 업로드하고 나면 얼마 지나지 않아 민정이가 비슷한 분위기의 게시글을 올리기 때문입니다. 참는 것도 한두 번, 같은 일이 반복되다 보니 하영이는 민정이가 자신을 따라 한다는 불쾌감을 지울 수가 없었습니다.

민정이는 정말 하영이를 따라 다이어리를 꾸민 것일까요? 혹시 하영이가 민정이를 오해한 것은 아닐까요? 만약 우리 아이가 똑같은 상황에 놓인다면 부모는 어떤 도움을 줄 수 있을까요?

이와 같은 상황에서 하영이에게 필요한 것은 바로 자신의 감정을 인식하고 이를 바탕으로 상대에게 존중을 요구하는 연습입니다. 자신이 어떤 상황에서 불편함을 느끼는지, 또 왜 그런 감정을 느끼는지, 그 이유를 제대로 인지하지 못한 상태에서는 주체적으로 자신이 원하는 것을 전달하기가 불가능합니다. 만약 자녀가 하영이와 비슷한 고민을 하고 있다면, 부모가 나서서 문제를 해결해 주기보다 아이가 스스로 경계에 대해 가치관을 세우도록 돕는 것이 훨씬 더 중요합니다. 예를 들어, 하영이에게는 "친구 관계에서 네게 가장 중요한 것은 무엇이니?", "민정이가 널 따라 하는 것이 불편하게 느껴지는 이유는 무엇일까?", "네가 원하는 관계를 만들기 위해서는 어떻게 표현해야 할까?"와 같이 자기 인식을 키워주는 질문을 제시해 주면 큰 도움이 됩니다.

자기 인식은 오프라인뿐만 아니라 온라인상의 관계에도 꼭 필요합니다. 예를 들어, 온라인에서 알게 된 친구가 "너랑 더 친해지고 싶으니까 매일 영상통화를 하자"라고 요청할 때, 아이가 조금이라도 불편함을 느낀다면, 솔직하게 거절 의사를 밝힐 수 있어야 합니다. 또 자주 게임을 함께 하는 친구가 "너랑 나는 같은 팀이니까, 너는 꼭 이 시간에 접속해야 해!"라고 요구한다면, "너랑 같이 게임하는 건 재미있지만, 내 시간도 중요해서 매번 정해진 시간에 맞출 수는 없어. 내가 가능할 때 너도 시간이 맞으면 같이 게임하자"라고 말할 수 있어야 하고요. 이처럼 스스로를 잘 아는 것은 자신의 공간을 지키면서도 타인을 배려하는 균형 감각을 만드는 첫걸음이 되어줍니다. 온라인과 오프라인, 어느 세상에서든 아이가 스스로를 보호하고, 또 존중받게 해주는 데는 이 균형이 꼭 필요합니다.

커뮤니티 활동의 득과 실을 중간 점검하자

로스앤젤레스에 사는 여덟 살 한나는 이유식을 시작할 무렵부터 음식과 전쟁을 치러야 했습니다. 시간이 지나도 상황은 나아지지 않았고, 결국 한나는 영양 공급을 위해 위관 삽입까지 고려해야 할 정도로 건강이 위험한 상태에 놓였습니다. 그 무렵, 한나의 엄마는 '편식하는 아이들을 키우는 부모들의 커뮤니티'에서 회피적·제한적 음식 섭취 장애

ARFID에 대한 정보를 접하게 되었고, 검사 결과 한나 또한 오랜 시간 이 질환을 겪고 있었다는 사실을 발견했습니다.

문제의 실마리를 찾은 한나의 가족은 아이의 경험을 주변에 자연스럽게 알리고자, '한나의 식사 기록'을 인스타그램에 업로드하기 시작했습니다. 처음에는 지인들에게 매번 한나의 상태를 설명하는 과정이 아이의 불안감을 키우는 것 같아서 이를 대체하기 위해 시작한 여정이었습니다. 그런데 한나의 식사 기록은 생각보다 더 큰 반향을 일으켰습니다. 한나는 자신의 이야기가 비슷한 어려움을 겪고 있는 양육자들에게 유익한 정보이자 희망이 되는 것을 보면서, 자신의 식사 기록을 통해 더 많은 사람들이 ARFID의 증상을 인지하고, 이 질환을 겪는 사람들을 이해하는 계기가 되었으면 좋겠다고 말합니다.

한나의 엄마가 온라인 활동을 통해 자녀의 질환을 알게 되고 150만 명의 지지자를 만난 것처럼, 좋은 커뮤니티 활동은 비슷한 관심사를 지닌 사람들이 서로 정보를 공유하고 대화를 나누며 유대감을 쌓게 해줍니다. 특히 현실에서 쉽게 찾기 어려운 취미나 경험을 가진 사람들에게 이러한 활동은 타인과 소통하는 특별한 기회가 되어줍니다. 하지만 모든 커뮤니티가 건강한 관계를 제공하는 것은 아니기 때문에 커뮤니티의 긍정적인 영향을 잘 누리기 위해서는 그 속에 존재하는 위험 요소를 잘 이해하고 신중하게 접근하는 태도가 필요합니다.

그중에서도 아이들이 온라인 커뮤니티를 이용할 때 곁에서 가장 주의를 주어야 할 부분은 편향된 사고입니다. 한쪽으로 치우친 관점이 지배적인 환경에서 많은 시간을 보내는 아이들은 자신이 속한 집단의 시각이 곧 '세상의 기준'이라고 착각할 위험이 큰데요. 특히 아직 가치관이 확립되지 않은 어린아이들은 커뮤니티 내에서 유행처럼 번지는 행동과 언어까지도 무분별하게 받아들이므로 주의해야 합니다. 실제로 특정 정치색이 강한 커뮤니티에서 활동했던 한 사용자는 그곳에서 반대 세력을 조롱하는 속어를 접한 뒤, 이를 일상에서도 자연스럽게 사용한 경험이 있다고 털어놓기도 했습니다. 비하와 폭력의 의미를 인지하지 못한 채 커뮤니티에서 활동하는 모두가 쓰는 말이니, 그래도 되겠지 하며 따라 쓰게 되었다면서요.

자신이 속한 그룹의 분위기에 동요되다 보면 집단 내에서 인정받고자 하는 압박감에 의해 아이가 현실 세계의 중요한 관계와 학업, 건강을 소홀히 할 우려도 있습니다. 커뮤니티에서 받는 관심에 지나치게 의존하게 되면 소속감을 유지하기 위해 자신의 가치관과 맞지 않는 의견에도 동조하게 되고, 과도하게 많은 시간을 온라인 활동에 소모할 가능성도 커지기 때문입니다. 이러한 불상사를 방지하기 위해서는 부모가 나서서 관계에 대한 아이의 기대치를 현실적으로 조정하도록 도와야 합니다. 모두에게 인기를 얻고자 하는 욕망은 비현실적이라는 사실을 가르치고, 다수의 인정보다 소수의 참된 관계를 유지하는 것이 더 가치 있는 일임을 깨닫도록 도와줄 때, 아이도 타인의 반응에 쉽게 흔들리지 않고 건강한 커뮤니티 활동을 해나갈 수 있습니다.

장기적으로는 건강한 커뮤니티와 위험한 커뮤니티를 구분 짓는 명확한 기준도 함께 가르쳐야 합니다. 당장은 부모가 특정 커뮤니티에 대한 접근을 제한하는 방식으로 아이를 통제할 수 있습니다. 하지만 본질적인 판단력을 키워주지 않으면 아이는 언제든 위험한 커뮤니티에 빠질 위험은 사라지지 않습니다. 좋은 커뮤니티를 판별하기 위해 가장 먼저 고려해야 할 점은 감정적으로 안전한 환경인지를 따져보는 것인데요. 다양한 구성원이 서로 다른 의견을 자유롭게 표현할 수 있는 분위기가 조성되어 있는지, 의견을 나누는 과정에서 누군가가 모욕을 당하거나 배척당하는 일이 없는지를 살펴보면 해당 커뮤니티가 열린 사고를 지향하는지, 아니면 편협한 시각에 치우쳐 있는지 판단하는 것이 가능해집니다.

이 외에도 누군가가 선을 넘거나 불법적인 행동을 조장하는 경우, 이를 제지할 규칙과 관리 체계가 있는지도 살펴봐야 합니다. 중재자가 없는 커뮤니티는 거짓 정보가 확산되거나 극단적인 분위기로 흘러가기가 쉽습니다. 따라서 그룹 내에서 '악플 달기'와 같은 부정적인 활동이 버젓이 일어나는데도 아무도 문제의식을 표현하지 않는다면, 이는 명백한 경고 신호로 인식하도록 지도하는 것이 좋습니다. 타인을 깎아내리면서 자신의 가치를 확인하는 행위에 무감각해지면, 아이도 자신의 강점과 내면 성장에 집중하기보다 다른 사람의 단점을 지적하며 우월감을 느끼는 그릇된 만족감만 좇을 수 있기 때문입니다. 이처럼 커뮤니티는 득과 실이 모두 많은 양날의 검인 만큼 정신적 안정감과 성장을 돕는 좋은 커뮤니티를 변별할 줄 아는 안목이 필수입니다.

사이버 불링, 처벌만이 능사가 아니다

띠딩, 띠딩, 띠딩, 띠딩, 띠딩.
방학이 시작된 첫날, 아이의 휴대폰에 끊임없이 메시지 알림음이 울렸습니다. '애들도 참, 아침부터 뭐 그리 할 말들이 많은 거야'라고 대수롭지 않게 생각하며 민하를 바라본 엄마는 금방이라도 울음을 터뜨릴 듯 입술을 꽉 깨물고 있는 아이의 모습을 보고 당황스러움을 숨길 수 없었습니다. 알고 보니 아이에게 온 연락은 친한 친구들의 정겨운 수다가 아니라 '사이버 감옥'으로의 초대장이었던 것입니다.

스마트폰의 사용이 늘어나면서 아이들의 정신 건강을 위협하는 학교 폭력도 사이버 공간으로 이동하는 사례가 늘고 있습니다. 가상공간을 뜻하는 '사이버cyber'와 약한 자를 괴롭힌다는 의미를 지닌 '불링bullying'이 합쳐진 '사이버 불링'은 어느새 부모들에게도 익숙한 개념이 되었는데요. 2023년 방송통신위원회 조사에 따르면, 우리나라 청소년의 40.8퍼센트는 이미 사이버 폭력을 경험한 적이 있다고 답했을 정도로 이는 심각한 사회 문제입니다. 사이버 폭력의 형태 또한 메시지로 욕설이나 비속어를 퍼붓는 '사이버 비방'을 넘어, 단체 대화방에 피해자를 초대한 뒤 모두 나가버려 소외감을 극대화하는 '왕따 놀이', 장시간 동안 피해자를 반복해서 채팅방에 초대하는 '사이버 감옥' 등 갈수록 집요하고 교묘한 형식으로 진화하고 있습니다. 모바일 결제가 가능해진 뒤부터는 기프티콘이나 유료 이모티콘 선물을 갈취하거나 악의를 담은 사진을 촬영해 금전적인 대가를 요구하는 사례도 생겨났고요. 특히 사이버 폭력은 물리적 접촉이 없다는 특성 때문에 가해자들이 죄책감을 덜 느끼는 경우가 많고, 피해자는 오프라인 괴롭힘보다 더 깊은 우울감을 겪을 가능성이 커서 부모의 적극적인 개입과 교육이 중요합니다.

많은 부모가 사이버 불링 피해를 막기 위해서는 아이가 즉시 부모에게 상황을 이야기하게 하고, 가해자를 처벌하는 데 초점을 맞춰야 한다고 생각합니다. 그러나 효과적인 초기 진압에는 피해를 입은 후의 해결책만 모색하는 것을 넘어서 예방과 대응 전략을 사전에 가르치는 것이 필요합니다. 예를 들어, 아이가 온라인에서 괴롭힘을 당한다면 그 순간에 "그런 말 하지 마. 나는 그런 식으로 대화하고 싶지 않아"라고 단호한 어조로 자신의 입장을 표현하도록 교육해야 합니다. 또한 화면 캡처나 녹화를 통해 증거를 수집하는 방법도 숙지하도록 해야 하고요. 자신이 아닌 타인을 향한 사이버 불링을 목격했을 경우에도 방관하지 않고 개입하도록 가르치는 것도 중요합니다. 더 많은 아이가 가해자에게 "그렇게 말하는 건 너무 심해. 그만해"라고 꼬집어 말하고, 피해자에게는 "네가 힘들어하는 것 같아서 걱정돼. 괜찮아?"라고 물어보는 능력을 갖출수록 사이버 폭력이라는 사회 문제가 조금씩 해결될 수 있습니다.

또 한 가지 우리가 고려해야 할 점은 생각보다 많은 아이가 자신이 겪는 일이 괴롭힘인지 긴가민가해 적절한 도움을 요청하지 못한다는 사실입니다. 특히 선을 넘나드는 농담처럼 의도가 노골적으로 드러나지 않는 괴롭힘은 '괜히 내가 예민하게 반응하는 것은 아닐까?' 하는 생각이 들기 쉬워 불편함을 표현하기 어려운 경우가 많은데요. 이는 가해자가 의도적으로 피해자의 반응을 무력화하려는 교묘한 전략일 수 있습니다. 따라서 아이들에게 괴롭힘을 명확하게 인지하는 법을 가르치고, 언제 어른에게 도움을 요청해야 하는지에 대한 기준을 세워주는 것이 중요합니다.

갈등과 괴롭힘을 구분 짓는 명확한 기준은 바로 반복성과 의도성입니다. 상대에게 불편하다는 의사를 분명히 표현했음에도 상대가 같은 행동을 지속한다면, 이는 단순한 의견 충돌이나 장난이 아니라 사이버 불링으로 간주할 수 있는데요. 지금까지 아이들은 사이버 불링이 반드시 어른들에게 즉각 보고해야 할 만큼 심각한 일이라는 이야기를 들어왔기 때문에, 정작 스스로 "그만해" 혹은 "나는 불편해"라는 표현조차 해보지 않은 채 바로 도움을 요청하거나, '이 정도는 뉴스에서 본 사건만큼 심각한 괴롭힘은 아닌 것 같은데'라고 생각하며 참아버리는 경우가 많습니다. 이를 예방하기 위해 가정에서 자녀와 함께 다양한 상황을 예로 들어 사소한 갈등과 실제 괴롭힘을 구별하는 연습을 해야 합니다. 한 시나리오에서는 게임 도중 생긴 단순한 입장 차이로 인한 갈등을, 또 다른 시나리오에서는 그룹 채팅에서 반복적으로 조롱당하는 상황을 설정해 보는 식으로 그 차이를 인식하도록 하는 것입니다.

이와 더불어 문제 크기에 맞는 적절한 대응법을 가르치는 것 또한 필요합니다. 친구가 나를 비난하는 메시지를 보냈다고 해서 같은 방식으로 욕설을 사용하거나, 보복심에 더 격한 행동을 하는 것은 상황을 악화시킬 뿐입니다. 상황을 객관적으로 바라보는 힘이 부족한 아이들은 작은 문제에도 큰 반응을 보여 불화를 증폭하거나, 이와 반대로 큰 문제에 제대로 맞서지 못해 또래에게 얕보일 가능성이 큽니다. 상황의 심각성을 구분하는 연습을 하기 위해서는 오해나 짓궂은 농담과 같은 사소한 문제와 협박, 공개적인 모욕, 지속적인 괴롭힘과 같은 심각한 문제를 나열해 두고 '작은 문제'와 '큰 문제'로 나누어보는 훈련을 하는 것이 좋습니다. 단발성에 불과하거나 나쁜 의도가 없는 '작은' 대립이라면 아이가 감정을 가라앉힌 후 상대와 이상적인 대화를 시도하도록 지도하되, 반복적이고 악의적인 행동이 계속된다면 '큰' 문제로 취급해 신뢰할 수 있는 어른에게 즉각 도움을 요청하도록 교육하는 것이 핵심입니다. 단순히 피해를 말하는 것을 넘어서 스스로 갈등을 평가하고 대처하는 능력까지 키워주어야 아이가 사이버 불링으로부터 자신을 보호할 수 있다는 것을 기억해 주세요.

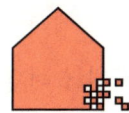

올바른 성 의식을 쌓아주는 온라인 성교육

'성' 토크, 불편해도 꼭 필요한 이야기

이른 새벽 잠에서 깬 도현이 엄마는 열한 살 아들의 방에서 새어 나오는 야릇한 소리에 깜짝 놀라 방문을 열었습니다. 아직 아이의 방에는 개인 스마트폰이나 태블릿 PC가 있는 것도 아니었기에 도대체 어떻게 된 일인지 종잡을 수가 없었습니다. 알고 보니 도현이는 음악 감상을 위해 설치해 둔 스마트홈 스피커를 통해 한 온라인 크리에이터의 '섹시한 신음 소리'를 감상하고 있던 것이었습니다.

신음 소리 ASMR과 같이 부모 세대에게는 낯선 성인 콘텐츠가 등장하면서 부모들의 걱정 센서에 긴급 신호가 울렸습니다. 사실 대부분의 부모는 온라인에 성인물이 존재한다는 사실을 이미 인지하고 있지만, '우리 아이는 아직 어리니까' 혹은 '우리는 인터넷 사용을 제한하고 있으니까'라며 현실을 외면합니다. 하지만 실제 통계는 이와 다른 이야기를 합니다.

영국의 한 조사에 따르면, 만 9세 아동 열 명 중 한 명은 이미 온라인에서 성인물을 접한 경험이 있으며, 만 11세에서는 그 비율이 네 명 중 한 명꼴로 증가합니다. 충격적이게도 이 아이들 대부분이 성인 콘텐츠를 의도적으로 찾은 것이 아니라 다른 온라인 활동을 하던 중 우연히 접하게 되었다는 사실입니다. 이제 우리는 아이가 유튜브에서 인형 리뷰를 보다가 추천 영상으로 성인용품인 '리얼 돌'을 보게 될 가능성을 배제할 수 없는 시대에 살고 있습니다. 이처럼 온라인 성 콘텐츠에 대한 우려가 공상이 아닌 현실이 된 만큼 이에 대한 건강한 인식을 쌓아주는 디지털 성교육이 시급합니다.

우리나라는 유교 사상의 영향 때문인지 성에 대한 대화에 유독 소극적인 문화를 가지고 있습니다. 아이가 성에 대해 질문을 던지면 "애가 너무 조숙하다"라며 다그치거나 아예 대화를 피하는 부모도 많을뿐더러, 사회적으로도 성적인 관심을 드러내는 것을 부정적으로 보는 시각이 강합니다. 이런 분위기 속에서 부모들은 자녀에게 성교육을 해야 한다는 사실을 알면서도 어떻게 설명해야 할지 막막함을 느끼기 쉽습니다. 성적인 내용은 무조건 자극적인 것이라는 선입견이 있다 보니, 자칫 성교육이 아이의 순수함을 해치거나 성인물에 대한 호기심만 불러일으킬 것 같기 때문입니다.

하지만 우리 아이들이 '야한 것'을 처음 접하는 순간은 생각보다 더 빨리 찾아옵니다. 아이가 직접 '야한 것'을 보지 않더라도, 우연히 성인물을 접하거나 부모의 성관계 장면을 목격한 친구가 생생하게 설명을 해주는 바람에 처음으로 성이라는 개념을 알게 되기도 합니다. 또한 단순히 똥이나 방귀 같은 단어를 이야기하며 웃음을 터뜨리듯 성적인 단어에 호기심을 가지기도 합니다. 이처럼 아이들이 성에 대한 단서를 처음 접하는 순간은 대개 장난스럽고, 때로는 우스꽝스럽게 흘러갑니다. 이런 시기에 부모가 성에 대한 아이의 호기심을 무시하고 대화를 꺼리면, 아이들은 자연스럽게 '이건 부모님에게 절대 이야기하면 안 되는 것인가 보다'라는 인식을 쌓게 됩니다. 그렇게 되면 궁금증이 생겨도 부모에게 묻는 대신 또래 친구나 인터넷 같이 비공식적인 경로로 정보를 찾으려 들게 되고요.

그에 반해 성에 대한 대화를 자연스럽게 이끌어내는 것으로 평가받는 스웨덴과 네덜란드와 같은 국가에서는 아이들이 어릴 때부터 성교육을 실시하는 것을 당연하게 여깁니다. 이들의 성교육에서 특히 눈에 띄는 점은 교육 과정이 생물학적 지식뿐만 아니라 윤리와 관계를 중점으로 짜여 있다는 것입니다. 초등 고학년 시기에는 결혼과 출산을 선택할 권리와 동의의 중요성을 강조하는 토론이 자주 이루어집니다. 중고등학교 과정에서는 '자신의 성적 파트너를 선택할 권리'와 '안전하고 즐거운 성적 경험을 가질 권리'와 같이 성 결정권을 중요한 가치로 인정하는 대목도 찾아볼 수 있고요. 즉, 성교육의 핵심에 '존중'이 자리하고 있는 것입니다.

이렇게 스웨덴과 네덜란드처럼 성을 존중의 관점에서 바라보면, 가정에서도 보다 자연스럽고 수월하게 성교육을 해나가는 것이 가능해집니다. 예를 들어, 타인의 경계를 존중하고 성적 대상화나 강압적인 행동을 하지 않도록 지도하는 것은 단순히 성에 대한 교육을 넘어 인간의 존엄성을 지켜주는, 반드시 가르쳐야 할 가치입니다. 이와 함께 아이가 원하는 사람과만 스킨십을 하도록 하며, 신체 결정권을 존중하는 가족 문화를 만드는 것도 매우 중요합니다. 아무리 가까운 사이일지라도 아이가 뽀뽀나 포옹을 원하지 않는다면 이를 거부할 수 있어야 하는데요. "할머니한테 뽀뽀해야지" 또는 "엄마 친구가 너 예뻐서 그러는 거야, 싫어할 필요 없어"와 같은 말은 아이가 자신의 신체에 대한 결정권을 행사하는 데 혼란을 줄 수 있으므로 지양해야 합니다. 성교육에서 가장 중요한 것은 성에 대한 대화를 특별히 어려운 주제로 만들기보다 아이에게 '우리 가족은 이런 대화도 자연스럽게 할 수 있어'라는 신뢰를 주는 일입니다. 부모가 먼저 성에 대해 열린 태도를 갖고 편안하게 질문하는 환경을 조성해 줄수록 아이도 성을 숨겨야 하는 것이 아닌 자연스러운 삶의 일부로 받아들인다는 점을 꼭 기억해 주세요.

성 콘텐츠의 소비자가 된 아이,
어떻게 교육할까?

포르노그래피pornography, 즉 음란물의 개념은 시대와 사회적 가치에 따라 계속 변화해 왔습니다. 예술과 외설의 경계는 주관적인 데다 법적 기준조차 일반적인 성적 도덕관념이나 정상적인 성적 수치심과 같이 추상적인 개념을 근거로 하기 때문입니다. 한 가지 분명한 사실은 성적 행동에 대한 인간의 호기심은 쉽게 사라지지 않고 지속되어 왔으며, 동시에 이를 규제하려는 시도도 끊임없이 이어져 왔다는 점입니다. 인류의 기록에 남아 있는 최초의 음란물은 무려 서기 79년, 이탈리아 베수비오 화산 폭발로 긴 시간 동안 화산재 속에 파묻혀 있던 폼페이의 유물들인데요. 18세기 들어 폼페이 유적이 발굴되었을 때, 나폴리의 왕 프란체스코 1세는 성적인 조각상과 벽화를 일반 대중에게 공개하는 것을 금지했습니다. 당시 왕은 이런 예술품이 국민의 욕망을 자극하고 사회질서를 어지럽힐까 봐 우려했던 것입니다.

오늘날처럼 인터넷과 영상 기술이 발달한 시대에는 이러한 통제가 사실상 불가능합니다. 실제로 포르노그래피는 어느덧 전 세계 웹 사이트의 12퍼센트를 차지할 정도로 거대한 산업이 되었고 미국 내 대표 성인 사이트인 폰허브Pornhub는 방문자 수를 기준으로 했을 때 구글, 유튜브, 페이스북에 이어 4위를 기록했습니다. 심지어 2023년에는 폰허

브의 한 달 방문 트래픽이 인스타그램, 넷플릭스, 핀터레스트, 그리고 틱톡을 모두 합친 것보다 많았다는 사실이 화제가 되기도 했고요. 이렇게 포르노그래피가 광범위하게 소비된다고 해서 그것이 '문제가 되지 않는다'는 뜻은 아닙니다. 특히 어린아이들이 무분별하게 음란물을 접하게 될 경우, 정서적 건강과 자아 이미지에 부정적인 영향을 입을 수 있으므로 조기 포르노그래피 노출에 대한 예방과 교육은 매우 중요합니다.

아이들이 음란물을 접하는 것이 우려되는 가장 큰 이유는 왜곡된 성 관념과 성 인식을 갖게 될 위험이 커지기 때문입니다. 특히 발달 과정에 있는 아동 청소년이 올바른 성교육을 받지 못한 채 음란물을 통해서만 성에 대한 개념을 쌓게 되면, 현실과 콘텐츠 사이의 차이를 제대로 인식하지 못할 수 있습니다. 특히 음란물에는 '남성의 공격성'과 '여성의 복종'이라는 주제가 빈번하게 등장하는 데다 마치 여성 배우가 이런 폭력적인 행위를 즐기는 듯한 반응이 포함되는 경우가 많아서 비동의 성적 행위가 미화되는 경향이 있습니다.

그뿐만 아니라 대부분의 음란물은 성적 판타지를 극대화하는 데 초점이 맞춰져 있다 보니 등장인물들 사이에 애정과 관계가 형성되어 가는 과정은 생략되는 경우가 많은데요. 아이가 이런 콘텐츠에 반복적으로 노출되면 타인의 감정이나 동의보다 자신의 성적 욕구를 중시하는 왜곡된 사고를 가질 가능성이 커집니다. 또한 개인을 인격체가 아닌 성적 만족을 위한 도구로 보는 '성적 대상화' 태도를 내면화할 위험이 있고요. 심지어 다수의 연구들은 포르노그래피 시청과 감정적 안정 사이의 연관성도 보고합니다. 강박적으로 음란물을 소비할 경우에 세 가지 지표, 우울증과 불안, 스트레스가 모두 올라가며 자아 신체 만족도에도 부정적인 영향을 미칠 수 있다는 지적입니다. 그렇다면 이렇게 음란물의 유혹이 많은 환경 속에서도 아이들이 건강한 성 인식을 형성하도록 돕기 위해 부모는 어떤 노력을 기울여야 할까요?

제일 먼저 선행되어야 할 것은 포르노그래피가 단순한 오락거리가 아니라는 인식을 쌓아주는 교육입니다. 한 설문 조사에 따르면, 연령과 성별에 따라 음란물에 대한 가치관이 많이 다르다는 사실이 확인되었는데요. 이 조사에서 베이비부머 세대는 약 37퍼센트가 "포르노가 사회에 매우 해롭다"라고 응답한 반면, 젊은 세대는 약 14퍼센트만이 이에 동의했으며, 여성보다 남성이 음란물을 더 수용적인 시선으로 바라보는 경향을 보였습니다. 이처럼 음란물 시청을 가볍게 여기는 관대한 태도는 포르노그래피 소비에 대한 무감각을 초래할 수 있어 반드시 개선이 필요합니다.

하지만 우리 사회는 아직까지 "세상에 음란물을 안 보는 남자는 없다"며 이를 암묵적으로 수용하는 모습을 보입니다. TV 예능 프로그램에서 출연진이 "어린 시절, 친구들과 몰래 본 성인 비디오가 추억"이라며 웃음거리로 삼는 장면, 혹은 남성 캐릭터가 음란물을 소비하는 모습을 '자연스러운 성장 과정'처럼 묘사하는 드라마의 연출 역시 이런 의식을 강화하는데요. 이런 문화에 지속적으로 노출된 아이들은 포르노그래피를 소비하는 것을 대수롭지 않게 여기거나 필수적인 경험이라고 오해할 수 있습니다.

이에 대해 전문가들은 과거 흡연이 대중적으로 허용되던 시대와 지금을 비교하며, 규제뿐만 아니라 체계적인 교육과 공론화를 통해 성인물에 대한 인식을 개선해야 한다고 강조합니다. 의학적으로 검증된 담배의 부작용을 공개하고 예방 캠페인을 벌였듯이 포르노그래피에도 이와 같은 다차원적인 접근이 필요하다는 것입니다. 예를 들어, 아이와 함께 과도한 포르노그래피가 뇌와 감정 조절에 미치는 영향을 연구한 자료를 찾아보거나 음란물 중독자들의 인터뷰 영상을 시청하는 것은 문제의식을 가지는 데 도움을 줍니다. 이와 더불어 꼭 음란물이 아니더라도 광고와 영화, SNS와 같은 일반적인 미디어에서도 특정 성별의 성적 매력이나 육체적인 요소가 강조되는 경향이 있다는 점을 인지하게 할 필요가 있습니다. 아이와 함께 이런 사례들을 분석하면서 성적 대상화가 어떻게 작동하는지 따져보면, 비판적으로 콘텐츠를 바라보는 기회가 만들어지기 때문입니다. "왜 이 광고에서 모델은 필요 이상으로 노출이 심한 옷을 입고 있을까?", "어째서 '#애플힙챌린지'와 같이 특정 신체 부위를 강조하는 소셜 미디어 콘텐츠는 다른 포스팅보다 '좋아요' 수가 많은 걸까?"에 대해 아이와 함께 토론하는 활동은 누군가를 성적인 매력이나 외모로만 평가하는 사회의 전반적인 문제점을 인지하게 만들어줍니다.

그렇다면 만약 아이가 이미 음란물을 접한 경험이 있다면 어떻게 해야 할까요? 건강한 성 가치관을 심어준다고 해서 아이가 온라인 성 콘텐츠에 전혀 호기심을 갖지 않거나 이를 절대 소비하지 않는다고 장담할 수는 없습니다. 성에 대한 호기심은 발달 과정에서 자연스럽게 생기는 감정이기 때문에 그것을 무조건 억제하거나 부정하는 것이 바람직하지도 않고요.

하지만 아이 안에 자리한 성 인식에 따라 이를 바라보는 관점과 태도는 달라질 수 있습니다. 아이가 자극적인 콘텐츠에 노출되었다면, 영상 속 인물은 존중받고 있는 것처럼 느껴졌는지, 영상과 현실은 어떻게 다른지에 대한 대화를 나누는 것이 좋습니다. 더 나아가서 "돈으로 사고팔 수 있는 것과 그렇지 않은 것은 각각 무엇일까?", "왜 우리에게는 음란물을 보고 싶은 충동이 생기는 걸까?"와 같은 깊이 있는 질문을 통해 아이에게 포르노그래피를 비판적으로 바라보고 선을 긋는 능력을 키워줘야 하고요. 이처럼 감정적으로 통제하는 접근이 아니라 판단력과 내면의 기준을 길러주는 성교육이 이루어질 때, 아이는 점차 성에 대해 더 나은 결정을 내릴 수 있습니다.

성 콘텐츠의 참여자가 된 아이,
어떻게 교육할까?

루비네 부모님은 원래 아이에게 개인 디지털 기기를 사줄 생각이 없었지만, 코로나19로 인해 온라인 수업이 시작되면서 결국 학습을 위한 태블릿 PC를 마련해 주었습니다. 물론 걱정스러운 마음이 들기도 했지만, 인터넷 사용 기록을 살펴봐도 딱히 이상한 점이 보이지 않자 점점 안심하게 되었는데요. 그것도 잠시였을 뿐, 늘 밝고 활발했던 루비가 언젠가부터 점점 예민해지고 불안해하는 모습을 보이기 시작했습니다. 알고 보니 루비가 친한 친구에게 자신의 신체 일부가 담긴 사진을 보냈고, 그 이후로 혹시 사진이 친구들 사이에 퍼질까 봐 극심한 불안감에 시달리고 있었던 것입니다. 루비네 부모님을 더욱 충격에 빠뜨린 것은 바로 사진이 학교에서 공식적으로 사용하는 메신저를 통해 공유되었다는 사실이었습니다. '믿었던 플랫폼에서 이런 일이 벌어지다니!' 루비네 부모님의 충격은 더 클 수밖에 없었습니다.

많은 부모님이 온라인 성 콘텐츠는 유해 사이트에서만 볼 수 있는 것이라고 생각하는 경향이 있습니다. 하지만 어두운 골목에서뿐만 아니라 대낮의 놀이터에서도 사고가 발생할 수 있듯이 건전해 보이는 온라인 플랫폼 또한 성적인 콘텐츠의 확산지가 될 수 있습니다. 특히 요즘 아이들에게 온라인 소통은 부모 세대가 어릴 적 놀이터에서 친구를 사귀던 것처럼 자연스러운 놀이이자 일상입니다. 그렇기 때문에 함께 게임을 하거나 SNS로 소통하는 사이, 혹은 익명 채팅방에서 대화를 나눈 사람까지 아이들은 모두 친구로 여기는 경우가 많은데요. 이렇게 온라인에서 형성된 관계가 깊어지면서 아이들이 자발적으로 성적인 소통에 참여하는 사례도 늘어가고 있습니다.

요즘 아동 청소년들 사이에서 가장 흔한 온라인 성적 상호작용 형태는 섹스팅sexting입니다. 부모 세대에서 섹스팅은 '보복성 포르노'나 '불법촬영'처럼 강제적인 피해 상황을 떠올리게 하지만, 요즘 청소년들은 직접 자신의 신체 사진을 찍어 공유하는 경우도 많습니다. 실제로 한 조사에 따르면, 연애 경험이 있는 청소년 중 23.2퍼센트는 사귀는 사람과 섹스팅을 해본 경험이 있다고 답했는데요. 도대체 우리 아이들은 왜 이러한 교류에 동참하는 것일까요?

아이들이 취약해지는 순간 중 하나는 누군가에게 특별한 존재로 느껴지고 싶을 때입니다. 특히 사춘기를 지나며 관심과 애정을 갈망하는 시기에 '좋아하는 사람에게 내 몸 사진 한 장쯤 보내는 것은 괜찮지 않을까?'라는 유혹은 생각보다 가볍게 다가올 수 있습니다. 실제로 미국 텍사스공과대학교 연구에 따르면, 대다수의 사람은 단순히 성적 욕구 때문만이 아니라 누군가 자신을 '원한다'는 느낌을 받고 싶어서 섹스팅을 하는 경우가 많습니다. 국내 연구에서도 남자 청소년의 경우에는 자기 가치감을 확인받고 싶어서 섹스팅에 참여한다는 응답이 제일 많았고, 여성 청소년의 경우에는 거부에 대한 두려움으로 섹스팅에 참여하는 주요 원인으로 꼽았는데요. 문제는 아무리 아이가 '자발적으로' 섹스팅에 참여한다고 할지라도 법적으로 미성년자의 동의는 인정되지 않기 때문에 이에 대한 심각한 처벌을 받을 수 있다는 점입니다. 또한 보낸 사진이 채팅방에서는 삭제되었다고 해도 상대방이 자신의 스마트폰이나 컴퓨터에 저장할 가능성이 있고, 연인 관계가 끝난 후 보복의 목적으로 이를 유포하거나 그럴 것이라는 불안감을 야기하기도 해 아이들의 심리적 안녕에 해가 되는 경우가 많습니다. 그렇다면 부모는 이러한 '섹스팅' 문화에 대해 어떻게 접근하는 것이 좋을까요?

부모로서 아이의 온라인 성적 상호작용이 당황스럽고 또 걱정스러운 것은 당연합니다. 그러나 아이들도 성장하면서 언젠가는 성적 결정권을 갖게 되고 자신의 관계를 스스로 선택하는 존재가 됩니다. 따라서 부모의 역할은 당장 아이를 보호하는 데 그치지 말고, 아이가 이러한 행동의 위험성을 올바르게 이해하도록 도와야 합니다. 그리고 성인이 되었을 때 아이가 건강하고 주체적인 판단력을 발휘하도록 이끌어주는 지점까지 확장되어야 합니다.

물론 이를 위해 가장 중요한 점은 아이가 온라인에서 불안하거나 불편한 경험을 했을 때, 주저 없이 부모에게 이야기할 수 있도록 신뢰에 기반한 관계를 구축하는 것입니다. 하지만 이와 더불어 자발적으로 참여하는 섹스팅의 위험성에 대한 교육 또한 피하지 않고 연령에 맞게 진행해야 합니다. 예를 들어, 어린아이들에게는 신체 경계와 개인정보 보호에 대해 가르치고, 다른 사람이 내 몸 사진을 요청하는 것은 적절하지 않다는 점을 명확히 알려줘야 합니다. 고학년 초등학생이나 중학생 아이에게는 섹스팅이 단순히 사적인 대화가 아니라 디지털 공간에 영구적으로 남을 수 있으며, 신뢰했던 상대방이 이를 악용할 가능성이 있다는 점을 강조해야 하고요. 특히 "사랑한다면 그 정도 사진은 보내줄 수 있지 않아?"처럼 심리적 압박을 간파하는 방법을 교육하는 것이 중요합니다. "혹시 누가 너한테 네 사진을 보내달라고 하면, 넌 어떤 기분이 들 것 같아?", "그 사람이 널 정말 좋아한다면, 네가 불편하다고 말했을 때 어떤 반응을 보여야 할까?"와 같이 구체적인 상황을 가정해서 질문을 던지면, 아이는 자연스럽게 자신의 감정을 들여다보고 '진짜 나를 존중하는 관계'가 무엇인지 스스로 정의하기 시작합니다. 이런 경험이 많아질수록 아이는 단순히 '엄마가 하지 말라고 했으니까 안 해야 되나 보다'라는 생각을 넘어서 자신이 왜 그런 요구를 거절해야 하는지를 스스로 납득하게 됩니다. 결국 부모인 우리가 '나의 신체 사진을 다른 사람에게 보내면 안 된다'고 가르치는 것보다 더 집중해야 할 것은 아이에게 '상대가 요구하는 대로 사진을 보내지 않아도 나는 충분히 사랑받을 만한 가치가 있는 소중한 사람이다'라는 믿음을 심어주는 일입니다.

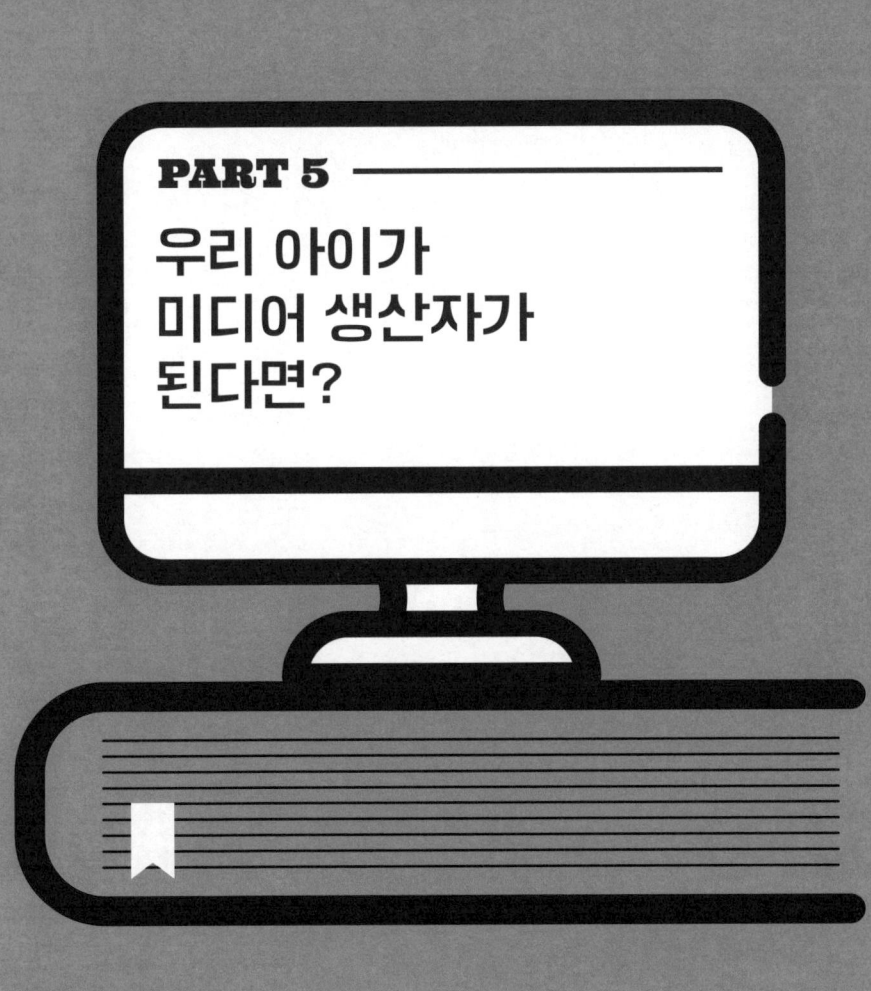

PART 5
우리 아이가 미디어 생산자가 된다면?

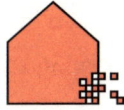

모두가 미디어 생산자가 되는 시대, 진짜 필요한 능력

소비와 숙련을 넘어 창작으로

2025년 1월, 테크 업계는 중국의 AI 모델, '딥시크'의 등장으로 거대한 변화를 맞이했습니다. 지난 몇 년 동안 AI 혁명을 주도하며 선두를 지켜온 오픈AI의 챗GPT보다 뛰어난 성능을 제공할 뿐만 아니라 훈련에 필요한 자원까지 적게 든다는 사실이 밝혀지면서 AI 기술의 진입 장벽이 낮아질 것이라는 기대와 기존의 기술 패권이 흔들릴 수 있다는 위기감이 동시에 퍼져나갔지요. 이에 대해 실리콘밸리의 유명한 벤처 캐피털리스트 마크 앤드리슨Marc Andreessen은 "우리는 지금 AI의 스푸트니크 순간에 살고 있다"라고 표현했습니다. 냉전 시대에 소련이 세계 최초의 인공위성 스푸트니크 1호를 발사하며 우주 개발 경쟁을 촉발시켰듯이 딥시크 역시 AI 기술 발전을 가속화하는 전환점이 될 것이라는 의미였습니다.

이렇게 기술이 급속도로 발전하고 또 진입 장벽이 점점 낮아지면서, 오늘날의 아이들은 단순히 기술의 소비자로만 머물러 있지 않고 이를 활용해 '창작'을 해나갑니다. 과거에는 영상을 시청하고, 글을 읽고, 게임을 즐기는 것이 주된 미디어 활동이었다면, 이제는 직접 영상을 만들고, 글을 쓰고, 게임을 개발하는 시대가 되었는데요. 이에 따라 자신의 관심사와 문제 해결력을 활용해 창의적인 기회를 만드는 아이들도 늘어나고 있습니다.

컴퓨터 없이도 코딩 사고력을 익히도록 만든 교육용 보드게임 코더버니즈Coder Bunnyz는 캘리포니아에 사는 여섯 살 소녀 사마이라 메타Samaira Mehta의 아이디어에서 탄생했습니다. 어릴 때부터 엔지니어인 아빠에게 코딩을 배운 그녀는 "어떻게 하면 또래 친구들도 쉽고 재미있게 코딩을 배울 수 있을까?"라는 고민을 하다가, 아이들이 좋아하는 보드게임을 활용하는 방법을 떠올렸다고 합니다. 2019년 《포브스》 선정 '30세 이하 30인' 리스트에 오른 기탄잘리 라오Gitanjali Rao 또한 자신이 좋아하는 과학과 기술을 활용해 사회에 의미 있는 변화를 만든 사례입니다. 그녀는 우연히 미국 미시간주 플린트에서 수원지를 변경한 뒤 납중독 증세가 일어났다는 뉴스를 접한 후, 더 정확하고 효율적인 수

질 검사법을 개발해야 할 필요성을 느꼈다고 회상합니다. 가정용 검사 키트의 한계를 인지한 기탄잘리는 온라인상에 공개된 관련 논문들을 연구하며 문제 해결을 위한 아이디어를 블로그에 기록했고, 이는 덴버의 수질 연구소와 협력하는 기회로 이어졌습니다. 그 이후에도 기탄잘리는 오피오이드 중독, 사이버 불링 등 다양한 사회 문제를 해결하기 위해 기술을 사용한 연구를 진행해 오고 있는데요. 그녀는《타임》과의 인터뷰에서 "결국 이런 연구들은 머지않아 우리 세대의 손에 맡겨질 일"이라며, 다른 청소년들에게도 "모든 문제를 한꺼번에 해결하려고 하지 말고, 자신이 가장 흥미를 느끼는 한 가지 문제에 집중하며 기술을 통한 혁신을 꾀하라"고 조언했습니다.

그렇다면 사마이라와 기탄잘리처럼 우리 아이도 자신이 관심 있는 분야에 기술을 접목해 활용하도록 하려면, 부모는 어떤 도움을 줘야 할까요? 무엇보다 아이가 다양한 도구를 직접 다뤄보고 응용해 볼 수 있는 환경을 조성해 주는 것이 중요합니다. 처음부터 거창한 프로젝트를 기획하지 않더라도, 여러 도구에 대한 자신의 생각을 정리하고 기록하는 습관을 기르는 것은 좋은 출발점이 될 수 있는데요. 아이가 참여한 프로젝트나 창작물이 많아지면, 그 과정과 배운 점을 체계적으로 정리한 '디지털 포트폴리오'를 만들어보는 것도 좋은 도전 과제가 됩니다.

포트폴리오는 학력이나 경력을 나열하는 단순한 이력서와는 달리 아이가 배우고 성장한 과정을 시각적으로 정리해 두는 것을 목표로 합니다. 이를 돌아보는 것은 아이가 자신이 의미를 느끼는 활동이 무엇인지 인지하는 데 도움을 줄 뿐만 아니라, 아이디어를 발전시키거나 적용 범위를 확장하고자 하는 동기를 부여해 줄 수 있습니다. 초등학생들이 디지털 미디어를 활용해 자신만의 기록과 창작을 시작할 수 있는 몇 가지 예시로 다음과 같은 활동을 추천합니다.

- 캔바Canva나 미리캔버스MiriCanvas 같은 그래픽 디자인 툴을 사용해 자신이 전달하고자 하는 바를 시각적으로 표현하기.
- 음성을 자동으로 텍스트로 바꿔주는 오터에이아이Otter.AI 기능을 사용해 연설문 작성해 보기.
- 애니메이커Animaker나 툰타스틱 3DToontsatic 3D와 같은 애니메이션 툴을 사용해 짧은 영상 만들고 가족끼리 작은 시사회 열기.
- 영어 일기를 쓰고 그래머리Grammarly를 사용해 문법과 표현을 검토하고 적용해 보기.
- 특정 주제에 대해 책을 읽고 웹 기반 플랫폼(블로그, 소셜 미디어 등)에 요약 정리해 보기.
- 노션Notion과 같은 스케줄 관리 앱을 사용해 가족 여행 계획 세워보기.
- 부모의 도움을 받아 나만의 창작물을 전자책이나 PDF 파일로 셀프 출간해 보기.
- 코딩 없이도 웹사이트를 만들 수 있게 해주는 위블리Weebly나 스퀘어스페이스Squarespace, 워드프레스Wordpress 등을 활용해 웹사이트 제작하기.

- 파워포인트를 사용해 원하는 장난감을 사야 하는 이유를 정리해 부모님 설득하기.

아이들이 안전한 디지털 환경에서 자신의 아이디어를 자유롭게 펼치고, 미래에 필요한 기술력과 삶의 역량을 쌓아가는 경험은 능동적인 창작자로 성장하는 데 결정적인 기반이 됩니다. 창의적인 문제 해결, 기록, 피드백의 과정을 거치며 아이는 자신의 잠재력을 발견하고, 점차 자신만의 방식으로 그것을 발전해 나갈 수 있기 때문입니다. 그저 지식을 주입받기보다 주체적으로 기술을 탐색하고 활용해 볼 기회를 충분히 누려본 아이가 기술을 자신에게 맞게 활용할 줄 알게 된다는 사실을 꼭 기억해 주세요.

디지털 창작자를 위한
회색 지대 가이드

"그만! 노트북 들고 내 수업에서 나가!"
얼마 전 한 인터넷 커뮤니티에서는 대학 수업 중, AI 도구를 이용해 논문 요약 과제를 해결하려던 학생에게 교수가 호통을 치며 내쫓는 영상이 뜨거운 반응을 일으켰습니다. 교수의 질책에도 불구하고 학생은 더 많은 내용을 효율적으로 이해하기 위해 도구를 사용했을 뿐, 필요한 내용은 숙지했으니 문제될 것이 없다는 반응을 고수했는데요. 이 사건을 두고 교수의 입장에 공감하는 네티즌들은 대학 수업에서는 단순히 암기가 아니라 사고력을 키우는 공부를 해야 한다며, 최소한의 노력으로 결과만 얻으려는 학생의 태도가 학문의 본질과 어긋난다고 비판했습니다. 반면에 학생을 옹호하는 의견도 적지 않았습니다. 빠르고 효율적인 학습 방법을 찾는 것은 시대 흐름에 맞춰나가기 위해 꼭 필요한 일이며, 이런 도구를 잘 사용하는 것이 오히려 미래의 학습에 더 필요한 능력이라는 주장이었습니다.

위 사례처럼 업무나 학업에 기술을 활용하는 것이 보편화되면서 정답이 명확하지 않은 미디어의 '회색 지대grey zone' 문제들이 더욱 빈번하게 나타나고 있습니다. 특히 AI를 이용한 창작 활동과 과제 수행은 전례가 없던 일인 만큼 아직 법적인 기준 또한 확립되지 않아 논란이 더 뜨거운데요. 최근에는 챗GPT의 이미지 생성 기술이 업데이트되면서 자신의 사진을 일본 유명 애니메이션 '지브리 스타일' 그림으로 변환하는 이용자들이 급격히 늘었습니다. 국내 유명 방송인뿐만 아니라 해외에서도 큰 인기를 끌어, 인도 총리 나렌드라 모디Narendra Modi는 프랑스 대통령 에마뉘엘 마크롱Emmanuel Macron과 함께 찍은 사진을 '지브리 스타일'로 변환해 소셜 미디어에 공유하기도 했습니다. 이처럼 전 세계적으로 확산되는 열풍 속, 일각에서는 원작자인 미야자키 하야오 감독의 동의를 얻었는지, 저작권자의 독창적인 스타일을 모방해 제작한 이미지를 대중에게 유포하는 것이 도덕적으로 정당한지에 대한 논의가 이어지고 있습니다.

물론 AI에 그림을 생성하도록 지시하는 것을 넘어서 특정 화가의 스타일을 모방하도록 설정하는 행위는 저작권을 침해하는지, 아니면 단순한 영감으로 여겨야 하는지 판단을 내리기란 매우 어렵습니다. 현재까지 판례들을 살펴보면 작가의 개별 작품 그 자체는 저작권 보호를 받아왔지만, 창작자의 스타일과 기법, 아이디어가 보호 대상으로 인정된 사례는 극히 드물었습니다. 그러나 이제는 AI가 원작과 매우 유사한 작품을 너무나 손쉽게 생성할 수 있게 되었다는 점을 감안할 때, 법적인 기준 또한 변화를 맞이하리라고 예측됩니다.

실제로 AI 기술 개발에 핵심적인 역할을 해온 다수의 전문가는 미래에는 인간이 이해할 수 있는 수준을 넘어선 기술이 등장할 것이라며, 과도기인 지금 이에 대한 정책과 규제를 탄탄히 만들어나가야 한다고 이야기합니다. 이와 더불어 AI 활용에 대한 사회적 윤리의식과 대중의 변별력 또한 향상되어야 한다고 강조하고 있고요. 그렇다면 학습에 AI 도구를 '올바르게', '잘' 사용하는 모습은 어떤 것일까요? 앞 사례에 등장한 학생처럼, 지정된 과제를 직접 검토하는 대신 챗GPT가 정리해 준 요약본만 살펴보는 것은 괜찮을까요? 만약 과제 목표가 정해진 내용을 읽고 요점을 정리하는 것이거나 배운 내용을 인용해 감상문을 작성하는 것이었다면 어떨까요?

먼저 AI가 정리한 요약본을 그대로 사용하는 것에 대해 이야기하자면, 이에 대한 저작권 문제는 아직 전 세계적으로 결론이 나지 않은 논의 중인 사안입니다. 가장 큰 이유는 AI가 어떤 원자료를 학습했는지, 그리고 어떤 과정을 거쳐 해당 결과를 생성했는지를 정확히 추적하는 것이 사실상 불가능하기 때문입니다. 다만 학교나 기관에서는 아이들이 학습 과정을 경험하고 능력을 쌓도록 AI 활용에 대한 자체적인 정책을 마련해 둔 경우가 많습니다.

따라서 아이가 학습에 AI 도구를 사용할 때는 학교 규정을 먼저 확인하고, 과제 목표나 출제자 의도를 고려해 학습을 방해하는 방식으로 사용하지 않게 지도해야 합니다. 설령 학교에서 AI 활용을 문제 삼지 않는다 해도, 요약본에만 의존하는 습관은 오독에 빠지게 하므로 주의시켜야 합니다. AI는 학습된 데이터와 알고리즘을 기반으로 작동하기 때문에 원본 내용이 왜곡되거나 편향된 정보를 제공할 가능성도 존재하는데요. 원문을 검토하지 않으면 이런 함정에 빠지기 쉬울 뿐만 아니라 저자의 의도나 세부 설명, 맥락 등을 놓칠 가능성이 큽니다.

물론 전통적인 학습법과 새로운 기술을 활용한 학습법, 두 교육법의 사용을 둘러싼 입장 차이는 과거에도 교육 환경이 변화할 때마다 논의되어 왔습니다. 1970년대 후반, 미국이 중고등학교 수학 수업에 처음 계산기를 도입했을 때도 전통적인 교육 방식을 중시하는 일각에서는 계산기 사용이 학생들의 연산 능력을 저하시킬 것이라고 우려했습니다. 하지만 계산기를 단순한 연산 도구로 사용하는 것이 아니라 기본기를 충분히 다진 후 학생을 보조하는 역할로 활용할 경우에는 더 고차원적인 개념 이해에 도움이 된다는 연구 결과들이 발표되면서 이러한 인식은 빠르게 변화했습니다.

AI 기술도 이와 마찬가지입니다. AI 기술이 단순히 숙제를 대신해 주는 도구로 인식되는 것이 아니라 문제 해결력을 확장해 주는 방식으로 활용된다면 긍정적인 방향으로 도입이 가능하리라고 전망합니다. 중요한 점은 기술 그 자체가 아니라 아이가 '대신해 줄 기계가 있으니 스스로 할 필요가 없다'는 수동적 태도를 갖지 않게 하는 것, 그리고 이를 보조 도구로써 적절하게 활용하도록 방향 설정을 도와주는 것입니다.

미국의 온라인 교육 기업인 칸아카데미Khan Academy가 개발한 AI 교육 프로그램, 칸미고Khanmigo는 이러한 철학을 바탕으로 만들어진 AI 도구의 좋은 예입니다. 칸미고는 키워드만 입력하면 사람 대신 에세이를 작성해 주거나 요약본을 제공하는 기존 글쓰기 AI와 달리, 학생이 직접 쓴 글을 함께 살펴보며 수정을 도와주는 대화형 학습 파트너로 설계되었는데요. 예를 들어, 학생이 작성한 에세이를 입력하면 칸미고는 정답을 제시하는 대신에 구체적인 질문을 던지며 사고를 확장하도록 돕습니다.

"반복된 단어 표현이 많은데 유의어를 사용해 보면 어떨까?"
"문장과 문장 사이를 이어주는 접속사, 기억하니? 접속사를 추가하면 더 읽기 쉬운 글이 될 거야."

칸미고는 이와 같이 문법이나 표현뿐만 아니라, 글의 내용과 논리적인 전개에 대해서도 실시간 피드백을 제공합니다. 예를 들어, 에세이의 논지를 강화하기 위해 "네 주장을 뒷받침하는 근거가 충분한 것 같니?", "반대 입장의 사람은 어떻게 반박할 수 있을까?"와 같은 질문을 던짐으로써 아이가 메타인지력을 발휘해 자신의 글을 분석하고 더 정교하게 다듬는 것을 유도하는 방식입니다. 놀랍게도 칸미고 역시 다른 글쓰기 AI들과 마찬가지로 챗GPT를 기반으로 설계되었습니다. 이를 통해 우리는 같은 기술을 활용하더라도 이를 대필 도구로 사용할지 아니면 주체적인 학습을 돕는 튜터로 활용할지, 그 방향성에 따라 교육적 가치가 완전히 달라짐을 알 수 있는데요. 바로 이 차이를 명확히 인지하고 AI를 아이들의 생각을 확장하는 방향으로 접목해 나가는 것이 디지털 환경이 급변하는 지금, 우리가 풀어나가야 할 핵심 과제입니다.

AI 활용에서 또 하나의 중요한 과제는 과도한 의존도를 어떻게 조절할지에 대한 것입니다. 특히 AI가 점점 더 창작 능력을 갖추게 됨에 따라 AI를 모든 작업을 대신해 주는 만능 해결사로 생각하는 사람들이 많아지고 있는데요. 애초에 AI는 반복적이고 기계적인 작업을 처리해 인간이 보다 목표 지향적이고 창조적인 활동에 시간과 정신적 에너지를 쏟도록 개발되었습니다. 그러나 초기 개발 목적과 달리 기술에 전적으로 의존하는 태도는 오히려 창의적 성장을 해칠 수 있으므로 경계해야 합니다. 최근 젊은 층 사이에서는 "AI를 잘 활용하면 일을 하지 않아도 자동으로 수익을 창출할 수 있다"라는 메시지가 유행처럼 확산되면서, AI 활용의 초점이 점점 돈벌이 수단으로 변질되고 있는데요. 이런 방식으로 얻는 경제적 이득은 단기적으로는 매력적일 수 있지만, 장기적으로는 삶의 의미를 탐구하고 스스로 목적을 찾는 과정을 흐릿하게 할 위험이 큽니다.

언젠가 "자신을 진정으로 행복하게 하는 것이 무엇인지 찾기 위해서는 복권에 당첨되어 경제적, 시간적 자유를 얻었을 때도 기쁜 마음으로 향하고 싶은 일터를 떠올려보라"는 구절을 읽은 적이 있습니다. 이는 진정한 만족과 행복, 그리고 자기 효능감은 성취가 아니라 목적의식을 갖는 것에서 비롯함을 시사합니다. 기술 발전 속에서 아이들이 방향성을 잃고 돈만 목표로 하는 삶에 빠지지 않도록, 부모는 AI의 본질적 목적을 명확히 정립하고 아이가 올바른 활용 방식을 유지하도록 지도해야 합니다. 중요한 것은 AI를 통해 얻는 '여유' 그 자체가 아니라 그 여유를 어떻게 활용해 무엇을 할 것인가에 대한 깊은 성찰과 대화입니다. 여기에 AI를 눈앞의 개인적 이득보다 인류 발전을 위한 도구로 활용하려는 글로벌한 책임감이 더해질 때, 우리 아이들이 살아갈 세상이 더 희망적인 방향으로 나아갈 것입니다.

기술로 만드는
글로벌 공감과 협력

"다른 억만장자들은 로켓을 발사하거나 정치에 뛰어드는 등 개인적 욕망을 쫓는 데 반해, 당신은 왜 기후변화나 질병 퇴치와 같은 인도주의적인 목표에 막대한 자금을 투자하는 건가요?"

1975년 마이크로소프트를 창업한 후 31세에 최연소 억만장자가 되었고, 오랜 기간 세계 부호 랭킹 1위를 차지했던 빌 게이츠는 최근 출간한 자서전 북토크에서 사회자의 질문에 이렇게 답했습니다.

"조금 거만하게 들릴 수 있겠지만, 일정 수준 이상의 부를 갖게 되면 단순히 돈으로 살 수 있는 것이 아닌 정말 중요한 것들이 보이기 시작합니다. 솔직히 말하면 부끄럽지만, 저에게는 1975년부터 2000년 까지는 회사를 운영하고 성장시키는 것 외에는 다른 것들을 생각할 여유가 없었어요. 2000년에 CEO 자리에서 물러난 후에야 비로소 컴퓨터나 기술이 아닌 삶의 다른 영역을 돌아볼 기회를 가질 수 있었습니다. 당신 말이 맞아요. 우주 탐험은 분명 멋진 일이지요. 하지만 개인적으로는 말라리아나 소아마비처럼 우리가 충분히 퇴치할 수 있는 질병을 위해 투자하는 일이 더 절실하고 당연한 일로 느껴졌어요."

빌 게이츠뿐만 아니라 세계에서 가장 많은 기부를 한 것으로 알려진 워런 버핏, 미국의 석유왕 존 D. 록펠러, 그리고 아마존 창립자인 제프 베조스와 그의 전 부인 메켄지 스콧까지, 수많은 대부호들은 다양한 국제사회 문제를 해결하기 위해 앞장서고 있습니다. 그런데 이들은 과연 단순히 부자로서의 도덕적 양심 때문에 기부하는 것일까요? 우리는 단지 그들이 '착해서' 그런 행동을 하는 것이 아니라는 점을 놓치지 말아야 합니다.

오늘날 세계는 그 어느 때보다도 긴밀하게 연결되어 있습니다. 국가 간의 교류가 국경이라는 지리적 한계를 뛰어넘으면서 경제, 인구, 기후, 보건 문제를 이제 한 국가만의 노력으로 해결할 수 없는 시대가 되었기 때문입니다. 예를 들어, 내전이나 경제 위기로 발생한 난민 문제는 특정 국가만의 이슈처럼 보이지만, 이들이 생존을 위해 다른 나라로 이동하면 국제적인 파급 효과가 일어날 수밖에 없습니다. 기후 문제 역시 마찬가지입니다. 어느 한 나라가 탄소 배출량을 줄이더라도 다른 나라들이 계속 화석연료에 의존한다면, 지구 전체의 온난화를 막는 데는 한계가 있습니다.

이처럼 세계가 거대한 네트워크로 연결된 요즘 같은 시대에는 각국의 문제를 개별적으로 여기는 태도를 넘어서서 협력과 공감 그리고 공동의 책임 의식이 무엇보다 중요한 가치로 여겨집니다. 세계적인 대부호들이 글로벌 문제 해결에 적극적으로 투자하는 이유도 그저 자선이나 선행의 차원이 아니라 장기적인 인류의 생존과 미래를 위한 현실적이고 전략적인 조치이기 때문일 것입니다.

다행스럽게도 문제들이 서로 얽힌 만큼이나 국제적인 협력의 가능성도 그만큼 커졌습니다. 과거 실크로드를 통해 동서양이 물건 이외에도 사상과 종교를 주고받았던 것처럼, 또 철도와 항공 교통의 발전이 학문과 외교, 비즈니스의 장을 넓힌 것처럼 디지털 기술은 연결성을 새로운 차원으로 끌어올리는 중입니다. 그렇다면 우리 아이들이 이처럼 다양한 사람과 건설적인 협력을 이루기 위해 꼭 갖춰야 할 자질은 무엇일까요? 여러 문화권의 사람들이 함께 살아가는 미국에서 25년간 살며 제가 깨달은 바는 진정한 포용은 '공감'에서 시작한다는 점입니다. 친구들 사이의 스킨십, 선생님과 학생 간의 예의, 토론하는 방식과 분위기까지 사람마다 자라온 환경이 다르기 때문에 문화적 차이는 때때로 당황스러움을 유발하거나 오해를 불러일으키기 쉬운데요. 이러한 차이는 단순히 "다른 사람을 이해해라"는 말로 해결되지 않습니다. 그보다는 나의 방식 또한 누군가에게는 낯설 수 있다는 사실을 깨닫고 다양한 시각을 배우려는 태도를 가질 때 비로소 그 차이를 조금씩 좁힐 수 있습니다. 따라서 세계시민으로서의 의식을 기르기 위해서는 그에 대한 개념을 머리로 배우는 것을 넘어서 직접 경험하며 체득해야 하는 과정이 필요합니다.

아이들이 글로벌한 대상과 협력하는 기회를 만드는 데 온라인 미디어는 탁월한 선택이 될 수 있습니다. 그중에서도 요즘 아이들이 좋아하고 접근도 용이한 도구는 해외 또래들의 브이로그[vlog] 영상입니다. 세상 사람들이 나와 무엇이 같고 다른지, 그리고 그 차이가 어떤 역사적, 문화적 배경에서 비롯하는지 고민해 보는 시간은 '다름'을 수용하는 기반이 되어주는데요. 부모의 지도 아래에 해외 친구들의 브이로그를 보면서 신기하게 느껴진 부분에 대한 질문이나 의견을 댓글로 남기는 활동은 자연스레 다른 문화와 언어에 대한 흥미를 유발하는 효과를 기대할 수 있습니다.

아직 온라인에서 다른 나라 사람과 직접 소통하는 것을 부담스러워 하는 아이라면 스토리콥스Story Corps와 같은 플랫폼이 좋은 대안이 될 수 있습니다. 이곳에는 세계 곳곳에 거주하는 사람들, 그중에서도 치매 환자, 군인 가족, 어린아이 등 다양한 삶을 살아가는 사람들의 진솔한 인터뷰가 올라와 있는데요. 이 플랫폼을 잘 활용하면 아이들은 그들의 경험을 토대로 오프라인 세상에서는 접해보지 못한 시각을 만날 기회를 얻을 수 있습니다. 이곳의 인터뷰들은 모두 영어로 진행되지만, 전사본을 다운로드받아 AI 번역기를 활용하면, 기술을 통해 언어 장벽을 극복하는 경험을 하도록 이끌어주는 것도 가능합니다.

이미 외국어 능력을 갖춘 아이라면 국경 없는 번역가Translators Without Borders와 같은 프로젝트에 참여해 보는 것을 추천합니다. 긴급 재난 상황이나 의료 위기 상황에서 번역된 정보를 신속하게 전달하는 이 단체의 활동은 시험 점수를 위한 외국어 공부가 아닌, 진짜 언어의 쓰임새를 피부로 느낄 수 있게 해주는데요. 이 외에도 전 세계 사람들이 자신이 사는 곳의 구름을 기록해 기후변화 연구에 기여하는 글로브옵저버

Globe Observer, 지구 어디서나 참여할 수 있는 UN 온라인 자원봉사 등 온라인 세상에는 아이들이 글로벌 감각을 키울 기회가 많습니다.

아이들은 이런 활동들에 참여하며 기술을 통해 공감하고 협력을 해나가는 방법을 자연스레 익혀갑니다. 책임감 있는 의사 결정에 동참하고, 문제 해결을 위해 거쳐야 하는 다양한 과정을 경험하며, 세계 시민으로서의 시야와 태도를 점차 키워나가는 것이지요. 이런 과정을 거친 아이들은 기술을 소비하는 사용자를 넘어서 세상에 변화를 만들어내는 능동적인 주체로 성장합니다.

대한민국을 대표했던 박지성 축구 선수는 "해외에서의 경험을 통해 다양한 축구 문화를 익힌 것이 자신의 플레이 스타일에 변화를 주었다"라고 말한 적이 있습니다. 이처럼 온라인 미디어라는 도구를 통해 더 넓은 세상 속 가치를 체득하는 경험, 그리고 자신과는 거리가 멀다고 여겼던 일과 연결되는 경험은 아이가 꿈꾸는 세상의 지평을 넓혀주는 값진 자산이 될 것입니다.

파트별 핵심 포인트

PART 1

미디어 지능, 부모부터 먼저 알아야 합니다

미디어 교육도 공부가 필요하다

| 핵심 포인트 |

- 가족, 친구, 연인 등 사회적 관계 속에서도 휴대폰이 중심이 되는 현상이 나타나면서 부모들도 자녀의 디지털 기기 사용에 무감각해지기 쉬운 시대가 열렸습니다.

- 특히, 태어나서부터 미디어에 노출되는 '디지털 원주민' 세대의 아이들에게 디지털 기술은 '기본값'으로 인식됩니다. 이 때문에 무턱대고 온라인 사용을 제한하기보다는 건강한 사용 방법을 가르치는 것이 중요합니다.

- 미디어 지능은 디지털 미디어를 윤리적이고 건강하게 사용할 줄 아는 능력을 이야기합니다. 미디어 지능이 높은 아이들은 다음과 같은 역량을 갖추고

있습니다.

- 스마트폰이나 인터넷, 최신 기술을 효과적으로 사용하는 기술적 역량.
- 온라인 정보에 대한 변별력을 갖추는 인지적 역량.
- 온라인 세계에서 자신의 행동이 어떤 영향을 가져올 수 있는지 파악하는 메타인지적 역량.
- 온라인상에서도 타인과 공감하고 예의를 지키며 존중하는 정서적 역량.

• 온라인 세상을 맞아, 새로운 가치를 가르쳐야 한다는 부담을 내려놓아야 합니다.

- '포괄적인 미디어 교육'의 핵심은 현실 세상에서도 중요한 정서 지능과 비인지적 역량을 강화하는 것에서 출발해요. 여기에 온라인이라는 특수한 환경의 요소를 고려하는 것이니, '낯설기만 한' 교육이 아닙니다.

• 부모 세대는 지금처럼 미디어가 일상에 깊숙이 스며든 유년기를 보내지 않았기 때문에 디지털 미디어 교육을 낯설고 어렵게 느끼는 마음은 자연스러운 현상입니다.

| 이렇게 해보세요 |
미디어 교육 3 포인트를 배우기

• 미디어 접근성: 못 쓰게 하지 않는 교육
무작정 미디어 소비 시간을 제한하거나 '못 쓰게 하는 것이 아니라' 양질의 콘텐츠를 알아보는 안목을 키우는 것이 중요해요.

- 미디어 안전성: 잘못 쓰지 않게 하는 교육
  미디어 안전 교육을 통해서 기술이 가져오는 기회는 최대한 활용하고 위험은 최소화하는 법을 가르쳐요.

- 미디어 생산성: 잘 쓰게 하는 교육
  기술적, 인지적, 메타인지적, 정서적 역량의 성장을 통해 능동적인 미디어 생산자로 거듭나는 법을 가르쳐요.

어떻게든 잘 키워야 한다는 두려움을 극복하려면

| 핵심 포인트 |

- 디지털 기술은 두려움과 희망을 동시에 상징하기 때문에 상반된 '양가감정'을 불러일으키는 경우가 많습니다. (예: 디지털 폭력이나 온라인 사기에 대한 걱정을 하면서도, AI 신기술과 글로벌 소통에 대한 기대를 품는 것)

- 이런 복잡한 감정 속에서 부모들은 어떤 방향이 '좋은 미디어 교육'인지 끝없는 고민을 하게 되지요. 이때, 우리 가정이 중요하게 생각하는 디지털 원칙을 세우는 것이 중요합니다. 미디어에 대한 부모의 초감정과 선입견을 점검하는 것에서 시작해 보세요. 나만의 기준이 확실할 때, 일관성 있는 교육이 가능해집니다.

- 기술에 대한 오해에서 생겨난 두려움은 제대로 된 근거를 이해하면 더 잘 다스릴 수 있습니다.

- 오해 1: 미디어는 뇌 발달을 방해하는 '유일무이' 문제 요소다

  미디어가 본질적인 문제라고 확정 짓기는 어렵습니다. 다양한 자극을 받아야 할 시기에 한쪽으로 치우친 자극을 주는 생활 방식은 꼭 미디어가 아니더라도 해롭기 때문입니다.

- 오해 2: 미디어가 아이의 사회성을 헤친다

  요즘 아이들이 예전처럼 놀이터에서 함께 뛰어놀지 않는다고 해서 사회적 상호작용을 하지 않는 것은 아닙니다. 온라인을 잘 활용하면 긍정적인 교류의 장이 될 수 있다는 점을 기억해 주세요.

- 오해 3: 미디어가 ADHD 아동을 만든다

  미디어를 과도하게 사용해서 ADHD를 겪게 된다는 것은 증명된 바가 없어요. ADHD를 겪는 아동이 미디어를 균형 있게 사용하는 데 어려움을 느끼는 것은 미디어 탓이 아니라, 충동 조절이나 감정 조절의 어려움 때문일 가능성도 고려해야 합니다.

- 오해 4: 우리 아이는 온라인 중독이다

  미디어를 많이 사용한다고 무조건 과의존 증상을 겪고 있다고 볼 수 없습니다. '중독'과 같이 부정적인 어감을 가진 단어로 미디어 조절을 촉구하기보다는 온라인의 어떤 요소가 아이에게 매력적으로 느껴지는지 파악하는 것이 중요해요. 아이가 현실 세계에서 누리고 싶었으나 채 누리지 못한, 결핍 요소까지 함께 살피고 채워주는 것이 핵심입니다.

| 이렇게 해보세요 |

부모인 나의 미디어 초감정 점검하기

부모로서 현재 자신의 초감정은 어떤지 파악하는 것이 먼저입니다. 자신의 내

면을 더 잘 이해하며 자신을 돌아보세요(38페이지 참고).

미디어 가이드, 제대로 이해하고 현명하게 활용하자

| 핵심 포인트 |

- 아이를 키우는 가정들의 무려 80퍼센트 이상은 이미 미디어 이용 규칙을 가지고 있다고 합니다. 그중에서도 가장 흔한 규칙의 형태는 미디어 사용 시간 제한과 부적절한 콘텐츠의 금지였습니다.

- 2x2 규칙과 같이 단순히 미디어 사용 시간을 제한하는 것은 현대의 디지털 환경에 적합하지 않습니다. 갈수록 스마트 미디어가 일상에 깊숙이 배어 있어서 경계를 나누는 것도 쉽지 않습니다. 이제는 '하루 몇 시간'보다는, 미디어 사용 습관 만들기와 양질의 콘텐츠 선정에 집중하는 것이 필요합니다. 부모가 임의로 규칙을 정하기보다는 아이가 납득할 수 있는 설명을 제공하며 함께 노력해 나갈 목표를 만들어나간다는 인식이 중요해요.

- '미디어를 얼마나 사용하는가', '무엇을 보느냐'보다 더 중요한 것은 '누구와 어떻게 보는가'에 달려 있습니다. 미디어를 시청하는 동안, 보호자가 상호작용을 더해주고, 오프라인의 요소와 연결고리를 만들어주면 같은 미디어를 시청해도 더 다양한 자극이 촉구됩니다. 부모의 '미디어 코칭'이 중요한 이유입니다.

- '미디어를 사용하지 않는 동안의 시간'을 살펴보며 폭넓은 발달 기회를 만

들어주고 있는지도 꼭 점검해 보세요. 아이의 일상 속에 독서와 신체 활동, 대화, 자유 놀이 시간이 보장되고 있나요?

- 아이를 키우다 보면 매번 칼같이 규칙을 지키기 어려울 때도 있습니다. 혹시 이런 기준들을 철저히 지키지 못하더라도 너무 많은 자책은 금물입니다. 꾸준히 '의식적인 미디어 소비'를 향해 꾸준히 나아가고자 하는 동기를 잃지 않는 것이 중요합니다.

| 이렇게 해보세요 |
우리 아이가 평소 좋아하는 프로그램은 양질의 콘텐츠인가요?

- 우리 아이가 자주 시청하는 미디어를 3가지 선정해 주세요.
  - 연령별 미디어 시청 가이드라인을 참고해 '소비 시간'과 '콘텐츠 형태'가 아이의 발달 사항과 연령에 적합한 수준인가 검토해 보세요.
  - 커먼센스 미디어의 10가지 미디어 평가 기준을 참고해, 해당 미디어가 담고 있는 내용도 살펴보세요. 아이가 롤 모델로 삼을 만한 캐릭터들이 등장하나요? 언어나 행동에서 폭력성이나 유해성이 감지되지는 않는지, 교육적 가치는 무엇인지 의식적인 분석을 해보세요.
  - 3가지 미디어에 대한 검토가 끝났다면, 그중 가장 '양질의 콘텐츠'는 무엇이었는지 순위를 매겨보세요.

PART 2
우리 집만의 미디어 철학을 만들자

가짜 조절 말고 진짜 조절을 가르치자

| 핵심 포인트 |

- 미디어 조절의 주체가 아이가 아닌 부모가 되면, 아이는 진짜 조절력이 아닌 가짜 조절력을 쌓게 됩니다. 부모의 눈만 피하면 모든 문제가 해결된다는 생각에 놓이게 되기 때문입니다.

- '진짜 미디어 조절력'을 키우는 핵심 조건
  - 계단식으로 접근하기: 아이가 어리고 자조적인 습관 형성이 되어 있지 않을수록, 건전한 습관을 만들기 위한 부모의 개입이 필요합니다. '하지 않아야 할 것'보다는 '지켜야 할 수칙'에 집중해 명확한 가이드라인을 제시해 주세요. 물론, 아이가 성장할수록 자율성을 더해주는 것 또한 잊지 말아야 합니다.
  - 외적 보상으로 유혹하지 않기: '밥 잘 먹으면 아이패드 줄게' 같은 표현을 자제해 주세요. 미디어를 사용하는 목적은 스스로 판단하에 적합하기 때문이 되어야 합니다.
  - 자기 효능감이 싹트는 경험 만들어주기: 아기가 스스로 결정할 수 있는 여지를 남겨주세요. (예: 만약 일주일에 두 번 미디어를 사용하자는 규칙을 부모가 정했다면, 무슨 요일에 하는 것이 좋을지는 아이가 결정하게 하거나 미디어 기기의 보관 장소를 선택하게 하기). 스스로 결정하고 조절하는 경험이 쌓이면 '자기 효능감'이 쌓입니다.

- 만족 지연감을 느끼게 해주세요: 정해진 규칙없이 미디어를 사용하는 것을 경계해 주세요. 갑자기 허용되는 스크린 타임은 예측이 불가능하고 조절이 더 어렵습니다.

- 미디어 조절력은 오프라인 환경에서도 키울 수 있습니다.
  - <u>수면과 식사와 같은 기본 욕구를 챙겨주기</u>: 이런 기본적인 욕구가 채워지지 않은 상태에서는 예민하고 충동적인 반응이 나타날 가능성이 증가합니다.
  - <u>감정 인지와 표현, 조절을 연습하기</u>: 꼭 미디어와 관련된 상황이 아니더라도, 일상생활에서 명확한 한계를 설정했을 때 아이가 슬퍼하거나 화를 내는 모습을 보인다면, 당황하지 말고 감정을 '적절하게' 표현할 수 있도록 이끌어주세요. 좋아하는 일을 중단하는 것은 자연스레 불쾌한 감정을 불러일으킬 수 있는 일입니다. 중요한 것은 이를 다스리는 연습을 하는 일입니다.
  - <u>멈추어 생각하는 놀이를 해보기</u>: '그대로 멈춰라'나 '무궁화 꽃이 피었습니다', '가라사대' 놀이처럼, 충동을 조절하는 놀이들이 전반적인 조절력 향상을 도울 수 있습니다.

- 부모의 미디어 조절력 또한 점검할 필요가 있습니다. 부모가 미디어에 몰입하는 순간에도 아이에게는 '잃어버린 시간'이 생겨납니다. 부모의 미디어 소비 습관은 아이에게 롤 모델이 된다는 걸 잊지 마세요.

| 이렇게 해보세요 |

부모인 나의 미디어 소비 습관은 안녕하신가요?

- 평소 아이의 앞에서 휴대폰을 사용하는 시간은 얼마나 되는지 생각해 보세요.

- 그 시간 중에 오프라인 활동으로 전환하거나, 아이가 보지 않는 시간에 처리할 수 있는 활동이 있을까요? (예: 전자책 대신 종이책 보기, 인터넷 쇼핑은 아이가 학교에 있을 때, 혹은 잠든 뒤에 하기)

- 물론, 많은 업무가 디지털화되어 있는 현실에서는 의식적으로 노력해도 아이 앞에서 휴대폰을 사용해야만 하는 상황들이 있습니다. 그럴 때는 소리 내어 미디어 소비에 대한 설명을 더해주며 목적의식을 가지고 기기를 사용하는 모습을 보여주세요.

우리집 맞춤형 미디어 수칙 만들기 3단계

| 핵심 포인트 |

- 실천이 가능한 미디어 규칙을 세우기 위해서는 각 가정이 가진 고유의 가치관과 라이프 스타일을 반영하는 것이 중요합니다. 이 부분을 고려하지 않고 무작정 틀을 만들어놓으면, 실용성과 의미를 지키기가 힘들어요.

- TIP: 우리 가족만의 미디어 수칙을 만들 때는 '포기할 수 없는 것들'을 가장 우선순위에 놓아보세요. 가족회의를 통해 우리가 중요하게 생각하는 핵심 가치를 먼저 파악하면 이것을 지키기 위한 미디어 수칙을 만들어나갈 수 있습니다.

- 부부가 함께 자신의 미디어 양육 유형을 파악하는 시간을 갖는 것도 추천합니다. 디지털 양육 유형은 크게 네 가지로 나누어 생각해 볼 수 있습니다.

우리 집의 가치관은 어떤 유형과 가장 닮아 있나요?

- <u>디지털 동조자</u>: 미디어 사용에 있어 아이의 결정권을 높이 사며, 통제성이 낮습니다.
- <u>디지털 제한자</u>: 미디어 부작용에 대한 우려가 크며, 부모가 결정권을 쥐고 있습니다.
- <u>디지털 멘토</u>: 미디어 사용과 관련해 아이의 결정권을 존중하되 필요한 경계를 설정합니다.
- <u>디지털 방관자</u>: 아이가 미디어 사용에 큰 흥미를 보이지 않고 결정권을 강력히 행사하지 않으며, 부모의 통제성도 낮습니다.

- 아이가 미디어 규칙을 따르는 데 지속적인 어려움을 겪고 있다면 다음 사항들을 고려해 주세요.

  - 아이의 실패를 비난하기보다는 부모가 느낀 점을 공유하고 아이의 의견을 물어보는 과정을 통해 자신의 상황을 스스로 돌아볼 기회를 만들어주세요.
  - 미디어 활용 외에도 아이가 흥미를 느끼는 활동이 고루 제시되고 있는지도 확인해 볼 필요가 있습니다.
  - 미디어 수칙이 잘 지켜지고 있는지 확인할 수 있는 객관적인 지표를 미리 설정하기를 추천합니다. (예: 우리가 정한 수칙이 잘 지켜지고 있다는 건 어떻게 알 수 있을까? 잘 지켜지지 않을 경우 어떤 신호가 나타날까?)

| 이렇게 해보세요 |

균형을 만드는 우리 집 디지털 플래닝 시작하기

- 디지털 플래닝은 아이의 참여도가 높을수록, 또 구체적일수록 실천 가능성이 커져요. 다음과 같은 요소를 참고해 가족회의를 진행해 보세요.

  - 시간 결정하기: 아이의 발달과 연령을 고려해 소비 시간 기준을 정해보세요.
    ▸ 소비 시간 기준은 매일, 매주, 어떤 단위가 적절할까?
    ▸ 평일과 주말에는 게임 시간에 차별화를 두어야 할까?
    ▸ 친구나 친척 집에 방문할 때는 예외가 있을까?

  - 공간 결정하기 : 아이의 연령과 발달을 고려해 사생활이 보장되는 공간의 필요성을 따져보세요.
    ▸ 미디어 사용은 집의 어느 공간에서 이루어질까?
    ▸ TV 시청과 컴퓨터 사용, 콘솔 게임 등 미디어 형태에 따라 바꿔야 할까?
    ▸ 미디어를 주로 사용할 공간은 올바른 자세와 건강한 소비에 적합할까?

  - 미디어 사용 동기 점검하기: 기기를 사용하는 이유를 살피면 변화를 꾀할 수 있는 부분이 보여요.
    ▸ 재미 추구를 위해 미디어를 사용하는 경우, 오프라인 대체 활동은 무엇이 있을까?
    ▸ 친구와 소통을 주목적으로 미디어를 사용하는 경우, 하루 어느 정도의 대화가 적절할까?
    ▸ 스트레스 해소를 위해 사용하는 경우, 해당 콘텐츠의 어떤 면이 이에 도움이 될까?

  - 우선순위 확실히 세우기: 꼭 해야 하는 일과 미디어 활용에 균형을 세우도록 도와주세요.

- 건강한 성장과 생활 습관을 위해 매일 꼭 해야 하는 일은 무엇이 있을까?
- 오프라인에서 꼭 해야 하는 일과 디지털 기기 사용 중 더 우선시되어야 하는 일은 무엇일까?
- 그렇다면 취미를 위한 미디어 소비와 인터넷 검색이 필요한 숙제하기처럼, 꼭 해야만 하는 미디어 사용에는 어떤 차이가 있을까?

디지털 동네, 안전하게 거닐려면

| 핵심 포인트 |

- 부모가 아이 앞에 펼쳐질 온라인 세상 속 모든 사이트를 일일이 확인하거나, 우연히 접하게 될 유해 콘텐츠를 막는 것에는 현실적인 한계가 있습니다. 아이가 어릴 때는 독립적으로 탐색할 수 있는 온라인 영역은 좁게 시작하고, 점차적으로 유해 사이트를 변별하는 힘을 길러주어야 합니다.

- 안전한 온라인 소비 습관을 만들어주기 위해서는 아이가 커갈수록 통제 범위를 느슨하게 풀어주는 것만으로는 충분하지 않습니다. 그보다 적극적인 개입과 교육을 통해 아이에게 미디어를 건강히 활용하는 방법을 지도하고, 또 이를 소비하는 동안 드는 생각과 감정을 검토하는 연습을 해나가는 것이 더 중요합니다.

- 가족이 함께 시각적으로 온라인 콘텐츠를 구분 짓는 도구를 활용해 보세요.
  (예: 신호등 차트)

- 여러 사이트를 둘러보면서 마음에 불편함이 일어나지는 않는지 살펴보는 것도 변별력을 키우는 좋은 방법입니다. (예: 이 사이트를 보았을 때 어떤 기분이 드니?)

- 아이가 개인정보가 드러나지 않는 온라인 계정을 만들 수 있도록 이끌어주세요. 비밀번호가 노출되거나 계정을 해킹당했을 때 일어날 수 있는 상황에 대해 아이의 수준에 맞는 대화를 나누면서 개인정보의 중요성을 알려주어야 합니다.

- 평생 남는 기록, 디지털 발자국에 대한 경각심 또한 키워줄 필요가 있습니다. 개인이 의도적으로 남기는 활성화 발자국과 우리도 모르는 새 남게 되는 비활성화 발자국을 이해하며, 자신의 흔적을 관리하도록 교육하는 것은 안전한 디지털 소비를 위한 필수 수칙입니다.

- 부모가 자녀의 동의 없이 소셜 미디어에 사진을 올리는 행위 또한, 개인정보를 헤치는 행위일 수 있다는 사실을 기억해야 합니다. 어떤 소식을 누구와, 어떤 방식으로 공유할지 아이의 의견을 물으며 가족 내 모두가 편안하게 느끼는 온라인 참여 문화를 만들어주세요.

- 타인의 삶을 긴밀히 엿볼 수 있는 소셜 미디어는 어린아이와 청소년의 자아상에 부정적인 영향을 미칠 수 있습니다. 소셜 미디어 속 콘텐츠는 정제된 모습을 담고 있다는 점을 교육해 주고, 실생활에서도 아이가 자존감을 올리도록 자신의 강점을 실감할 기회를 제공해 주세요.

| 이렇게 해보세요 |

소셜 미디어 속 인물을 탐구해 보자

- 아이들은 소셜 미디어에 올라온 타인의 편집된 모습을 보고, 상대적 박탈감을 느끼는 경우가 많아요. 만약 아이가 평소 동경하는 인물이 있다면 다음과 같은 질문을 활용해 건설적인 대화를 이끌어주세요.

    - 이 사진을 찍기 위해 어떤 준비를 했을까?
    - 베스트 컷을 위해서 사진 몇 장을 찍었을까?
    - 이 영상에는 동영상 필터와 같은 특수효과가 들어갔을까?

PART 3

AI로 공부할 때 아이가 키워야 할 것들

미디어와 학습이 만났다

| 핵심 포인트 |

- 이미 AI 기반 맞춤형 교육을 실행했었던 미국의 '알트 스쿨'의 선례를 바탕으로, AI 교과서를 성공적으로 활용하려면 다음과 같은 준비가 필요하다 판단됩니다.

    - AI가 교사를 대체하는 것이 아니라 교사를 보조하는 역할을 수행하는 쓰임이 필요합니다. 교사가 AI를 활용해 더 나은 교수법을 설계하도록 연수와 지원이 뒷받침되

어야 합니다.
- 단순히 기존 학습을 디지털화하는 것이 아니라 창의력과 문제 해결력을 키우는 방향으로 기술을 활용해야 합니다. 즉각적인 피드백은 '정답 맞추기'에 초점을 맞추기 때문에 과정에 대한 사고력을 저하할 수 있다는 우려가 있습니다.
- AI의 편향성과 학생 데이터 보호 등의 문제 해결을 위한 감독 기구 및 윤리적 검토 과정이 필요합니다. 아이들의 교육이라는 중대한 사안과 밀접하게 닿아 있는 결정인 만큼, 서두르기보다는 탄탄한 준비 과정을 바탕으로 실행되어야 한다고 생각합니다.

- 디지털 학습 교육용 앱들 사이에도 유해성과 유용성에 차이가 크며 연구적 검증이 부족한 사례가 많습니다.

- 유익한 학습 앱은 다음과 같은 특징이 있습니다.
  - <u>아이의 발달 사항을 고려한 디자인</u>: 불필요한 시각 청각 효과는 줄여 과도한 자극을 배제하고, 너무 복잡한 터치 조작이나 빠른 진행을 지양합니다.
  - <u>외적 보상의 최소화</u>: 정답을 맞추면 캐릭터가 춤을 추거나 디지털 스티커를 주는 보상형 디자인을 최소화해 배움 자체를 즐겁게 느끼도록 설계되어 있습니다.
  - <u>자율적 학습 환경 제공</u>: 앱이 개입해서 특정 순서를 강요하지 않아요. 원하는 그림 그리기와 같이 아이의 선택을 존중하는 '열린 활동'이 중심이 된 디자인을 선보입니다.

- AI 튜터와 녹화 강의와 같은 디지털 학습 도구는 아직 대면 학습의 정서적 교감을 대체하기에는 부족함이 많습니다. 이런 도구를 사용한다면, 꼭 부모 혹은 선생님과 함께 하는 대화와 경험을 기반으로 한 학습을 병행해 주세요.

- 디지털 도구를 활용해 이뤄내는 결과물보다 더 중요한 것은 그 과정에서 얻는 경험입니다.
  - <u>성장형 마인드</u>: 새로운 디지털 기술을 배울 때도 시행착오는 당연한 과정이라는 것을 강조해 주세요. 빠르게 사용법을 익히는 것보다 탐구를 통해 자신만의 스타일을 발견해 나갈수록, 나중에 또 어떤 새로운 기술이 나와도 포기하지 않고 습득하는, 평생 배우는 사람으로 살아가게 됩니다.
  - <u>메타인지력</u>: 자기 자신을 잘 아는 아이들은 <u>스스로의 강점을 활용하고, 약점을 보완할 수 있는 기술을 선택하는 능력</u>이 뛰어납니다. 기술을 통해 자신이 이루고자 하는 목표가 뚜렷하기 때문에 자신에게 적절한 도구를 선별할 수 있습니다.

| 이렇게 해보세요 |

"이 어플, 진짜 도움이 될까?" 체크 리스트 만들기

- 아이와 함께 학습 앱을 사용해 보고 좋은 점과 아쉬운 점을 정리해 보세요. 아래 체크 리스트를 활용하면, 안목을 깊게 하는 경험이 될 거예요.
  - 학습 내용이 교육 전문가, 또는 신뢰할 수 있는 기관에서 개발한 것일까?
  - 내가 준비된 속도대로 학습할 수 있는 앱인가?
  - 활동이 단순 암기나 반복 연습이 아닌, 생각을 확장할 기회를 제공하는가?
  - 연령별로 적절한 학습 내용과 난이도로 진행되는가?
  - 화려한 색감이나 캐릭터의 움직임이 학습을 방해하지는 않는가?
  - 정답을 맞추는 것만큼이나 문제를 해결하는 과정도 중시하는가?
  - 스티커나 코인, 레벨업 등 외적인 보상 체계가 적은가?
  - 일정 시간 동안 아무런 행동을 하지 않아도 앱이 게임을 지속하길 재촉하진 않는가?

- 광고나 유료 결제 유도가 적절하게 통제되어 있는가? 상업적 요소가 너무 많지는 않은가?
- 오프라인 학습(종이접기나 놀이, 실험 등) 자연스럽게 연계될 수 있는 요소가 있는가?
- 부모나 교사, 혹은 아이 자신이 학습 진행 상황을 확인할 수 있는 기능이 있는가?
- 문제를 틀리거나 실수를 했을 때 부정적인 피드백 대신, 추가 학습을 유도하는 피드백을 주는가?

미디어 판단력을 키워라

| 핵심 포인트 |

- AI는 모든 것을 알고 있는 절대적인 존재가 아니라, 데이터를 학습하고 패턴을 분석하는 기술이라는 사실을 꼭 인지해야 합니다. 따라서, AI가 제공하는 정보를 완전히 신뢰하는 것은 위험합니다.

- 특히 자동화 기술을 사용해 만들어진 가짜 뉴스와 조작된 영상들로 '카더라 통신'에 현혹되는 것이 매우 쉬운 요즘 세상에는 비판적 사고를 발휘해 신뢰할 수 있는 정보를 변별하는 미디어 판단력이 꼭 필요합니다.

- 비판적 사고를 키우는 3가지 핵심 경험
    - 독서를 통한 배경지식 확장: 사람은 새로운 정보를 접하면 이미 알고 있는 지식을 바탕으로 판단을 내리는 경우가 많습니다. 독서를 통해 간접 경험을 쌓으면 정보

의 진위 여부를 파악하는 능력이 향상됩니다.
- <u>현실 경험을 통한 비판적 시각 형성</u>: 많은 아이들은 뉴스가 자신과 무관한 이야기라고 생각합니다. 하지만 일상 경험이 풍부한 아이들은 사회 이슈와 자신의 삶을 연결하는 능력이 커지고, 가짜 뉴스에 대한 면역력도 올라갑니다.
- <u>정보를 검증하는 부모의 습관</u>: 부모부터 비판적인 시선으로 뉴스를 소비하는 태도를 보여주세요. 공식 기관과 SNS에 떠도는 정보를 구별하는 등, 신뢰할 수 있는 정보를 판단하는 과정을 투명하게 공개해 주면 좋은 배움의 기회가 됩니다.

- 모든 미디어는 편향성을 지니고 있습니다. 공정성을 위한 노력을 들이더라도 제작 과정에서 제작자의 가치관이 개입되기 때문입니다. 그렇다고 해서 '모든 미디어는 믿을 수 없다'는 불신보다는 편견을 인식하고 정보를 균형 있게 분석하는 태도를 갖추는 것이 중요합니다.

- 미디어에는 의도적으로 숨겨진 장치들도 있습니다. 카메라, 연출, 편집, 광고 등의 과정에서 제작자가 어떤 메시지를 강조하고 있는지 분석하는 시간을 가져보세요. 정보 표현 방식에 따라 사람들의 인식이 바뀌는 '프레이밍 효과'를 경계하는 능력이 쌓입니다.

- 유튜브, 틱톡, 인스타그램 등 플랫폼의 알고리즘이 추천하는 대로 영상을 소비하는 습관을 가진 사람이 갈수록 늘어나고 있습니다. 무작위적 콘텐츠 소비는 주의력을 저하하고, 편향성을 증가시키며, 사실이 확인되지 않은 정보를 확산시키는 데 기여할 수 있어 조심해야 합니다.

- 디지털 영상 플랫폼은 공익을 위한 '디지털 도서관'이기 이전에, 수익을 창

출해내기 위한 사기업이라는 점을 꼭 기억해야 합니다.

- 아이들이 알고리즘에 휘둘리지 않게 도와주는 방법이 있습니다.
    - 유튜브는 탐색의 시작일 뿐, 최종 정보원이 아니라는 인식을 심어줍니다.
    - 부계정을 만들어 알고리즘의 편향성을 직접 체험하게 합니다.
    - 짧고 강렬한 콘텐츠는 뇌를 '빠른 보상'에 익숙하게 만든다는 점을 교육합니다.
    - 뉴스와 오락성 콘텐츠를 구별하는 능력을 키워줍니다.

| 이렇게 해보세요 |

미디어는 우리의 생각과 감정을 어떻게 좌지우지할까?

- 아이와 함께 뉴스나 콘텐츠를 보며 비판적 질문을 던져보세요. 비판적으로 영상을 분석하는 경험이 쌓이면, 강력한 알고리즘 속에서도 '나만의 생각'을 지키는 게 가능해져요.
    - 이 뉴스가 오늘 주요 뉴스로 선정된 이유는 무엇일까?
    - 뉴스에서 다루었으면 좋았을, 생략된 내용이 있을까?
    - 이 뉴스에는 감정을 자극하는 요소가 포함되어 있을까?
    - 이 영상에 담겨 있는 음악이나 색상, 단어들은 어떤 감정을 불러일으킬까?
    - 내 알고리즘에는 왜 이 영상이 나왔을까? 내가 이전에 검색하거나 시청한 콘텐츠를 통해 이 영상이 추천되었을까?
    - 지금 내가 보는 이 내용은 정말 나에게 흥미로운 것일까?

PART 4
온라인에서 건강하게 관계를 쌓기 위한 필수 3가지

의미 있는 연결을 만드는 온라인 에티켓

| 핵심 포인트 |

- 과거에는 악플의 주된 공격 대상이 공인이었던 반면, 미디어 형태가 다양화된 요즘에는 개인에게도 쉽게 도가 지나친 비난 글이 닿는 시대가 되었습니다. 심지어 상당수 어린아이가 이미 악플에 대해 무감각한 반응을 보이고 있어 꼭 교육이 필요한 부분입니다.

- 댓글 필터나 처벌책보다 더 근본적인 악플의 해결책은 타인은 존중하는 비인지적 역량을 키워주는 정서 교육이라는 점을 기억해야 합니다.

- 아이가 악성 댓글을 다는 습관을 갖고 있다면, 공감으로 시작해 문제 행동 안에 숨어 있는 원인을 파악하는 것이 중요합니다. 이와 동시에 좋은 댓글은 무엇인지 구체적인 지도를 함께 진행하는 것이 효과적입니다. '나쁜 댓글을 남기면 이러한 처벌을 받는다'와 같이 부정적인 측면에 집중하기보다는 건강한 온라인 토론 예시들을 살펴보며 좋은 소통의 특징을 짚어주는 것이야말로 디지털 에티켓을 쌓아주는 방법입니다.

- 온라인 세계가 악성 댓글과 같은 위험으로만 가득 차 있는 것은 아닙니다. 대중에게 즉각적으로 도달할 수 있는 인터넷 특성은 '선한 영향력'과 같은

긍정적인 결과물을 탄생시키는 데도 크게 기여합니다. 이를 잘 보여주는 대표적인 사이트를 아이와 함께 둘러보면서 기술을 통해 사회에 긍정적인 물결이 이는 모습을 알려주세요.

- 잘못을 저지른 사람은 대중적으로 비난받아 마땅하다는 생각에서 비롯한 '캔슬 컬처'. 자칫, 어린아이들은 군중심리에 휩쓸려 의도치 않게 마녀사냥을 확산시키는 데 동조하는 역할을 하게 됩니다. 사회가 양극화된 집단으로 치닫는 것을 방지하기 위해서는 비판적 시각만큼이나 포용심을 키워줄 필요가 있습니다.

| 이렇게 해보세요 |
좋은 댓글, 선한 영향력 깊게 알아보기

- '효과적인 온라인 토론' 차트를 활용해 아이와 함께 좋은 댓글과 나쁜 댓글을 변별하는 활동을 해보세요. 이 댓글의 어떤 내용이 건설적인 토론에 도움이 되는지, 또 어떤 부분이 근거를 강화해 주는지 따져보는 거예요.

- 선한 영향력의 대표적인 예시로 생각되는 '해시태그' 운동. 아이와 함께 온라인 참여 외에도 실질적인 지원을 할 수 있는 방안을 생각하고 실천하는 시간을 가져보세요. 온라인 서명이나 사진 올리기를 통한 인식 향상 외에 우리가 할 수 있는 일은 무엇이 있나요? 온라인과 오프라인의 영향력을 합쳐 시너지를 꾀해보아요.

단단한 관계를 만드는 온라인 소속감

| 핵심 포인트 |

- '온라인 친구는 위험하다'라는 생각은 요즘 아이들에게 구시대적인 것으로 받아들여지기 쉽습니다. 아이에게 중요한 우정을 부정하거나 수치스럽고 떳떳하지 못한 일로 여기게 만들면, 자존감에 상처를 입힐 수 있습니다. 또한 앞으로의 관계 형성에도 부정적인 영향을 끼칠 수 있어 주의해야 합니다. 물론, 아이가 온라인에서 새로운 사람을 만날 때는 주의가 필요하지만, 온라인이라는 환경 때문에 무조건 선입견을 가질 필요도 없습니다.

- 긍정적인 온오프라인 관계를 위해서는 공통적으로 좋은 우정과 그렇지 않은 우정을 구분할 수 있는 변별력, 적절한 경계 설정, 그리고 자신의 감정과 요구를 명확하게 표현할 수 있는 의사소통 기술을 교육해야 합니다.

- 사람들은 자기 고유의 성향과 가치관, 과거 경험이 있기 때문에 같은 상황에서도 타인과 다른 감정을 느끼는 경우가 많습니다. 그렇기에 명확히 경계를 설정하는 것은 친구 관계에서 오해를 줄여주고 큰 갈등을 방지해 줍니다.

- 온라인 커뮤니티 활동은 공감과 지지를 나누는 공간이자 다양한 분야의 사람들과 사회적 연결 경험을 만들어나가게 해준다는 장점이 있습니다. 그러나 연대감이 강한 단체일수록 편향적인 의견과 무분별한 동조가 일어나고, 온라인상에서 인정받고 싶은 심리가 지배적인 사용자를 만날 가능성이 크기에 건강한 커뮤니티를 판단하는 안목을 심어주어야 합니다.

- 갈수록 교묘해지고 다양해지는 사이버 불링(괴롭힘)에 대해서 부모의 개입은 필수적입니다. 특히 사이버 불링은 보이지 않는 환경에서 발생하므로 신중한 대응이 필요한데요. 자녀에게 꼭 사소한 갈등과 사이버 불링을 구분하는 기준을 교육하고 문제 크기에 따른 적절한 대처법을 가르쳐주세요.

- 다수가 미디어를 사용하는 환경에서는 커뮤니티뿐만 아니라 전반적인 미디어 사용에 대한 득과 실을 제대로 따져보기 어렵습니다. 그러나 조금 더 번거롭고 힘든 길이더라도 기존에 세운 우리 가족만의 디지털 양육 원칙을 되돌아보며, 우리 아이에게 필요한 환경을 제시하는 것이 부모의 역할입니다.

| 이렇게 해보세요 |
온라인에서도 오프라인에서도 사회성에 중요한 기술, '문제의 크기 파악하기'

- 아이들이 문제 상황에 대처할 때 혼란스러움을 느끼는 가장 큰 이유는 바로, 사소한 일에 때로 '매우 큰 감정'이 따라오기 때문입니다. 작은 일에도 큰 반응을 한다면 문제를 해결하는 데 도움이 되지 않고 오히려 해가 될 수 있어요. 시험 문제가 어렵다고 갑자기 고함을 지르거나, 친구가 책상 정가운데를 침범했다며 주먹을 휘두르는 행동과 같이 '문제 크기'와 '반응 크기'의 균형이 어긋난 경우, 상황은 더 악화됩니다. 학교와 같은 단체 생활에서뿐만 아니라 온라인 커뮤니티나 SNS의 공간에서도, 이런 행동이 반복되면 타인과의 관계에 부정적인 영향을 끼칠 수 있어 각별한 지도가 필요합니다.

- 문제 크기를 세 단계로 활용해 상황을 분석하는 연습을 해보세요.

- <u>1단계(작은 문제)</u>: 감정을 가다듬고 바라보면 쉽게 해결이 가능한 일. 혹은 속상하지만 내가 통제할 수 없는 일. (예: 좋아하는 친구랑 같은 소그룹에 배정이 되지 않음, 실수로 물을 쏟아 옷이 젖음, 소풍날 비가 옴)
- <u>2단계(중간 문제)</u>: 문제를 해결하기 위해 누군가의 도움이 필요하기도 한 상황, 직접 해결해 보려고 했으나 잘 해결되지 않는 상황. (예: 물건 분실, 여럿이 얽힌 갈등 상황)
- <u>3단계(큰 문제)</u>: 누군가의 도움이 바로 필요한 상황. 심각하게 다치거나 안전이 위협되는 상황. (예: 신체 싸움, 사고, 사이버 불링에 해당하는 장기적이고 의도적인 괴롭힘)

- 실생활이나 온라인에서 일어날 법한 문제 상황을 세 단계로 구분 짓고, 각 문제에 대한 적절한 대처 방안을 미리 함께 구상해 보세요.

올바른 성의식을 쌓아주는 온라인 성교육

| 핵심 포인트 |

- 디지털 환경에서는 성 콘텐츠의 노출 위험이 증가합니다. 스마트 스피커처럼 예상치 못한 경로를 통해 AI 음성 콘텐츠, 섹시한 소리 ASMR 등 성 콘텐츠에 접근하는 것이 가능하기 때문입니다.

- 자녀와 성에 대한 대화를 나누는 것이 낯간지럽고, 성을 가르치는 것이 아이의 순수함을 헤칠까 두려운 마음에 교육을 회피하면 아이가 왜곡된 성 정보를 비공식적인 경로에서 습득할 위험이 커집니다.

- 좋은 성교육은 '성적인 내용에 대한 정보 전달'뿐만 아니라 아이가 자신을 보호하고 건강한 관계를 형성하는 능력을 갖추도록 지도하는 데 목적을 두어야 합니다. 어린아이들에게는 신체 자율성과 경계 설정, 청소년에게는 건강한 성적 욕구와 책임감 있는 행동을 함께 교육해야 합니다.

- 아이들이 음란물 소비를 일반화하는 문화를 경계해야 합니다. 성 콘텐츠가 인간의 뇌에 미치는 영향을 이야기하며, 미디어 속 저속한 표현을 비판적으로 볼 수 있는 안목을 키워주는 것이 필요합니다.

- 성교육은 존중 교육과 크게 다르지 않습니다. 타인의 경계를 지키고 성적 대상화를 피하는 것, 성적 욕구보다 인간적인 존엄성을 우선시하는 것과 같이 타인을 귀하게 여기는 태도를 가르쳐주어야 합니다.

- 아이들의 온라인 성문화는 소비에서 참여로 이어지기도 합니다. 많은 부모가 온라인 성 콘텐츠가 음란물 사이트에만 존재한다고 착각하지만 건전해 보이는 플랫폼에서도 위험 요소는 숨어 있습니다. 온라인 소통이 아이들에게 자연스러운 일상이 되면서 온라인에서 성적 관계 형성이 이루어지는 경우 또한 증가합니다.

- 섹스팅, 오픈채팅, 딥페이크와 같은 문제들 또한 '우리 아이는 아니겠지' 안일하게 생각해서는 안 됩니다. 부담스럽더라도 성 콘텐츠 제작과 참여에 대한 예방 교육은 필수적이며, 아이가 온라인 관계에서 친밀감을 채우려는 심리를 이해하고 이를 건강하게 해소할 방법을 고민해야 합니다.

| 이렇게 해보세요 |

'만약에' 게임 해보기

- '만약에' 놀이를 통해 가상의 시나리오에 대한 대화를 시작해 보세요. 성에 대한 대화를 어색하지 않게 접근하면서 대처 방안에 대한 교육 기회가 생길 거예요. '성은 나쁜 것이니 숨겨야 한다'는 인식이 생기지 않도록 부드럽고 긍정적인 방식으로 대화를 이끌어주는 것이 중요합니다.

  - AI나 스마트 스피커에서 원하지 않는 콘텐츠를 만났다면 어떻게 할까?
  - 이런 상황이 생기면 누구에게 이야기할 수 있을까?
  - 단체 채팅방에서 누군가 다른 사람의 사진을 허락 없이 공유하고 있다면 어떻게 해야 할까?
  - 온라인 친구가 너에게 "비밀로 해줄게"라며 사진을 요청하면 어떻게 해야 할까?
  - 친척이 네 볼을 꼬집으려 하면 어떠니? 싫다면 어떻게 말하면 좋을까?

PART 5

우리 아이가 미디어 생산자가 된다면?

모두가 미디어 생산자가 되는 시대, 진짜 필요한 능력

| 핵심 포인트 |

- 2025년 등장한 중국 AI 모델 딥시크가 모든 작업물을 오픈 소스로 공개하

면서, AI 기술 발전이 더욱 가속화되고 있습니다. 딥시크 CEO 량원펑 외에도 역사적으로 혁신을 이룬 기업가들은 이처럼 기존 기술을 단순히 소비하기보다는 기술의 한계를 인지하고 개선점을 찾아 창의적으로 해결했다는 공통점을 가지고 있습니다.

- 개인의 창의적 활동 기회가 확장되는 이 시대에는 아이들에게 신기술을 가르치고 숙련시키는 교육을 넘어, 자신에게 의미 있는 방식으로 적용하는 기회를 마련해 주는 것, 즉 '잘 쓰게 하는 교육' 또한 필요합니다.

- 기술을 배운다고 해서 바로 창의적인 결과물이 나오는 것은 아닙니다. 하지만 다양한 디지털 도구를 사용해 보면서 기록하고 실험하는 습관을 형성해 나가면, 자연스레 디지털 공간에서 안전하게 자신의 생각을 펼칠 기회는 생겨납니다.

- 물론 AI 기술을 활용하거나 적용하는 과정에서는 논란의 여지가 있는 사안들을 맞닥뜨릴 수 있습니다. AI가 생성한 요약본을 그대로 제출하거나, 특정 화가의 그림을 모방하는 디지털 아트를 생산하는 것은 아직 법적 기준이 없는 대표적인 '회색 지대' 문제들입니다.

- 미래에는 AI가 인간을 뛰어넘는 '슈퍼 인텔리전스'가 될 가능성이 거론되면서, 이럴 때일수록 사회적 윤리의식과 AI 변별력 강화 교육이 필수라는 의견이 증가하는 추세입니다.

- AI에 대한 맹목적인 의존은 사고력과 창의력을 저하시킬 수 있다는 우려의

목소리도 나옵니다. 이를 경계하기 위해 가장 중요한 것은 '대신해 주는 기계가 있으니 내가 할 필요가 없다'는 사고방식을 지양하는 일입니다. 같은 기술이라도 사용자가 어떻게 활용하느냐에 따라 사고력을 키워줄 수도, 반대로 해할 수도 있다는 사실을 이해해야 합니다.

- AI 기술의 개발 의도는 반복적이고 기계적인 작업을 AI에 맡겨, 인류가 창의적인 활동에 더 집중하도록 돕는 것이었습니다. 하지만 AI를 활용해 얻은 여유를 통해 무엇을 할 것이지 고민하지 않으면, 인류는 목적의식과 존재 가치를 상실할 수 있어 주의해야 합니다.

- 기술을 통해 국가간 시공간을 초월한 관계들이 맺어지면서 세계적 문제 해결은 특정 국가나 개인 몫이 아니라 공동의 책임이 되었습니다. 따라서 아이들의 세대에는 다양한 문화적 배경을 이해하고 공감하는 태도를 길러주는 교육이 중요합니다.

- 디지털 기술을 활용한 다양한 글로벌 프로젝트와 협력 활동을 통해 세계 시민 의식을 함양할 때, 우리 아이들이 꿈꿀 수 있는 세상의 범위 또한 확장된다는 것을 기억해 주세요.

| 이렇게 해보세요 |
디지털 실험 노트 만들기

- 다양한 디지털 도구를 사용해 보고 그 경험을 기록하는 '디지털 실험 노트'를 만들어보세요. 아이가 도구를 사용해 보며 배운 점, 개선했으면 하는 점,

흥미로웠던 점을 자유롭게 기록하며 주기적으로 부모와 함께 피드백을 나누는 방법을 추천해요. 여기에 AI를 기반으로 한 기술이 더 늘어날수록 우리 삶에 생길 변화를 예측해 보며, 그것이 어떤 영향을 가져올지에 대한 대화를 나누는 것도 좋아요.

- AI가 숙제를 대신해 주면 좋은 점과 나쁜 점은 무엇이 있을까?
- 미래에 사람들이 AI에 너무 의존하면 어떤 문제가 생길까?
- AI가 대체해도 되는 일과 그래도 꼭 인간이 해야 하는 일은 무엇이 있을까? 그 사이에는 어떤 차이가 있을까?
- AI를 활용한 저작권과 관련해서 네가 법을 만들 수 있다면 어떤 기준이 공정하다고 생각하니?

우리 아이 맞춤형 미디어 교육 웹사이트

국경 없는 번역가

비영리 단체로 재난이나 긴급 상황에서 신속하게 정보 전달을 위해 무료 번역 서비스를 제공해 언어 장벽을 허무는 데 기여합니다.

글로브옵저버

시민 과학자가 되어 날씨, 구름, 나무 등 지구 환경 데이터를 수집하고 NASA와 공유할 수 있는 참여형 과학 프로젝트를 진행합니다.

그래머리

영어 문법, 철자, 문장 구조 등을 실시간으로 교정해주는 글쓰기 지원 도구입니다.

노션

메모, 일정 관리 등을 통합한 올인원 all-in-one 생산성 도구입니다.

미리캔버스

한국형 디자인 플랫폼으로, 한글 폰트와 국내 환경에 최적화된 템플릿을 제공해 콘텐츠 제작이 간편합니다.

스토리콥스
사람들의 삶과 경험을 인터뷰 형태로 기록하고 공유해 공감과 이해를 증진시키는 미국 기반의 구술 기록 프로젝트입니다.

스퀘어스페이스
세련된 디자인 템플릿과 다양한 기능을 갖춘 웹사이트 제작 플랫폼입니다.

애니메이커
캐릭터 애니메이션, 인포그래픽infographic 영상 등을 쉽게 제작할 수 있는 온라인 동영상 제작 플랫폼입니다.

오터에이아이
음성을 자동으로 인식해 실시간으로 텍스트로 변환해 주는 AI 기반 기록 도구입니다.

위블리
드래그 앤드 드롭(끌어서 놓기)drag-and-drop방식으로 쉽게 웹사이트를 제작할 수 있습니다.

워드프레스
가장 널리 사용되는 오픈소스 웹사이트 제작 도구로, 블로그부터 쇼핑몰까지 다양한 형태의 사이트를 구축할 수 있습니다.

캔바
누구나 쉽게 사용할 수 있는 온라인 그래픽 디자인 툴로, 다양한 템플릿을 활용해 포스터, 발표 자료, SNS 콘텐츠 등을 만들 수 있습니다.

칸미고
AI 학습 도우미로, 학생의 학습을 돕고 교사와의 상호작용을 지원합니다.

툰타스틱 3D
아이들이 직접 캐릭터를 만들고 이야기를 구성해 3D 애니메이션을 제작할 수 있는 교육용 앱입니다.

UN 온라인 자원봉사
전 세계 누구나 온라인으로 참여 가능한 유엔 자원봉사 플랫폼으로 다양한 분야에서 비영리 활동을 지원할 수 있습니다.

부록 3 TV 및 영상물 등급 분류표

| TV 등급 분류표 |

국내 등급 분류	미국(영문 표기)
모든 연령 시청가	TV-Y (미취학 아동 대상 프로그램) TV-G (전연령 대상 프로그램)
7세 이상 시청가	TV-Y7
12세 이상 시청가	TV-PG
15세 이상 시청가	TV-14
19세 이상 시청가	TV-MA

| 영상물 등급 분류표 |

국내 등급 분류	미국(영문 표기)
전체 관람가	G / PG
12세 관람가	PG / PG-13 미국과 한국의 연령 기준 상이 : 미국의 경우 만 13세를 기준으로 삼습니다. 즉, PG-13은 전체관람가이지만 13세 미만인 경우, 보호자 동반이 권고됩니다.
15세 관람가	미국에서는 15세를 기준으로 시청 등급을 나누지는 않습니다. 약 12세 관람가와 청소년 관람불가 기준의 중간 지점의 영상물들이 국내에서 15세 관람가를 부여받습니다.
청소년 관람불가	R
제한 상영자(제한 관람가) 수위가 매우 높은 성인 영화로, 18세 미만 관람 불가 판정을 받은 영상물을 이야기합니다.	NC-17

참고 자료

PART 1
미디어 지능, 부모부터 먼저 알아야 합니다

- 김범주, '[종합] 2025년 초등학교부터 '코딩' 수업시간, 2배 늘어난다', 〈네이트 뉴스〉, 2022년 8월 22일자 기사, 2024년 3월 12일 접속.
- 김소영·김유미, 〈디지털 기기를 이용한 독서활동에 대한 어머니의 인식: 첫 자녀 취학 및 어머니 취업에 따른 차이를 중심으로〉, 《디지털콘텐츠학회논문지》 제20권 제7호, 디지털콘텐츠학회, pp.1307~1318, 2019.
- 대한소아청소년과학회 발달위원회, '[소아청소년발달] 4-7세 아이에게 미치는 디지털미디어의 작용', 대한소아청소년과학회 홈페이지.
- 매리언 울프, 《책 읽는 뇌》, 이희수 옮김, 살림출판사, 2009.
- 박세준, '게임은 '중독'이 아닌 '과몰입': 스트레스, 가정불화 등에 원인… 치료 안 해도 절반 이상 호전', 〈주간동아〉, 2019년 6월 24일자 기사, 2024년 3월 22일 접속.
- 박인서·백영민, 〈어린이 미디어 이용에 관한 부모 중재효과 연구: 성향점수매칭을 활용한 복합설문분석〉, 《한국언론학보》 제65권 제6호 pp.5~46, 2021.
- 박혜령·임유진·김지윤·유은정, 《미국의 미디어 리터러시 교육 체계와 교육 현장을 통해 본 국내 미디어 리터러시 교육의 발전 방향》, 동계 이화 글로벌 프론티어 프로그램 탐사 보고서, 2017.
- 법제처, 「방송심의에 관한 규정([시행 2020. 12. 28.] [방송통신심의위원회규칙 제150호, 2020. 12. 28., 일부개정])」, 국가법령정보센터 홈페이지.
- 양정애·김아미·박한철, 《미디어교육의 재구조화: 21세기 한국의 미디어교육 영역 및 구성》, 한국언론진흥재단, 2019.
- 오주현·박용완, 〈영유아의 스마트 미디어 사용 실태 및 부모 인식 분석〉, 《육아정책연구》 제13권 제3호, 육아정책연구소, pp.3~26, 2019.

- 우따따(유아 콘텐츠 큐레이션 플랫폼) 홈페이지(https://wooddadda.com).
- 이동현, "'게임중독 청소년 금방 돌아와… 질병 되면 낙인 우려'", 〈EBS 뉴스〉, 2019년 5월 28일자 방송, 2024년 3월 21일 접속.
- 이두현, '퍼거슨 박사 "게임장애, 근거도 없고 대책도 없다"', 〈인벤(Inven)〉, 2019년 4월 5일자 기사, 2024년 3월 21일 접속.
- 이원섭·조재희·최지선, 《어린이와 미디어 리터러시》, 한국언론진흥재단, 2022.
- 이종은, '[정신건강칼럼] ADHD의 진단과 치료 ① 〈주의력 결핍 과잉행동 장애〉, 〈중앙일보〉2017년 10월 17일자 기사, 2024년 3월 10일 접속.
- 이현수, '[이장주 칼럼] 게임 장애, 과학적 근거가 빈약하다', 〈인벤〉, 2018년 1월 17일자 기사, 2024년 3월 22일 접속.
- 이화여자대학교 어린이미디어연구소, '어린이 미디어 품질지수(CMQI)', 2024.
- 최희진, "'인터넷 중독은 일시적 증상, 언제든 해결 가능해'", 〈한겨레〉, 2013년 3월 4일자 기사, 2024년 3월 22일 접속.
- 한국언론진흥재단, 《미디어 리터러시》 창간호, 2017-08.
- 한국지능정보사회진흥원, '2023 스마트폰 과의존 상담 우수 사례', 「인터넷·스마트폰 과의존 예방·해소 사업」 및 「스마트쉼센터」.
- 한국지능정보사회진흥원, '사용자군 분류 및 상담 흐름도', 「인터넷·스마트폰 과의존 예방·해소 사업」 및 「스마트쉼센터」.
- 한국지능정보사회진흥원, '스마트폰 과의존 관찰자 척도', 「인터넷·스마트폰 과의존 예방·해소 사업」 및 「스마트쉼센터」.
- "Six Tech Habits Changing the American Home," Barna Group, April 18, 2017.
- Alexander BK, Coambs RB, Hadaway PF., The effect of housing and gender on morphine self-administration in rats, *Psychopharmacology*(Berl), 978;58(2):175-9.
- Ashton JJ, Beattie RM., Screen time in children and adolescents: is there evidence to

- guide parents and policy?, *Lancet Child Adolesc Health*, 2019 May;3(5):292-294.
- Common Sense Education, How We Rate and Review.
- COUNCIL ON COMMUNICATIONS AND MEDIA, Media and Young Minds, *Pediatrics*, 2016 Nov;138(5):e20162591.
- Cox Mobile, *Generation screen: Parenting and mobile safety*, Cox Communications, 2024.
- Farchakh Y, Dagher M, Barbar S, et al., Association between problematic social media use and attention-deficit/hyperactivity disorder in a sample of Lebanese adults, *Prim Care Companion CNS Disord*, 2022;24(2):21m03025.
- Frank W, Baker, Media Literacy in the K-12 Classroom, International Society for Technology in Education, pp.21-36, 2016.
- Giger, P., *Participation literacy: Part I: Constructing the Web 2.0 concept* (Licentiate dissertation), Blekinge Institute of Technology, 2006.
- Jackson, S., & Scott, S., Risk anxiety and the social construction of childhood.In D. Lupton(Ed), Risk and sociocultural theory: New directions and perspectives.(pp.86-107), New York, MY: Cambridge University Press, 1999.
- Jordan Shapiro, *New Childhood, The: Raising Kids to Thrive in a Connected World*, Hachette Audio, 2018.
- Lillard AS, Peterson J., The immediate impact of different types of television on young children's executive function, *Pediatrics*, 2011 Oct;128(4):644-9.
- Lindson-Hawley, N., Banting, M., West, R., Michie, S., Shinkins, B., & Aveyard, P., Gradual Versus Abrupt Smoking Cessation: A Randomized, Controlled Noninferiority Trial. Annals of internal medicine, 164(9), pp.585 – 592, 2016.
- M. Bittman, L. Rutherford, J. Brown, and L. Unsworth, "Digital natives? New and old media and children's outcomes", *Australian Journal of Education*, 55(2), pp.161-

175, 2011.

- McLuhan, M., *Understanding media: The extensions of man*. New York: McGraw Hill, 1964.
- Pappas, S., *What do we really know about kids and screens?* American Psychological Association. 2020, April 1, Retrieved June 30, 2022.
- Prensky, M., Digital natives, digital immigrants part 1, *On the horizon* 9(5), pp.1-6, 2001a.
- Prensky, M., Do they really think differently?, On the horizon 9(6), pp.1-9, 2001b.
- Weinstein N, Przybylski AK, Murayama K., A prospective study of the motivational and health dynamics of Internet Gaming Disorder. *PeerJ*. 2017 Sep 29;5:e3838.
- Whitty, Monica T., Young, Garry, Cyberpsychology: The Study of Individuals, Society and Digital Technologies, BPS Blackwell, 2016.
- World Health Organization, Guidelines on Physical Activity, Sedentary Behaviour and Sleep for Children under 5 Years of Age, Geneva: World Health Organization; 2019.
- World Health Organization, International Classification of Diseases, Eleventh Revision(ICD-11), World Health Organization(WHO) 2019/2021. Licensed under Creative Commons Attribution-NoDerivatives 3.0 IGO licence(CC BY-ND 3.0 IGO).

PART 2
우리 집만의 미디어 철학을 만들자

- 국립나주병원 소아청소년정신과, '게임과몰입에 대한 홍보 및 교육' 영상, 국립나주병원 유튜브, 2023년 6월 16일 게시.
- 권예지·나은영·박소라·김은미·이지영·고예나, 〈한국의 디지털 원주민과 디지털 이주민: 온라인 콘텐츠 이용, SNS 네트워크, 사회적 관계 인식을 중심으로〉, 《한국방송학보》 제29권 제2호, 한국방송학회, 2015.
- 김영우, '공부 위해 스마트 기능 막아둔 '공신폰'의 인기와 한계', 〈아이티(IT) 동아〉, 2018년 4월 17일자 기사, 2024년 3월 18일 접속.
- 김태훈, '공부의 신 핸드폰' 공신폰을 알고 계신가요?', 〈정신의학신문〉, 2019년 3월 16일자 기사, 2024년 3월 18일 접속.
- 대니얼 골먼, 《EQ 감성지능》(10주년 특별기념판), 한창호 옮김, 웅진지식하우스, 2008.
- 메조미디어 트렌드기획팀, 〈부모가 된 밀레니얼 세대: M세대 부모 소비자 리포트〉, 메조미디어, 2022.
- 송원숙, 〈디지털 미디어 리터러시에 영향을 주는 요인에 관한 탐색적 연구-SNS 이용행태, 부모의 양육 태도를 중심으로〉, 《리터러시 연구》 제12권 제2호, 고려대학교 정보문화연구소, pp.265~293, 2021.
- 오주현··박용완, 〈영유아의 스마트 미디어 사용 실태 및 부모 인식 분석〉, 《육아정책연구》 제13권 제3호, 육아정책연구소, pp.3~26, 2019.
- 이창호·이숙정, 〈부모의 중재 유형과 부모애착이 청소년들의 성인용 앱 이용에 미치는 영향〉, 《언론학연구》 제20권 제2호, 부산울산경남언론학회, pp.5~30, 2016.
- 하형석, 〈부모와 자녀의 미디어 이용, 그리고 미디어 이용제한〉, 《KISDI STAT

Report》제19권 제5호, 정보통신정책연구원, 2019.
- 한국언론진흥재단, 《2023 어린이 미디어 이용조사》, 한국언론진흥재단, 2023.
- Baumrind, D., Current patterns of parental authority, *Developmental Psychology Monograph*, 4, pp.1-103, 1971.
- Baumrind, D., Current patterns of parental authority, *Developmental Psychology Monograph*, 4, pp.1-103, 1971.
- Beyens, I., Keijsers, L., Coyne, S. M., Social media, Parenting And Well-being, *Current Opinion in Psychology* 47, 101350, 2022.
- Beyond Screen Time: A Parent's Guide to Media Use, Pediatric Patient Education, 2021.
- Beyond Screen Time: A Parent's Guide to Media Use. *Pediatric Patient Education*, 2021.
- Cherkin, E., *The screentime solution: A judgment-free guide to becoming a tech-intentional family*, Greenleaf Book Group Press, 2024.
- Common Sense Education(n. d.), *Digital citizenship curriculum*, Common Sense Media, Retrieved March 7, 2025.
- Common Sense Education(n. d.), *Digital citizenship curriculum*, Common Sense Media, Retrieved March 7, 2025.
- Cox Mobile, *Generation screen: Parenting and mobile safety*, Cox Communications. 2024.
- Deci, E. L., & Ryan, R. M., Self-determination theory: A macrotheory of human motivation, development, and health, *Canadian Psychology/Psychologie canadienne*, 49(3), 182–185, 2008.
- Digital Wellness Lab, *"Sharenting" and child influencers*. Boston Children's Hospital, 2023, March 29.
- Emarketer. Audrey Schomer, US Time Spent with Media 2021: Digital Media Usage

Gains After the 2020 Pandemic Year, but Traditional Formats Fade, May 27, 2021. Accessed on March 20, 2024.
- Gentile DA, Oberg C, Sherwood NE, Story M, Walsh DA, Hogan M, American Academy of Pediatrics. Well-child visits in the video age: pediatricians and the American Academy of Pediatrics' guidelines for children's media use, *Pediatrics*. 2004 Nov;114(5):1235-41.
- Hofmann, J. B. (n.d.), *Janell Burley Hofmann: Author, speaker, consultant*. Retrieved March 5, 2025.
- Hofmann, J. B., *The iPhone contract heard round the world*, HuffPost, 2013, February 28.
- Jennifer L. Chakroff and Amy I. Nathanson, "Parent and School Interventions: Mediation and Media Literacy" in The Handbook of Children, Media, and Development, ed. Sandra L. Calvert and Barbara J. Wilson (Boston: Blackwell), 2008.
- Jurgenson, N., *The social photo: On photography and social media*, Verso Books, 2001.
- Lally, M., Teen boys and the rise of 'looksmaxxing', *The Times*, 2024, October 26.
- Mann, S., & Vargas Campos, D., *Teen girls' mental health: Strategies for coping with the challenges of social media* [Webinar], Common Sense Media, 2023, May 15.
- Mayer-Schönberger, V, *Delete: The virtue of forgetting in the digital age*, Princeton University Press, 2009.
- Merlin, Clare; Okerson, Justine Rebecca; and Hess, Phillip, "How Parenting Style Influences Children: A Review of Controlling, Guiding, and Permitting Parenting Styles on Children's Behavior, RiskTaking, Mental Health, and Academic Achievement", *The William & Mary Educational Review* Vol. 2: Iss. 1, Article 14, 2013.
- New York State Senate, *First-in-the-nation legislation limiting social media algorithmic reach to minors passes Senate and Assembly*, New York State Senate, 2024.

- Park, Mi-Young & Shim, Jae & Kim, Kirang & Hwang, Ji-Yun, Leveraging Multimodal Supports using Mobile Phones for Obesity Management in Elementary-School Children: Program Providers' Perspective from a Qualitative Study, *Korean Journal of Community Nutrition*. 22. 238. 10.5720/kjcn.2017.22.3.238, 2017.
- PBS NewsHour, *More than 40 states sue Meta, claiming its social platforms are addictive and harm children's mental health*, PBS, 2024, October 24.
- Samuel, Alexandra, Parents: Reject Technology Shame, The Atlantic, 2015.
- Sarah J. Racz and Robert J. McMahon, "The Relationship between Parental Knowledge and Monitoring and Child and Adolescent Conduct Problems: A 10-Year Update", *Clinical Child And Family Psychology Review* 14, no.4, 2011.
- Statista, *Distribution of Instagram users worldwide as of April 2024, by age group*, Statista, 2024.
- Tamayo, P. D., & Small, D., *Report to the legislature: Digital citizenship recommendations*, Office of Superintendent of Public Instruction(OSPI), 2016.
- Tao T, Wang L, Fan C, Gao W., Development of self-control in children aged 3 to 9 years: perspective from a dual-systems model, Sci Rep, 2014 Dec 11;4:7272.
- The Harvard Crimson, *Harvard rescinds acceptances for at least ten students for offensive memes*, The Harvard Crimson, 2017, June 5.
- Time to Log Off, The 5:2 Digital Detox.
- Yael Lederer, Hallel Artzi, Katy Borodkin, The effects of maternal smartphone use on mother-child interaction, Child Development Volume 93, Issue 2, pp.556-57, 2021.

PART 3
AI로 공부할 때 아이가 키워야 할 것들

- 김도형, '"세종대왕 맥북 던짐 사건 알려줘" 물었더니… 챗GPT의 엉뚱 답변 '밈'으로 유행 중', 〈한국일보〉, 2023년 2월 23일자 기사.
- 요한 하리, 《도둑맞은 집중력》, 김하현 옮김, 어크로스, 2024.
- 이광형, 《거꾸로 질문하고 스스로 답을 찾는 아이》, EBS BOOKS, 2023.
- 주정흔, 〈디지털 교과서, 약인가 독인가〉, 《한국교육연구네트워크 2024년 3차 월례 포럼 자료집》, 한국교육연구네트워크, 2024년 6월 29일 개최.
- 한치원, '주정흔, "AI 디지털교과서 도입, 美 알트스쿨 실패 반면교사 삼아야"', 〈교육플러스〉, 2024년 6월 24일자 기사.
- 홍섭근, 〈AI 교과서 도입 논란과 교육부 주도의 교육정책 실패 원인〉, 교육을 바꾸는 사람들, 2025년 1월 22일 칼럼. https://21erick.org/column/14519/
- "[이슈K] 교실에 등장한 '디지털 교과서'…기대효과와 과제는", 〈KBS 뉴스〉, 2025년 4월 17일 보도.
- Adams, S., Big Money, Little Kids, and a Grand Experiment, *Forbes*, 2019, February 28.
- Andrews, E., *How AltSchool is personalizing education by collecting hordes of data on students*. Smithsonian Magazine, 2016, March 10.
- Brody, L., AltSchool to Close Elementary School in Manhattan's East Village. *The Wall Street Journal*, 2017, November 3.
- Christakis, D. A., Interactive media use at younger than the age of 2 years: Time to rethink the American Academy of Pediatrics guideline?, *JAMA Pediatrics*, 168(5), pp.399-400, 2014.

- Eichenbaum, A., Bavelier, D., Green, C. S., Interactive media use and executive function skills in children: A promising direction for direct instruction, *Frontiers in Psychology*, 5, pp.1-8, 2014.
- Golebiewski, M., boyd, d., *Data voids: Where missing data can easily be exploited*, Data & Society Research Institute, 2019.
- Hammond, S. I., & Müller, U., The effects of parental scaffolding on preschoolers' executive function, *Developmental Psychology*, 48(1), pp.271-281, 2012.
- Hirsh-Pasek, K., Zosh, J. M., Golinkoff, R. M., Gray, J. H., Robb, M. B., Kaufman, J., Putting education in "educational" apps: Lessons from the science of learning, *Psychological Science in the Public Interest*, 16(1), pp.3-34, 2015.
- KQED Teach(n. d.), *Analyzing media messages: Bias, motivation, and production choices* [Online course]. KQED.
- Lapowsky, I., Inside the School Silicon Valley Thinks Will Save Education, Wired, 2015, May 7.
- Simons, D. J., Boot, W. R., Charness, N., Gathercole, S. E., Chabris, C. F., Hambrick, D. Z., Stine-Morrow, E. A. L., Do "brain-training" programs work? *Psychological Science in the Public Interest*, 17(3), pp.103-186, 2016.
- Tversky, A., & Kahneman, D., The framing of decisions and the psychology of choice, *Science*, 211(4481), pp.453-458, 1981.
- Yan, Z., Panadero, E., Wang, X., Zhan, Y., A systematic review on students' perceptions of self-assessment: Usefulness and factors influencing implementation, *Educational Psychology Review*, 35, Article 81, 2023.

PART 4
온라인에서 건강하게 관계를 쌓기 위한 필수 3가지

- 경찰청, 〈2022년 세부 유형별 사이버 범죄 발생·검거 현황〉, 경찰청 통계자료, 대한민국 경찰청 홈페이지.
- 곽민정·설경옥, 〈연애 관계 내 청소년 섹스팅을 예측하는 성격 및 관계 변인과 성차〉, 《사회과학연구》 제61집 제3호, 강원대학교 사회과학연구원, pp.387~409, 2022.
- 김예랑, '제니 "전자담배 논란에 사과한 이유는…" 美 매체에 솔직 고백', 〈한국경제〉, 2024년 9월 20일자 기사.
- 김재훈·박소현·한경식, 〈국내 주요 온라인 커뮤니티의 혐오 표현 사용 양상에 관한 연구〉, 《한국HCI학회 논문지》 제18권 제1호, 한국HCI학회, pp.27~36, 2023.
- 방송통신위원회·한국지능정보사회진흥원, 〈2022년 사이버폭력 실태조사 보고서〉, 방송통신위원회·한국지능정보사회진흥원, 2022.
- 방송통신위원회·한국지능정보사회진흥원, 〈2023년 사이버폭력 실태조사 보고서〉, 방송통신위원회·한국지능정보사회진흥원, 2023
- 연세대학교 바른ICT연구소, '악성댓글을 보았다: 악성댓글, 디지털미디어 리터러시 토론회 프레젠테이션, 2022년 10월 17일 국회 의원회관 제1소회의실에서 개최.
- 윤준호, '댓글이 사라진 세상, 연예계는 안녕하십니까?', 〈머니투데이〉, 2020년 3월 10일자 기사.
- "Good Pictures Bad Pictures Jr.: A Simple Plan to Protect Young Minds", Amazon.com, accessed March 9, 2025.
- "Top 100: The Most Visited Websites in the US [2022 Top Websites Edition]," Semrush Blog, accessed March 8, 2023.

- "Young People's Barriers to Talking About Sexual Health With Their Parents and Providers", SMSNA For Patients, accessed Mar 10, 2025.
- American Psychological Association, *How kids can make and keep friends* [Audio podcast episode], Speaking of Psychology, 2020, October 14.
- Charities Aid Foundation, *UK Giving 2014: An overview of charitable giving in the UK*, 2015.
- Children's Commissioner for England(n.d.), *"A lot of it is actually just abuse": Young people and pornography*.
- Erlichman, J., *How 'Exploding Kittens' became the most insane Kickstarter campaign ever*, Medium, 2015, February 18.
- Grossman, J., *This viral song is teaching kids to set boundaries—and it's pure gold, according to child psychologists*, Parents, 2023, September 6.
- Himani Adarsh and Swapnajeet Sahoo, "Pornography and Its Impact on Adolescent and Teenage Sexuality," *Journal of Psychosexual Health* 5, no. 1, March 2023.
- Maddox, A., *ARFID is often misunderstood. This viral 8-year-old wants to fix that*, USA Today, 2024, April 18.
- Mattson, K., *Digital citizenship in action: Empowering students to engage in online communities*, International Society for Technology in Education, 2017.
- Obama, B. H., *Commencement address at Northwestern University*, ObamaSpeeches.com, 2006, June 16.
- Peter Jochen and Patti M. Valkenburg, "The Influence of Sexually Explicit Internet Material and Peers on Stereotypical Beliefs about Women's Sexual Roles: Similarities and Differences Between Adolescents and Adults", *Cyberpsychology, Behavior, and Social Networking* 14, no. 9, pp.511-17, 2011.

- Quadara, A., & El-Murr, A., *The effects of pornography on children and young people* (Research snapshot). Australian Institute of Family Studies, 2017, December.
- Shelley Walker et al., "'It's Always Just There in your Face': Young People's Views on Porn", *Sex Health* 12, no. 3, pp.200–06, 2015.
- Sherri Gordon, What Are Social Cues—and How Do You Understand Them? November 16, 2024, Medically reviewed by Michael MacIntyre, MD.
- Snyder, C., *8-year-old shares her eating disorder journey with her 1.3 million followers on Instagram*, Parents, 2024, April 25.
- Teixeira, F., & Cardoso, I., *The forbidden erotica of ancient Pompeii*, BBC Reel, 2022, February 23.
- UNESCO(n.d.), *Comprehensive sexuality education in Sweden*. Education Profiles.
- University of Cambridge, *Psychological 'recipe' identified for viral campaigns such as Ice Bucket Challenge*, ScienceDaily, 2017, February 13.
- Young, C., *Hurricane Harvey Relief*, GoFundMe, 2017, August 27.
- Zilber, A., *GoFundMe campaigns raise more than $100 million for LA wildfire victims*, New York Post, 2025, January 16.

PART 5
우리 아이가 미디어 생산자가 된다면?

- Caldwell, M., What is an 'author'? Copyright authorship of AI art through a philosophical lens, *Houston Law Review*, 2024.
- Guggenheim, D.(Director), *What will AI do for us/to us?* [TV series episode]. In *What's*

Next? The Future with Bill Gates, Netflix, 2024.
- Hetzner, C., Marc Andreessen warns Chinese ChatGPT rival DeepSeek is 'AI's Sputnik moment', *Fortune*, 2025, January 27.
- Khan Academy, *Khanmigo* [AI-powered writing tutor], Khan Academy, 2023.
- Milmo, D., Hawkins, A., Booth, R., & Kollewe, J., *'Sputnik moment': $1tn wiped off US stocks after Chinese firm unveils AI chatbot*, The Guardian, 2025, February 1.
- Muhtaris, K., Ziemke, K., & Harvey, S., *Amplify: Digital Teaching and Learning in the K-6 Classroom*, Heinemann, 2015.
- Rich, G., *Samaira Mehta shows other kids the fun of coding by inventing board games: 12-year-old founded a company to make board games that teach kids to code*, The Washington Post, 2021, February 9.
- Roberts, J., Neebe, D., *Power Up: Making the Shift to 1:1 Teaching and Learning*, Stenhouse Publishers, 2015.
- TIME, Meet TIME's first-ever Kid of the Year. TIME, 2020, December 3.

결국 앞서가는 아이의 비밀,
미디어 지능

초판 1쇄 발행 2025년 6월 20일

지은이 김소연
펴낸이 권미경
기획편집 김효단
마케팅 심지훈, 강소연, 김재이
디자인 [★]규
펴낸곳 ㈜웨일북
등록 2015년 10월 12일 제2015-000316호
주소 서울시 마포구 토정로 47, 701
전화 02-322-7187 **팩스** 02-337-8187
메일 sea@whalebook.co.kr **인스타그램** instagram.com/whalebooks

ⓒ 김소연, 2025
ISBN 979-11-94627-09-8 (03590)

소중한 원고를 보내주세요.
좋은 저자에게서 좋은 책이 나온다는 믿음으로, 항상 진심을 다해 구하겠습니다.